2024年度

辽宁省重点主题出版扶持项目

新中国成立75年
辽宁辉煌瞬间

许晓敏　王全有　郭作为　著

辽海出版社　辽宁美术出版社

奮進

新中国成立 75 年

改革开放和社会主义现代化建设新时期

旅顺樱花节

王　华　摄

新中国成立 75 年

—

中国特色社会主义新时代

1978—2012

改革开放和社会主义现代化建设新时期

2012—2024

中国特色社会主义新时代

1949—1978

社会主义革命和建设时期

目录

新中国成立 75 年

——

社会主义革命和建设时期

桓龙湖

张炳功　摄

1949—2024

辽宁辉煌瞬间1—辽宁辉煌瞬间29

[新中国成立75年]

辽宁辉煌瞬间 1

辽宁人民欢庆新中国成立

如果问过来人，在中华人民共和国成立的时候，对哪一句话印象最深刻，十有八九的人会说，是毛泽东主席的那句：“中国人从此站立起来了！”

1949年10月1日下午，30万军民聚集在北京天安门广场上，隆重举行了庆祝中华人民共和国成立的开国大典。中华人民共和国国旗——五星红旗冉冉升起，从此开启了中华民族伟大复兴的历史新纪元。辽宁各地也举行了热烈的庆祝活动。在沈阳，10月1日当天，各主要街道共安置了140多个播音器，同时转播北京举行中央人民政府成立大典的消息，当听到“中国人从此站立起来了”的宣告声后，全市沸腾了。街上的人们点燃鞭炮，庆祝新中国的诞生。10月2日，沈阳各界群众在中山广场集合，热烈庆祝新中国成立，会后举行了盛大游行。市内的主要街道锣鼓喧天，国旗林立。所有机关、学校、工厂的宣传队、宣传卡车、秧歌队全部出动。入夜，上千人的提灯游行队伍在大街小巷穿行。这座城市变成了不夜城，那种幸福、自豪的感情，无法用言语来表达！同一天，旅大、鞍山、抚顺、本溪、营口、阜新、辽阳等地也举行了盛大的庆祝活动。秋风阵阵，万千红旗迎风招展，漫卷着，飞舞着，在新中国的天空中，高高飘扬。人们欢欣鼓舞、奔走相告，在广大城市和乡村响起了经久不息的口号：“中华人民共和国万岁！”“中国共产党万岁！”辽宁人民的幸福感要更为强烈，因为我们早早就实现了解放，真正成为这片富饶的黑土地的主人。

辽宁人民当家作主可以追溯到1945年抗日战争胜利后辽宁地区人民政权的建立。1945年8月8日，苏联发表对日作战宣言。翌日，苏联红军开赴中国东北战场，同中国军民一道对日作战。而此时，国民党军队主要集中在中国的西南、西北地区，对于反攻驻守东北的日军鞭长莫及。11日，八路军总司令朱德按照党中央决定，发布了进军东北的命令。党中央和中央军委从晋察冀、晋绥、晋冀鲁豫、山东等解放区抽调大批部队和干部，积极配合苏联红军作战，极大地加速了彻底打败日本侵略者的进程。15 日，虽然日本帝国主义宣布无条件投降，但日军并没有停止作战，仍在负隅顽抗。30 日，我军一举攻克咽喉重镇山海关，歼灭日伪军 1200 多人，打开了我党我军挺进东北的陆路通道。党领导的军队沿着这条道路奋勇前进，9 月 4 日，收复辽西重镇锦州市。以锦州为中心，陆续收复了义县、锦县、黑山、北镇、兴城、朝阳、北票、盘山、台安、阜新、彰武、新民等地，并且建立了人民政权。6 日，迎来了更大的胜利——收复沈阳。10 月 10 日，沈阳特别市政府成立。12 日，我党在辽宁地区建立了第一个省级人民政权——辽宁省政府。此时，我军还分赴辽南、辽东、辽北，迅速收复和接管大片地区。11 月 3 日，辽北省政府和安东省政府同时成立。11 月 8 日，大连市政府成立。在中国共产党的领导下，辽宁人民第一次品尝到当家作主的甘甜滋味。

但是，人民追求自由解放的征途从来不是一帆风顺的。辽宁地区各级人民政权建立不久，国民党军队就大举进犯东北，攻占了山海关和锦州等地。由于敌强我弱，党中央作出指示，撤离大城市，向农村和中小城市深入，发动群众建立根据地。随着农村根据地的开辟和建设，辽宁地区广泛建立起农村基层政权，迅速推进土地改革，广大农民几千年来“耕者有其田”的强烈愿望得以实现。翻了身、有了自己土地的农民，越发体会到当家作主的美好，焕发出前所未有的政治热情和革命干劲，积极投入爱国保田、参军支前的运动中。

1947 年 12 月至 1948 年 3 月，在党中央的领导下，东北民主联军（后改称东北人民解放军）向国民党军队发动了冬季攻势，攻占了四平、辽阳、鞍山等多个重要城市。到了 1948 年秋季，东北战场上敌我力量对比更是发生根本性变化，东北野战军和地方部队的数量已远超国民党军队，并且拥有一支颇具威力的炮兵部队。东北的解放区土地面积和人口已占绝大多数，辽宁地区除沈阳、锦州及其周围的 10 多个大中小城市尚被国民党军队占领外，大部分城市和农村获得了解放，公路、铁路等交通命脉也基本掌握在人民手中。此时，国民党军队主力被分割压缩在长春、沈阳、锦州 3 个孤立的地区。党中央及时抓住战略决战的有利时机，当机立断，作出首先在东北战场展开决战的重大决策。

1948 年 9 月 12 日，在党中央和中央军委的指示下，东北野战军主力奔袭北宁路（北平至沈阳的铁路），发动了轰轰烈烈、声势浩大的辽沈战役。到 10 月 1 日，连克昌黎、北戴河、绥中、兴城、义县等，切断了北宁路，孤立了锦州。国民党军队调集华北、山东的一部分兵力组成“东进兵团”，并以沈阳主要兵力组成“西进兵团”，两路增援锦州。10 月 10 日，国民党军“东进兵团”自锦西向通往锦州的要隘塔山发起猛攻。东北野战军预先设置在塔山的两个纵队顽强阻击，经六昼夜鏖战，击退国民党军数十次进攻，

攻克锦州

宋惠民 | 陈建军 | 张鸿伟 | 王希奇 | 李　武 | 曹庆棠 | 付巍巍

油画

160 cm × 300 cm

成功拦截其东进。国民党军“西进兵团”出动后，也遭到东北野战军3个纵队的阻击，只能被阻止在彰武、新立屯一带，未敢继续南进。这为东北野战军攻锦部队赢得了宝贵的时间。10月15日，东北野战军胜利攻克锦州，全歼守敌10多万人。

此后，国民党军队又妄图利用“东进兵团”和“西进兵团”南北夹击，重新夺回锦州，挽救东北全军即将覆没的命运。东北野战军获得中央军委批准后，一面在黑山、大虎山一带坚决阻击、迟滞南进的“西进兵团”，一面令攻锦主力部队立即回师，隐蔽地向新立屯、黑山地区急进，从两侧包围敌人。东北野战军各部于10月26日完成对“西进兵团”的分割包围。经过两天的猛烈进攻，至28日，全歼敌军10多万人，其中包括号称国民党军队“五大主力”中的两支即新一军主力和新六军全部。东北野战军乘胜追击、高歌猛进，11月2日直下沈阳、营口。至此，辽沈战役胜利结束，东北全境解放。

辽沈战役的胜利，是人民战争的伟大胜利。在整个战役进程中，辽宁人民对大决战表现出高度的热情和信心，在党的领导下，竭尽全力支援战争，抢修军讯线路、生产运送弹药、构筑军事工事、抢救医治伤员，完成了极为繁重的支战任务，为东北解放、辽宁解放作出了巨大贡献。辽宁人民依靠自己的顽强抗争与努力，终于昂首挺胸地站起来了。

1949年10月1日

首都北京各界群众在天安门前隆重集会，庆祝中华人民共和国成立

[新中国成立 75 年]

辽宁辉煌瞬间 2

共和国工业长子的激情：“创造新纪录”

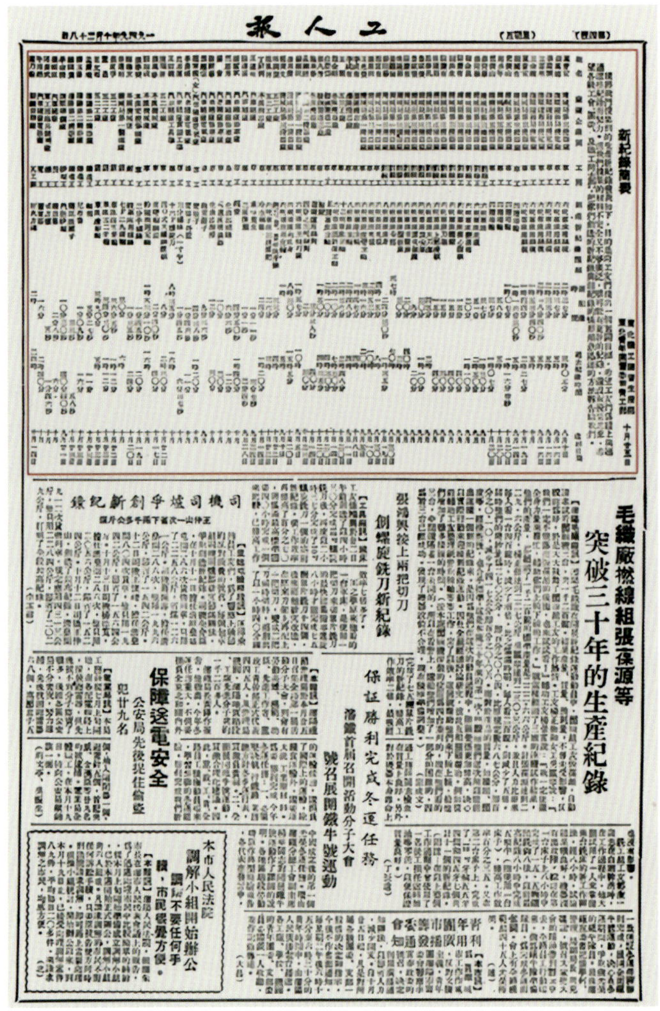

工人報

新紀錄簡表

毛織廠撚線組張葆源等

突破三十年的生産紀録

張鴻興接上兩把切刀

創螺旋銑刀新紀錄

保証勝利完成冬運任務

瀋鐵首屆名開活動分子大會

號召展開鐵牛號運動

司機司爐爭創新紀錄

保障送電安全

公安局先後捉住偷盜犯廿九名

本市人民法院

調解小組開始辦公

調解不要任何手續，市民感覺方便。

青年團市籌委會

利用廣播發通知

1949 年 10 月 28 日

出版的《工人报》（今《沈阳日报》）

这是一张 1949 年 10 月 28 日出版的《工人报》（1948 年 12 月 20 日创刊，1949 年 12 月 20 日更名为《沈阳日报》）。在这张报纸上刊登有《新纪录简表》，记载的是东北职工总会生产部、东北青年团筹委会青工部搜集到的生产新纪录情况。《新纪录简表》包括姓名、厂矿企业别、工别、创造新纪录种类、新纪录时间、过去纪录时间、创造日期等内容。比如表中记载：机械局第三机器厂车工赵国有，生产四阶塔轮，新纪录时间是 1 小时 16 分 30 秒，过去纪录时间是 5 小时，创造纪录的时间是 9 月 14 日。登载此表的目的是向工人们提出一个奋斗目标，希望工人们为赶上与超过这些纪录而努力。今天，我们翻阅泛黄的《工人报》《沈阳日报》，似乎在与前辈们连线、对话。

说起赵国有，很多老沈阳人还有记忆。他是沈阳第三机器厂的车工，是“新纪录运动”第一人，他“50分钟车一个塔轮”的纪录在当时被视为“不可逾越的极限”。从他开始，《工人报》持续报道了在全市掀起的比、学、赶、帮、超创造新纪录的热潮。此后，又连续报道了第五机器厂马恒昌小组创造生产新纪录的先进事迹。经《沈阳日报》持续报道，1950年，创造生产新纪录运动在全国轰轰烈烈地展开，为迅速恢复国民经济起到了促进作用，在新中国工业发展史上写下浓墨重彩的一笔。

1948年11月，东北全境解放，中国共产党接收了以沈阳为中心的工业区域，东北人民肩负起迅速修复原有的工业并建设成为全国工业化基地的重任。当时面临着战争造成的巨大破坏及原材料、设备、资金、技术严重短缺等重重困难。那么，怎样适应新形势的需要呢？创造生产新纪录运动，就是应运而生的一个创举。沈阳第三机器厂发起的创造生产新纪录运动于1949年6、7月间开始酝酿，8月初掀起高潮。当时，沈阳第三机器厂在党的领导下，全体职工积极努力，迅速修复了工厂的厂房和设备，动员职工向工厂献纳器材，于1949年4月恢复了生产，并在当月生产出第一台机床，向东北全境解放后的第一个五一国际劳动节献了礼。同时开展了“红五月”竞赛、缩短工时等活动，但是，生产效率不高，每月机床产量只在10台左右徘徊，亟待解决的问题是提高劳动生产率。

除沈阳的工厂外，在已经开工生产的鞍山、本溪、抚顺、丹东、阜新等工矿企业中，也普遍存在着管理混乱、生产效率低的现象。当时企业管理通用的生产定额，还是沿用伪满时的定额。这些情况，压制了工人的生产积极性，阻碍着生产的发展。由赵国有带头开展起来的创造生产新纪录运动，改变了这种局面。沈阳第三机器厂车工赵国有于1949年8月初在车皮带车床吊挂塔轮时，把车一个塔轮的时间逐步缩短到7小时、6小时、5小时，接着他又改进工具，于8月4日创造了2小时20分的纪录，最后缩至50分钟。这项经常保持的纪录，比伪满时期的纪录少2小时30分钟，比1949年后恢复生产初期的操作时间缩短了21小时30分钟。赵国有创造生产新纪录的行动，得到了工农群众的称赞。群众性的创造生产新纪录不断涌现，给党、政、工会各级领导干部以很大启发。他们认识到，群众性的创造生产新纪录运动，能够发挥全体职工的积极性和创造性，改进企业管理，加速工业生产的恢复和发展进程。1949年10月，东北总工会、东北人民政府工业部分别作出开展创造生产新纪录运动的决定。自此，一个生机勃勃的群众性的创造生产新纪录运动广泛地开展起来。据沈阳市1950年1月的统计：创造新纪录的职工达13292人，新纪录5967项。再据鞍山、抚顺、本溪等市的机械、电业、电工、化学、纺织、有色金属、煤矿等系统的不完全统计，1949年9月到12月，共创造新纪录14727项，其中较大的改进操作方法的有2183项，技术改进的有918项，改进劳动组织的有47项，

马恒昌小组

提高质量的有 74 项。在诸多生产新纪录中，尤以沈阳第五机器厂马恒昌小组成绩最为显著。

马恒昌小组的 10 名工人互相帮助、亲密合作，在 1949 年 5 月至 11 月间，全组做了 7000 个零部件，件件都是合格品，并有 7 人创造了 10 项新纪录。这是一个生产管理好、生产效率高、产品质量好的先进集体。沈阳市及时推广马恒昌小组的经验，把创造新纪录运动由个人活动，推向集体创造；由注重数量，推向既重数量又保证产品质量的高度。各地也都学习和推广了马恒昌小组的经验。更为可贵的是，在创造生产新纪录、推广先进经验的过程中，企业管理得到了加强。各个厂矿企业都有步骤地进行了定额管理，建立了生产责任制，实行了独立会计制度和八级工资制，并逐步推行了计件工资制与奖励制，从而为建立新的企业管理制度打下了良好的基础。

马恒昌小组自 1949 年建组至今，已经走过了 70 多年的光辉历程。他们曾以第一个试行班组民主管理分工、第一个组织工人技术研究会倡导班组技术革新、第一个倡议开展全国劳动竞赛、第一个制定和完善班组管理制度、第一个实行岗位责任制而享誉全国工业战线，被誉为“中国班组建设的摇篮”，成为“中国工人阶级的一面旗帜”。现在，在马恒昌小组的诞生地沈阳市，劳动公园里的一座马恒昌青铜塑像浓缩了家乡人对他的怀念。在一条半弧形的长廊墙壁上镌刻着几百位劳模的名字，马恒昌的名字位列第一，劳模的印记已经投射到社会生活的方方面面。

在赵国有、马恒昌等人的带动下，各行各业的干部职工都积极投入创造新纪录、开展爱国主义生产竞赛的活动中。沈阳铁路局在开展这项活动中，继郑锡坤操作法、李锡奎调车法之后，又创造了新的装车法、列车检修法、养路法、养桥法等一套完整的先进经验，大大提高了铁路运输能力，保证了国民经济恢复和抗美援朝物资运输任务的胜利完成。

[新中国成立75年]

辽宁辉煌瞬间3

钢铁战线老英雄孟泰与“孟泰仓库”

孟泰何许人也？“孟泰仓库”又是怎么一回事？孟泰的事迹，对于上了年纪的人来说耳熟能详，孟泰这个名字在鞍钢更是家喻户晓。孟泰在恢复和发展鞍钢生产中作出了重大贡献，是中华人民共和国成立后第一代全国劳动模范。他曾担任鞍钢炼铁厂配管组组长、技术员、副技师、设备修理厂厂长、炼铁厂副厂长、鞍钢工会副主席等职务。他还曾当选为第一、第二、第三届全国人民代表大会代表；出席中国工会第七、第八次全国代表大会，当选为执行委员。他爱厂如家，艰苦创业，是20世纪五六十年代誉满全国的钢铁战线的老英雄。2009年，孟泰被评为“100位新中国成立以来感动中国人物”。

钢铁战线老英雄

——孟泰

蒋建球　摄

“孟泰仓库”是以孟泰的名字命名的。中华人民共和国成立后，孟泰发扬艰苦奋斗的精神，无论是寒冷的冬天还是炎热的夏天，每天都要在方圆十几里的厂区里绕上几圈，凭着几十年的工作经验，从冻得死死的冰层里或泥土里，一点儿一点儿地抠出有用的材料。渐渐地，孟泰身后多了许多人，他们一起在厂区里、在家中、在冰雪里寻找着，找来的器材堆满了几间屋子，建立了著名的“孟泰仓库”。中华人民共和国的第一炉铁水奔腾而出、鞍钢正式开工、3 座高炉恢复生产，整个修复过程没有动用国家一分钱。

2014 年 12 月 26 日，是被誉为“共和国钢铁工业的长子”——鞍山钢铁公司成立 66 周年的纪念日。这天，利用闲置厂房改建而成的鞍钢集团展览馆（今鞍钢集团博物馆）竣工开馆，向人们展示着鞍钢的辉煌历程。在“英模鞍钢”展区里，有一块布置成了库房模样，中央有一座人推着小板车的雕像，这就是“孟泰精神”展区，向人们述说着孟泰和“孟泰仓库”所承载的那段钢铁年代的往事。

往事还得从鞍山解放之初的鞍钢恢复生产说起。今天我们所见到的鞍钢，到处都是鳞次栉比的厂房、隆隆作响的机器、川流不息的运输车辆，实难想象恢复生产前的鞍钢是怎样一种“满目疮痍”的凄惨景象。

抗日战争胜利后，许多先进的工业设备被日本人毁坏，留下的是一片被他们讥讽为“只能种高粱”的废墟；国民党接管统治后，“接收”大员们进一步大量盗卖机械和器材，工厂、矿山大部分停产。在沈阳、鞍山、抚顺、本溪等工业城市，看不见冒烟的烟囱，厂房里堆着垃圾和粪便，高炉里装满了凝固的铁渣和半熔状态的矿石，矿坑则被积水填满了，众多工矿企业处于瘫痪状态。

辽宁全境解放后，党中央非常关注辽宁的经济恢复工作，作出了先从鞍钢着手、迅速恢复工业生产的战略决策。这是党中央交给辽宁人民的一份沉甸甸的信任和重托。

要恢复鞍钢的生产，首先必须修复好大量被破坏的机器设备，这就需要大量的品种多样、规格齐全的零部件和生产工具。但是，由于日伪统治时期对辽宁的工业建设属殖民地性质，所需的机床是日本制造的，水轮发

1949年7月9日

鞍钢举行盛大的开工典礼，工人群众走向会场

电机、卷扬机上所用的“透平电机”以前都是德国货。我们不但不能制造发电机，就连生产简单电器器材所需要的基本原材料，如黄蜡布、绝缘纸、云母板、胶木板等，都必须依赖日本进口。日伪时期的鞍钢设计和设备供应，绝大部分依赖于德国和美国。鞍钢的恢复生产迫在眉睫，极度缺少工业器材的问题，不能想着依靠进口来解决，时间已经不允许再等了。

天天面对着停工的高炉群，孟泰看在眼里、急在心中。面对缺少零配件的难题，他不声不响、自觉自愿地搞起了回收修复废旧器材的工作。他把日伪时期遗留下来的几个废铁堆翻了个遍，高压阀门、三通水门、连接管件、各种螺栓，凡是能用的都捡回来，就连埋在土里的、弃在荒草中的、淹在水坑里的管件，他也想方设法抠出来。孟泰把这些“宝贝”擦拭干净，涂油抹漆、分类摆放。他回收的废旧器材越来越多，几个月下来，竟有大大小小各式器材上万件。他把这些器材放在一间破旧房子内，工人们亲切地称它为“孟泰仓库”。当时，炼铁厂修复1、2、3号高炉用的管道系统材料大部分来自“孟泰仓库”。孟泰爱国爱厂的主人翁责任感和自力更生、艰苦奋斗的精神，被广泛地传颂着，成为激励人们奋发向上、勤俭建国的一面旗帜。在孟泰的示范带领下，鞍钢的广大职工兴起了热火朝天的“献纳器材”运动。“献纳器材”运动不仅仅只在鞍山、鞍钢开展，而且迅速推广到辽宁地区各大城市和众多厂矿，工人们肩扛、担挑、车推，把器材送到工厂，成为当时一道亮丽的风景。

孟泰带动开展的“献纳器材”运动，极大地激发了刚刚摆脱被奴役地位的广大职工群众深埋多年的激情与热情，他们发挥着前所未有的主人翁精神，对迅速恢复鞍钢生产和开展辽宁地区的工业建设起到了极为重要的作用。

时至今日，在鞍钢，在鞍山，孟泰几乎无处不在。鞍山钢铁集团公司办公楼前矗立着孟泰塑像，鞍钢股份有限公司炼铁总厂机关大楼南侧建有占地近500平方米的孟泰纪念馆。这里每年都接待数万名参观者，大学生入厂的第一课、基层班组的日常党课、新党员宣誓仪式，甚至中小学生的主题班会，很多都会选择来这里举行。不同身份的参观者，在老英雄孟泰身上会获得不同的感悟：中小学生理解了那代人的艰苦朴素；年轻职工学习了老英雄的无私奉献；前来参观的后备干部，则领悟了当一名管理者应具备的基本素质……

在鞍钢炼铁总厂即孟泰曾经工作的地方还办有《孟泰报》，每年向优秀职工颁发孟泰奖章；在鞍山市立山区有孟泰公园，公园正门矗立着孟泰的全身塑像。孟泰的事迹被广为传颂，“艰苦奋斗、爱厂如家、无私奉献、为国分忧”的孟泰精神也传承至今，已经成为劳模精神（劳动精神、工匠精神）的重要组成部分。

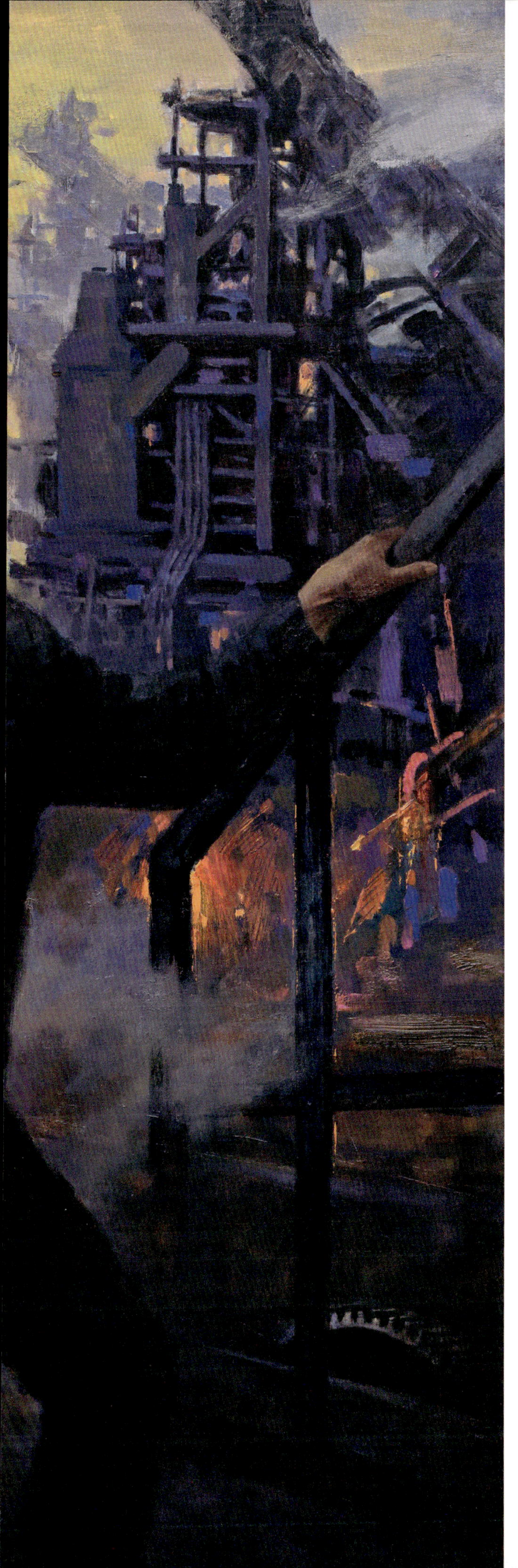

老英雄·孟泰

宋惠民

油画

160 cm × 140 cm

[新中国成立 75 年]

辽宁辉煌瞬间4

新中国第一枚金属国徽沈阳造

国徽象征着国家的主权和尊严。每一个走过天安门广场的人，都会情不自禁地向高高悬挂在天安门城楼上的国徽行注目礼。那五星照耀下的天安门、齿轮和谷穗共同组成的图案，象征着中国人民自五四运动以来的新民主主义革命斗争和工人阶级领导的以工农联盟为基础的人民民主专政的新中国的诞生。互为衬托对比的正红色和金黄色熠熠生辉，体现了中华民族特有的吉祥喜庆的民族色彩和传统。有多少人知道，这枚直径长达 2 米既庄严又富丽的国徽，诞生在素有"东方鲁尔"美誉的沈阳，出自沈阳第一机器厂的能工巧匠之手。又有多少人知道，在天安门城楼悬挂出的第一枚国徽是木制的，这对于今天的人们来说是很难理解的，但事实的确如此。

更令人意想不到的是，1949 年 10 月 1 日的开国大典上，只在代国歌《义勇军进行曲》的伴奏下升起了中华人民共和国国旗，而未能在天安门城楼悬挂国徽，成为开国大典的一大遗憾。

1949 年 6 月，北京新华广播电台播音员凝重的声音，把中国新政协筹备会向全国征求国旗、国徽图案及国歌词谱的消息传遍了神州大地。故事由此展开。

1950 年 6 月，在广泛吸纳各界人士意见的基础上，最终确定了现在我们见到的国徽造型和图案。6 月 23 日，中国人民政治协商会议第一届全国委员会第二次会议通过了中华人民共和国国徽图案及对该图案的说明。9 月 20 日，毛泽东主席签署中央人民政府命令，公布中华人民共和国国徽图案及说明。国庆一周年的日子已渐渐临近，由于当时的物质技术条件有限，要制作一枚通体金属的国徽并非易事。在国徽的主体石膏模型制作成功并获批准后，赶制金属国徽已来不及，只好临时赶制一枚木质国徽，并在 9 月 30 日悬挂在了天安门城楼上。

然而，木质国徽毕竟是临时性的应急之作，经过风吹日晒容易变形开裂，在使用寿命和美观度上显然不如金属材质的国徽，所以必须制作出金属的国徽把木制的替换下来。实际上，在国徽立体石膏模型制作出来后，有关部门已把铸造金属国徽的光荣任务交给了在铸造技术方面闻名全国的沈阳第一机器厂。接受这项光荣的任务后，全厂上下群情激昂，表示一定要出色地完成任务。厂领导挑选出全厂铸造技术尖子焦百顺，由他带领十几名技术能手组成专门的攻关小组，立即投入紧张的工作中。在铸造国徽的日子里，攻关小组的工人师傅们几乎每天都要通宵达旦地工作，沈阳第一机器厂铸造车间也常常彻夜灯火通明，人声鼎沸。为了节省时间、抓紧工作，很多工人都吃住在工厂车间，饿了就吃口干粮、咬口咸菜，困了就在厂房里和衣而眠。

按照设计要求，国徽的质地为铜铝合金，其中铜占 8%，铝占 92%。将铜、铝合二为一，现在来看不是难事，只要有真空设备即可。然而，在当时全国都

1950 年 9 月 30 日

第一枚国徽挂上天安门城楼

没有真空设备。两种金属的熔点不一样，要想取得铜铝合金，必须先将铜熔化成铜水，再将铝锭放入铜水中慢慢熔化，温度高了低了都不行，恰当的火候难以掌握，取得这种铜铝合金，在当年是个难度很高的技术工艺。攻关小组只能自己揣摩铜、铝各自的熔点，自行研制必要的铸造设施，克服重重困难，土法上马，解决了一个又一个难题。

没有化铝罐，就找来各种废旧钢铁，自制铁罐代替；没有脱氧剂，就用木棒搅拌脱氧；没有测试铝水温度的仪器，就不顾高温，在炉前通过肉眼观察铝水颜色的变化来判断。为了保证国徽铸件平整光滑、纹理花纹清晰，攻关小组反复试验，终于制作出了合格的模具。之后，在熔制过程中，工人们还研制出局部浇水加速铸件冷却的方法，使铸件局部缩型的难题迎刃而解。为了完成国徽铸件的抛光加工，工人师傅们还自制了许多小工具，用自制的钢丝刷将国徽毛坯表面那些凹凸不平的地方打磨干净，然后用专用工具将有瑕疵的地方修补完整，再用自制的小刀将国徽图案中的细节部分一一雕刻出来，最后再用专用刮刀刮平图案表面，进行整体抛光，这样打磨出的国徽如镜面般光亮。

经过刻苦攻关，1951年4月，沈阳第一机器厂的工人们终于提前20天完成了第一枚金属国徽的铸造任务。在人们欢庆五一国际劳动节那天，这枚直径达2米的国徽稳稳地悬挂在了天安门城楼上，换下了原来那枚木制国徽，迄今已经有70多个年头。

1953年，沈阳第一机器厂更名为沈阳第一机床厂。1993年5月，沈阳第一机床厂、中捷友谊厂、沈阳第三机床厂、辽宁精密仪器厂共同发起成立了沈阳机床股份有限公司。2007年，工厂完成整体搬迁，原来的铸造车间再也见不到了。但悬挂在天安门城楼上的那第一枚金属国徽，虽历经风雨，依旧闪亮如新，光彩夺目。

中华人民共和国国徽的诞生 >>

狄傲然 | 广廷渤 | 吕子扬

油画

330 cm × 300 cm

[新中国成立 75 年]

辽宁辉煌瞬间 5

保家卫国，辽宁人民的奉献

“雄赳赳，气昂昂，跨过鸭绿江。保和平，卫祖国，就是保家乡……”这首诞生于 1950 年 11 月的《中国人民志愿军战歌》，至今仍然在中华大地上传唱。那雄浑激荡的旋律、斗志昂扬的歌词，充分展现了中国人民不惹事也不怕事，在任何困难和风险面前，腿肚子不会抖，腰杆子不会弯，体现了中国人民志愿军战士藐视敌人、敢打必胜的英雄气概。70 多年来，这歌声总是不禁让我们想起当年英勇的中国人民志愿军战士从辽宁奔赴战场的豪迈气概，想起中国人民志愿军战士舍身为国的奉献精神，想起辽宁人民战斗在抗美援朝第一线的激情岁月。虽然我们未曾亲身经历那段炮火连天的战斗岁月，但我们可以透过那优美的文字、激昂的歌声，深切感受到了“为什么战旗美如画？英雄的鲜血染红了它。为什么大地春常在？英雄的生命开鲜花……”，深深领悟了为什么把志愿军战士称作“最可爱的人”，更为我们伟大的祖国有这样的英雄儿女感到骄傲和自豪！

1950 年 6 月 25 日，朝鲜战争爆发。美国政府从其全球战略和冷战思维出发，作出武装干涉的决定，并派遣第七舰队武力封锁台湾海峡。10 月初，美军无视中国政府一再警告，悍然越过三八线，把战火烧到中朝边境。侵朝美军飞机多次轰炸中国东北边境地区，给人民的生命财产造成严重损失，我国安全面临严重威胁。值此危急关头，应朝鲜劳动党和政府请求，党和政府以非凡气魄和胆略作出抗美援朝、保家卫国的历史性决策。1950 年 10 月 19 日，中国人民志愿军在彭德怀司令员的率领下，从安东（今辽宁省丹东市）、长甸河口（今辽宁省丹东市宽甸满族自治县长甸镇河口村）、辑安（今吉林省集安市）3 个口岸跨过鸭绿江，进入朝鲜战场，以正义之师行正义之举，开始了艰苦卓绝的抗美援朝战争。

抗美援朝战争，是在交战双方力量极其悬殊条件下进行的一场现代化战争。战争历时两年零九个月，美军不可战胜的神话破灭了。全国各族人民同仇敌忾，中国人民志愿军同朝鲜军民密切配合，彻底打破了“联合国军”占领全朝鲜的幻想。

1950 年

辽宁大娘送子参加志愿军

梁　枫　摄

1953 年 7 月 27 日，在站起来的中国人民面前，美国不得不坐在谈判桌前，在停战协定上签字。

辽宁，与朝鲜隔江相望，特殊的地理位置决定了辽宁在抗美援朝战争中的重要性。一批批中华优秀儿女从这里过江，一辆辆战车从这里驶向战场，一支支担架队从这里奔赴前线，一处处后勤兵站在这里建立，一个个英雄从这里出发。在那段无比艰辛又激情澎湃的岁月里，富有光荣革命传统的辽宁人民积极响应党中央的号召，掀起了轰轰烈烈的支援抗美援朝运动，英勇顽强地战斗在抗美援朝的第一线。人民群众继承和发扬了抗日战争中“父母送子、妻送郎，打击日本侵略者”的优良传统和解放战争时期“保家保田上前线”的斗争精神，纷纷报名参军参战。在向朝鲜进军的志愿军行列中，有辽宁儿女威武的身影；在炮火连天的战场上，有辽宁籍战士的战斗雄姿。仅 1951 年，就有 25.7 万辽宁人民的优秀儿女加入中国人民志愿军的行列，成为共和国最可爱的人。

在抗美援朝战争中牺牲的烈士大部分尚不满 30 岁，正值青春年华。至今，在丹东抗美援朝纪念馆中还保存着几十份尚未发出的烈士证。其中，年龄最小的仅有17岁。在千千万万名牺牲的中国人民志愿军烈士中，有13374位辽宁籍烈士。辽宁是全国各省区英烈较多的省份之一。

即使不能扛起枪亲手打跑侵略者，也要抬着担架、驾着马车、背着急救包到前线支援战斗，这就是英勇无畏的辽宁人民的执着信念。在抗美援朝战争期间，辽宁地区还承担着紧迫而又繁重的战勤任务。1950年11月，辽宁各级政府都增设了战勤机构，各级干部和广大人民群众组织了担架队、运输队、医疗队，赴朝担负各种战争勤务，有力地保证了作战前线对各种物资和人力的需要，为取得抗美援朝的伟大胜利作出了突出贡献。他们中有医务人员、汽车司机、铁路职员、翻译、船工等。据统计，自1950年10月志愿军赴朝开始到1953年朝鲜停战为止，辽宁地区共出动战勤大车10多万辆，先后动员240多万人次参加了抗美援朝的各种战勤工作。

赴朝支前人员在山路崎岖、敌机骚扰、生活极端艰苦的条件下，顽强地从事着繁重的军事运输、护理伤员等工作，涌现出许多可歌可泣的动人事迹和英雄模范。在敌机的轰炸扫射下，他们有的用自己的身体掩护伤员，有的冒着生命危险抢救军用物资，有的把生死置之度外搬走定时炸弹，“龙虎中队”“快输中队”“顽强中队”“突击中队”等模范集体就是其中的代表。

辽宁各行各业、各阶层人民积极参加生产建设，支援抗美援朝战争，特别是发扬爱国主义精神，开展了捐献飞机、大炮运动。鞍钢职工纷纷献工捐款，有的甚至捐出整月的工资，他们的捐款可购买6架战斗机。文艺工作者们则以义务劳动、义务演出等方式筹资捐款。归国华侨、工程师高豫夫妇将积攒的400美元全部捐献出来。这样的感人事迹数不胜数。在抗美援朝战争近3年的时间里，辽宁地区共捐献飞机235架。

通过捐献活动，人民群众的意志和情感同在朝鲜作战的志愿军将士紧紧地联系起来。前方的将士受到莫大鼓舞，后方的人民更加关注前方将士的战斗。辽宁还掀起了拥军优属和劳军活动的热潮，把大量的慰问金、慰问品和慰问信寄往朝鲜前线，表达辽宁人民对前线将士的关心与支持。

在支援前线的同时，辽宁还向朝鲜人民伸出了援助之手。辽宁地区发扬国际主义精神，抚养朝鲜难童。从1952年10月开始，辽宁分批接收了近7000名失去双亲的朝鲜孤儿，分别安置在营口、锦州、铁岭、复县、绥中、兴城、锦西、昌图、北镇等地设立的朝鲜儿童爱育园、朝鲜儿童学院（1954年改称初等学院、中等学院）。这些饱受战争苦难的儿童，一踏进中国国境就感受到了家一般的温暖。患病儿童得到了及时的医治，生活上得到了很好的照顾。他们在中国生活学习少则 2 年，多则 6 年，文化水平有了较大提高，意志和体质得到了锻炼，同时与中国人民结下了深厚情谊。

为了取得抗美援朝战争的胜利，辽宁人民同全国人民一道付出了巨大代价和牺牲，这将被历史和人民永远铭记。抗美援朝战争的伟大胜利，不仅保卫了新中国的经济建设成果，巩固了新中国的边防，更极大地增强了中国人民的民族自信心和自豪感。正如中国人民志愿军司令员彭德怀所说："西方侵略者几百年来只要在东方一个海岸上架起几尊大炮就可霸占一个国家的时代是一去不复返了。"

1950 年

志愿军战士抢救朝鲜老大爷

王云阶　摄

凯旋

张乐帅 | 周国军

油画

180 cm × 500 cm

獻給最

[新中国成立 75 年]

辽宁辉煌瞬间 6

执政后“自我革命”的初战

在中国人民解放战争即将取得全国胜利的前夕，在党的工作重心面临由农村向城市转变，新民主主义革命即将在全国取得胜利，中国共产党即将成为执政党的历史性时刻，怎样保证党在新的历史条件下永不变色，顺利地适应工作重心的转变，担负好新的历史重任，是摆在党中央领导集体和全党面前的重大课题。

为此，党的七届二中全会强调，要加强党的思想建设，防止资产阶级思想侵蚀党的队伍，有预见性地提出了防止“糖衣炮弹”进攻的重大问题，并进一步提出了“两个务必”的重要思想。毛泽东指出，夺取全国胜利，这只是万里长征走完了第一步。中国的革命是伟大的，但革命以后的路程更长，工作更伟大、更艰苦。这一点就必须向党内讲明白，务必使同志们继续地保持谦虚、谨慎、不骄、不躁的作风，务必使同志们继续地保持艰苦奋斗的作风。会议明确指出，党要立即开始着手各项建设事业，一步一步地学会管理城市和建设城市，并将恢复和发展城市中的生产作为中心任务。城市中的其他工作，都必须紧紧围绕着生产建设这个中心工作并为这个中心工作服务。因此，中华人民共和国成立之初，虽然努力恢复被破坏的国民经济和开展热火朝天的经济建设是党的工作重心，但也从没有忽视自身的建设，始终警惕着来自“糖衣炮弹”的攻击。那时，最为人熟知的就是“三反”“五反”运动了。这项运动是从辽沈大地率先开展的。

1951 年 5 月后，正当辽宁各地区积极响应中共中央东北局号召，开展增产节约运动时，沈阳率先发现少数共产党员、领导干部和公职人员中暴露出贪污腐化的问题，立即引起中共沈阳市委的警觉。不消除这种行为，不但难以取得增产节约运动的全胜，而且将严重危及党和国家的健康肌体。1951 年 7 月 21 日，中共沈阳市委召开全市科长以上干部大会，动员与布置在全市范围内开展反对贪污腐化的斗争。接着，又于 23 日制定《关于开展反贪污斗争的计划》，要求在全市（主要是机关）普遍开展反贪污斗争，消除干部队伍中的贪污腐化现象，树立廉洁奉公思想，从此开始了沈阳市反贪污腐化斗争的第一个回合。虽然只有1个月时间，但揭露出来的问题是触目惊心的。有些干部贪赃枉法，接受贿赂，甚至与私商勾结盗窃国家资财；有些干部追求享受，饱食终日，官僚主义作风严重；有些干部工作严重不负责任，浪费惊人。很明显，反腐化斗争必须坚持进行下去。9月6日，中共中央东北局作出《关于开展反对贪污蜕化倾向、反对官僚主义作风的决定》，毫不留情地指出，最突出的是一部分党员中，产生并发展着严重的追逐个人享受、贪污蜕化的堕落行为，其中一些甚至同私商勾结，盗窃国家资财，或同私商合伙经营工厂、商店，或者成为违法乱纪的投机商人，花天酒地，生活糜烂，完全丧失了共产党员的品质。《关于开展反对贪污蜕化倾向、反对官僚主义作风的决定》要求“由各级党委、各机关、各部门的负责同志亲自领导，对一切贪污、腐化、堕落行为开展一次群众性的坦白、检举、批判运动，必须以最坚决的态度将这一运动进行到底，不许中断”。为贯彻东北局这一决定，沈阳市在总结前段斗争的基础上，布置继续开展反贪污腐化、反官僚主义斗争。辽宁地区各级党组织也都根据东北局的指示，动员开展了反对贪污腐化、反对官僚主义的斗争。

1951年11月1日，东北局向党中央作了《关于开展增产节约运动，进一步深入反贪污、反浪费、反官僚主义斗争的报告》，得到党中央的高度重视。11月20日，中共中央批转了这个报告。毛泽东在为中央起草的批语中，首次提出了要“在此次全国规模的增产节约运动中进行坚决的反贪污、反浪费、反官僚主义的斗争”。11月23日，《人民日报》发表题为《向贪污行为作坚决斗争》的社论，并系统介绍了东北地区开展这一斗争的经验。12月1日，中共中央作出《关于实行精兵简政、增产节约、反对贪污、反对浪费和反对官僚主义的决定》。12月8日，党中央发出了由毛泽东起草的《关于三反斗争必须大张旗鼓进行的指示》。1952年1月1日，毛泽东在出席中央人民政府举办的元旦团拜会时致祝词，庄严地向全国人民发出了大张旗鼓地、雷厉风行地，开展一个大规模的反对贪污、反对浪费、反对官僚主义的斗争的号召。中共中央的指示和毛主席的号召，使辽宁人民反贪污、反浪费和反对官僚主义的斗争，更有了思想武器和行动指南。

辽宁地区各地党组织认真贯彻中共中央指示，进一步深入地开展“三反”运动。各地领导干部亲自抓，放手发动群众和认真执行政策，使“三反”运动步步深入，把党政机关、企事业单位存在的大量问题都揭露出来。1952年10月，“三反”运动基本结束。这一运动，仅沈阳市就法办和处理了贪污分子1839人。“三反”运动，是我们党执政后惩治腐败的初战，对于抵制旧社会遗留的恶习和资产阶级腐朽思想的侵蚀，形成清正廉洁的党风政风和清新健康的社会风气，起了很大的作用，也让广大人民看到了我们党自我净化、自我完善、自我革新、自我提高的巨大勇气。

在“三反”运动中，从揭发出来的问题可以看出，重大的贪污案件有个共同特点，就是公职人员与私商勾结。事实告诉人们：要取得“三反”运动的胜利，必须反对资产阶级分子的违法行为，把两者结合起来进行。

辽宁国营经济比重大，私营工商业的发展，多数是靠国营企业向其加工订货、购买其原材料，或为国营企业供销产品。有些私营企业在资金短缺、原材料困难、产品滞销时，靠国家扶助才得以生存和发展。据抚顺市统计，私营工商业与国家的贸易关系，占其营业额的70%~90%。私营工商业在其发展的过程中，形成了对国家机关、国家企事业单位的从属性和依赖性。这一特点，一方面便于国家对私营工商业的监督、改造；另一方面也为私营工商业中的不法分子向国家机关进攻提供了种种渠道。他们在唯利是图、投机取巧的本性和牟取金钱利益的强烈欲望驱使下，大肆行贿、偷税漏税、盗骗国家财产、偷工减料和盗窃国家经济情报。不法分子的“五毒”行为，严重威胁着国家的经济建设和正在进行的抗美援朝战争。鉴于这个问题的严重性，中共中央于1952年1月26日发出《关于在城市中限期展开大规模的坚决彻底的“五反”斗争的指示》，要求向违法的资本家开展一个大规模的坚决的彻底的反对行贿、反对偷税漏税、反对盗骗国家财产、反对偷工减料和反对盗窃经济情报的斗争，以配合党政军民内部的反对贪污、反对浪费、反对官僚主义的斗争。

辽宁各地认真贯彻执行党中央的指示精神，使这一斗争有组织、有步骤地进行。运动一开始，就展开了强大的宣传攻势，充分揭露不法资本家的“五毒”行为，发动群众检举揭发，并反复讲明党的政策，动员有违法行为的私营工商业者主动坦白交代，接着对严重违法的重点户进行面对面的说理斗争。各地还相继召开大会，严惩拒不坦白交代的严重违法者，从宽处理一批坦白交代、有悔改表现的人。采取这些措施，把资产阶级的“五毒”行为暴露在光天化日之下，把“五反”运动进一步引向深入。根据各地的资料统计，运动中揭露出来的“五毒”行为，在资本家当中比较普遍存在，少数资本家“五毒”行为十分严重。据当时的资料记载，大连的40户违法商人就行贿干部883名。在抚顺出现了一批依靠非法盗窃国家资财和偷税漏税形成的暴发户。这些触目惊心的事实，成为教育干部和人民群众的极好的反面教材。从1952年3月起，“五反”运动进入处理阶段。在弄清事实、证据确凿的基础上，区别对待，定案处理。各地执行中共中央和政务院的指示规定，根据工商业户有无违法行为、违法行为轻重大小、性质恶劣程度及坦白悔改态度等，分别判定为守法户、基本守法户、半守法半违法户、严重违法户、完全违法户，分类处理。采取“三审定案”的方式，即资本家自报公议，工人、店员集体审定，政府批准，逐级审查，慎重处理。

1952 年 10 月，“五反”运动基本结束。“五反”运动有力地打击了不法资本家的“五毒”行为，使党在同资产阶级的限制和反限制的斗争中取得了胜利，推动了在私营企业中建立监督制度和进行民主改革，为国民经济的恢复和抗美援朝战争的胜利，打下了坚实的政治基础。

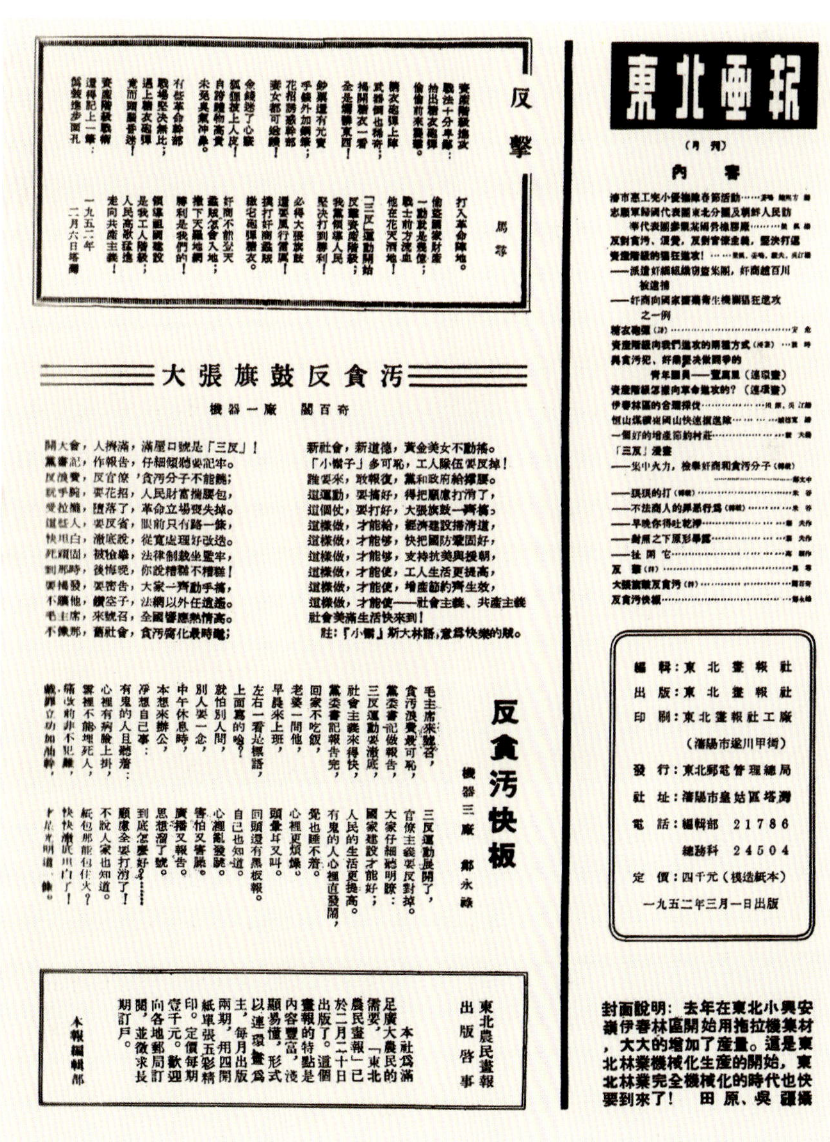

東北畫報

（月刊）

內容

編輯：東北畫報社
出版：東北畫報社
印刷：東北畫報社工廠
（瀋陽市遼川甲街）
發行：東北郵電管理總局
社址：瀋陽市皇姑區塔灣
電話：編輯部 21786
總務科 24504
定價：四千元（模造紙本）
一九五二年三月一日出版

封面說明：去年在東北小興安嶺伊春林區開始用拖拉機集材，大大的增加了產量。這是東北林業機械化生產的開始，東北林業完全機械化的時代也快要到來了！ 田原、吳寵攝

反擊

馬荐

資產階級進攻，戰法十分卑鄙：拾出糖衣砲彈，偷偷前來襲擊。
糖衣砲彈上陣，武器個個稀奇；揭開糖衣一看，全是骯髒東西！
鈔票還有元寶，手錶外加鋼筆；花招誘惑幹部，妻女都可犧牲！
命綫迷了心竅，狐狸披上人皮！自誇禮物高貴，未免臭氣沖鼻。
有些革命幹部，戰場堅決無比；遇上糖衣砲彈，竟而頭腦昏迷！
資產階級戰術，還得記上一筆：僞裝進步面孔，打入革命陣地。
偷盜國家財產，一動就是幾億；戰士前方流血，他在花天酒地！
「三反」運動開始，反擊資產階級；我黨領導人民，堅決打到勝利！
必得大張旗鼓，還要風行雷厲！揍打奸商盜賊，撤宅砲彈糖衣。
奸商不能登天，盜賊怎會入地；推下天羅地網，勝利是我們的！
領導組織建設，是我工人階級；人民高歌猛進，走向共產主義！

一九五二年二月六日塔灣

大張旗鼓反貪污

機器一廠 閻百奇

開大會，人擁滿，滿屋口號是「三反」！
黨書記，作報告，仔細傾聽要記牢。
反浪費，反官僚，貪污分子不能饒；
耍手腕，要花招，人民財富攏腰包，
受拉攏，墮落了，革命立場要失掉。
這些人，要反省，眼前只有路一條，
快坦白，澈底說，從寬處理好改造。
死頑固，被檢舉，法律制裁坐監牢，
到那時，後悔晚，你說糟糕不糟糕！
要揭發，要密告，大家一齊動手搞，
不饒他，鑽空子，法網以外任逍遙。
毛主席，來號召，全國響應熱情高。
不像那，舊社會，貪污腐化最時髦；
新社會，新道德，黃金美女不動搖。
「小懈子」多可恥，工人隊伍要反掉！
誰要來，敢報復，黨和政府給撑腰。
這運動，要搞好，得把顧慮打消了，
這個仗，要打好，大張旗鼓一齊搞。
這樣做，才能給，經濟建設掃清道，
這樣做，才能够，快把國防鞏固好，
這樣做，才能够，支持抗美與援朝，
這樣做，才能使，工人生活更提高，
這樣做，才能使，增產節約齊生效，
這樣做，才能使——社會主義、共產主義社會美滿生活快來到！
註：「小懈」斯大林語，意爲快樂的賊。

反貪污快板

機器三廠 鄭永祿

毛主席來號召，三反運動展開了，
貪污浪費最可恥，官僚主義要反對掉。
黨委書記做報告，大家仔細聽明瞭：
三反運動要澈底，國家建設才能好；
社會主義來得快，人民的生活更提高。
黨委書記報告完，有鬼的人心裡直發鬧，
回家不吃飯，覺也睡不着。
老婆一問他，心裡更煩燥。
早晨來上班，頭暈耳又叫。
左右一看是標語，回頭還有黑板報。
上面寫的啥？自己也知道。
就怕別人問，心裡亂發跳。
別人要一念，害怕又害臊。
中午休息時，廣播又報告。
本想來辦公，思想溜了號。
淨想自己事：到底怎麼好？……
有鬼的人且聽着：顧慮全要打消了！
心裡有病臉上掛，不說人家也知道。
雪裡不能埋死人，紙包那能包住火？
痛改前非不犯罪，快快澈底坦白了！
戴罪立功加油幹，才是光明道一條。

東北農民畫報出版啓事

本社爲滿足廣大農民的需要，「東北農民畫報」已於二月二十日出版了。這個畫報的特點是內容豐富，淺顯易懂，形式以連環畫爲主，每月出版兩期，用四開紙單張五彩精印。定價每期壹千元。歡迎向各地郵局訂閱，並徵求長期訂戶。

本報編輯部

1952 年 3 月 1 日

出版的《东北画报》中有关于“三反”“五反”运动的报道

[新中国成立75年]

辽宁辉煌瞬间7

增产节约，辽宁的“劳动模范”吹响技术革新的号角

你知道被誉为“走在时间前面的人”王崇伦的故事吗？故事缘起于中华人民共和国成立初期的增产节约运动，那一年，他只有26岁。

1951年，恢复国民经济到了关键时刻，抗美援朝战争也进入了第二个年头。这年5月，中共中央东北局在城市工作会议上提出“为增产节约500万吨粮食的财富而奋斗”的口号，以支援国家经济建设和抗美援朝战争，从而拉开了全国开展增产节约运动的序幕。辽宁地区从各大中城市到各个工厂、矿山，都积极响应东北局的号召，迅速形成增产节约的热潮。

1951年10月，中共中央召开政治局扩大会议，决定实行“精兵简政、增产节约”的方针。同月，毛泽东主席在全国人民政协第一届全国委员会第三次会议上，向工人阶级和全国人民提出“增加生产，厉行节约，以支持中国人民志愿军”的号召。这个号召更加促进了辽宁地区增产节约运动的开展，并且进一步发展为以增产节约为主要内容的爱国主义劳动竞赛，由过去的依靠提高劳动强度、增加产量为主，发展到技术革新、改造旧的生产设备和改进企业管理。站在这场竞赛前头的是一批具有高度爱国主义觉悟的身怀绝技的老工人。本钢第二电厂有一台1.4万千瓦的发电机组，是20世纪30年代安装投产的。恢复运行之后，只能发电1万千瓦，而且机组震动很厉害，当年日本专家都束手无策。而在这时，老工人、钳工王荣礼急国家之所急，反复琢磨，终于找到了要害部件的毛病。他修复了零部件，把机器重新装好，不但减轻了震动，发电量也达到了设计标准。

当时影响最大的要属鞍钢小型轧钢厂张明山创造的“反围盘”了。小型轧钢厂是1935年建设的老厂，设备陈旧落后。这个厂生产的钢材，从钢坯投入，经毛轧机轧制5~7次，再经光轧机轧制3~7次，才能成材。光轧机这几道工序，都是手工操作，不仅劳动强度大，而且时刻有烫伤甚至生命危险。张明山苦心钻研，经过两年八个月的反复试验，历经多次失败

和挫折，1952 年 9 月，终于研制成功了“反围盘”。在光轧机上安装“反围盘”后，机械操作代替了手工劳动，生产效率提高了 40%，劳动力可节省 70%，还防止了长期损害工人健康的烫伤和职业病。张明山的革新吹响了向机械化、自动化进军的号角，首先在小型轧钢厂迅速掀起了技术革新的热潮，创造出手轧机自动翻钢机、小型立围盘、自动卷线机、自动磨床、自动飞剪等 15 种新设备，并对当时的 23 部旧设备进行了改造，迅速改变了小型轧钢厂的面貌，提高了生产效率。小型轧钢厂的技术革新活动，在鞍钢全体职工中引发强烈反响。各厂纷纷组织技术革新小组，仅 1953 年就提出合理化建议 19869 件，这对推动全国的技术革新活动产生了重要影响。

到 1952 年年底，我国胜利完成了国民经济的恢复任务，抗美援朝战争战局也已稳定，于是中共中央及时决定从 1953 年开始执行发展国民经济的第一个五年计划。为了推动大规模经济建设的开展，1953 年 7 月，中共中央东北局发出《关于在工业和运输企业开展群众性的增产节约竞赛，全面和超额完成国家计划的指示》。8 月 28 日，党中央发出了《中共中央关于增加生产、增加收入、厉行节约、紧缩开支、平衡国家预算的紧急指示》，新一轮的增产节约运动开始了。辽宁各地积极开展增产节约竞赛活动，在活动中涌现了王崇伦、尉凤英等全国著名的劳动模范。

王崇伦，1927 年 7 月出生于辽宁省辽阳县。1949 年 8 月，王崇伦经人介绍进入鞍钢轧辊厂，重操旧业当刨工，成为新中国成立后鞍钢职工队伍中为数不多的年轻高级技工。3 个月后，王崇伦加入中国新民主主义青年团，成为新中国成立后鞍钢第一批入团的青年职工。1951 年 6 月，王崇伦调至鞍钢机修总厂四机修厂工具车间，走进了一个施展自己才华的广阔天地。作为中华人民共和国培养的青年工人，他把对祖国的热爱全部倾注到工作中。1952 年，车间承担了为中国人民志愿军加工飞机副油箱拉杆的十万火急的特殊任务，他设计并制造出利用刨床加工拉杆的特殊卡具，比用铣床加工提高工效 24 倍，而且全部达到一级品。同年，王崇伦光荣地加入了中国共产党。在入党后的短短一年中，他相继革新成功了 7 种工、卡具，成为全厂有名的技术革新闯将。1953 年，王崇伦所在车间又承担了矿山建设第一线急需的大批凿岩机卡动器的试制任务，当时国内没有能够生产这种备件的厂家。他大胆攻关，研制出著名的“万能工具胎”，不仅成功生产出卡动器，还使生产效率比最初提高了 6 ~ 7 倍。仅 1953 年一年，王崇伦就完成了 4 年多的工作量，被誉为“走在时间前面的人”。

1954年年初，全国工业战线相继涌现出一批有影响力的技术革新能手。应中华全国总工会的邀请，这些技术革新能手会聚首都北京，座谈讨论如何为实现第一个五年计划作出更多贡献，王崇伦等7名全国工业劳动模范向中华全国总工会提出了在全国工人中开展技术革新运动的建议书，在全国工人中引发强烈反响。不久，由王崇伦执笔的7人联名建议信送到了全国总工会主席的手中。中华全国总工会对这封具有特殊价值的建议信进行了专题研究，并于同年4月下发了《关于在全国范围内开展技术革新运动的决定》。此后，一项群众性的技术革新运动在长城内外、大江南北蓬勃兴起。王崇伦的事迹被编入小学语文课本，“万能工具胎”的图片被印在了邮票上。

1959年年初，王崇伦找到同在鞍钢的老英雄孟泰，向他和盘托出组织全鞍钢能工巧匠开展大规模技术协作活动的设想。两位忘年交的劳动模范一拍即合。经过两人的精心筹划，年底，鞍钢拥有了一支以劳动模范、先进人物为骨干的技术协作队伍，人数达1500多人，王崇伦的家也成了能工巧匠交流聚会的“据点”，而这个“据点”一直热闹了近20年，直至王崇伦调离鞍山。

巾帼不让须眉，在辽宁，还有许多女性技术革新能手，尉凤英就是其中的一位。尉凤英1933年出生于辽宁省抚顺县。1953年1月，尉凤英考入东北机器制造厂当学徒。在学徒期间，她刻苦钻研，每天早来晚走，在师傅和技术人员的帮助下，做成了自动送料器，还把六角车床手工搬柄改为半自动搬柄。这两项革新提高工效80%，提前118天完成了全年的生产任务。从这以后，她就以忘我的精神全身心地投入技术革新的运动中。从1953年至1959年，她实现技术革新70项，改革的多刃刀具提高工效14倍，改革的冲具提高工效100倍，用434天完成了第一个五年计划的工作量，用4个月完成了第二个五年计划的工作量，被人们誉为“从来不走，总是在跑的铁姑娘”。她先后13次受到毛主席的接见，被党中央命名为“毛主席的好工人”，成为全国人民学习的榜样。

增产节约运动发起在辽宁大地，并持久地兴起热潮，为国民经济恢复、大规模经济建设积累了资金和物资。增产节约运动带动开展的技术改造与技术革新活动，培养了大批的技术人才和工人技师，极大地加速了辽宁大规模经济建设的步伐。

王崇伦

鞍钢档案馆　供稿

尉凤英

于　兆　摄

[新中国成立 75 年]

辽宁辉煌瞬间 8

从“除四害”讲卫生到爱国卫生运动

“苍蝇蚊虫传疾病，老鼠麻雀偷食粮。六万万人民齐上阵，一定要把它们消灭光！”上了年纪的人可能对这首歌谣至今记忆犹新。20 世纪五六十年代，举国上下开展了以“除四害”（四害系指老鼠、苍蝇、蚊子、麻雀，1960 年以后以臭虫取代麻雀）、讲卫生、预防与治疗各种疾病为主要内容的爱国卫生运动。当时的口号是：“发动群众，统一行动，男女老少，各显神通。”时至今日，“除四害”已经少有人提起，但爱国卫生运动却一直连续开展了 70 多年，对于推动全民族文明卫生素质的提高、不断满足人民群众日益增长的身心健康需求有着重大的意义。爱国卫生运动的兴起，与辽宁有着密不可分的关系。

朝鲜战争爆发后，美军积极策划在朝鲜使用细菌武器。1952 年年初，美军竟不顾国际法和人类道德，开始大规模使用细菌武器，企图在朝鲜军民和中国人民志愿军中造成瘟疫流行，削弱战斗力，以此来挽救其在战场上的败局。

1952 年 3 月 8 日，周恩来总理发表声明，指出美军自 1 月 28 日在朝鲜发动大规模的细菌战后，从 2 月 29 日起至 3 月 5 日止，先后以军用飞机 448 架次侵入中国东北领空撒布大量传播细菌的昆虫。同时严重抗议美国政府使用细菌武器屠杀中国人民、侵犯中国领空，呼吁全世界爱好和平的人民起来制止这种疯狂的罪恶行为。美军非但没有停止细菌战，反而变本加厉，利用军用飞机投撒了大量带有细菌的蝇、蚊、蜘蛛、蚂蚁、跳蚤、蟋蟀等昆虫 30 多种，还有老鼠、青蛙、猪肉、烂鱼、树叶、棉花等媒介物和细菌弹，造成水源污染，人畜受害。辽宁地区成为美军投撒细菌毒虫的重灾区。自美国使用细菌武器以后，沈阳、辽阳、鞍山等污染区内发现了以前没有发生过和很少见到的疾病，如炭疽性脑膜炎及急性传染性脑炎等。

美军的罪恶行径激起了中国人民的极大愤慨。中国红十字会总会和中国人民救济总会发表联合声明，抗议美军飞机侵犯我国领空，使用细菌武器屠杀中国人民的罪行。1952 年 3 月 13 日，沈阳市 16 万群众举行大规模示威游行，对美军在沈阳等城市投撒细菌表示极大义愤，指责美国破坏国际公法，残杀中朝人民，企图扩大侵略的暴行，要求惩办美国细菌战的组织者和执行者。辽宁地区的抚顺、本溪、安东等城市也举行了抗议示威活动，控诉美军的罪行。

为了保护人民，粉碎侵略者发动的细菌战，1952 年 3 月 14 日，政务院成立了中央防疫委员会，辽宁地区也随之在城市的区、街及农村建立了各级防疫委员会，并分别在各市内建立了一支由 100 ~ 300 人组成的机动防疫队，执行紧急防疫任务，并指导、组织人民群众开展卫生防疫工作，准备了手套、口罩、镊子、线网等工具，采取排队搜索、四面围歼等方式捕灭毒虫，并创造了火烧、土埋、油粘、水烫等方法。全省参与扑虫人数达 125 万人次，共扑灭毒虫 1.85 万公斤，阻止了疫情的扩大蔓延。

为消灭病媒昆虫的滋生与繁殖，1952 年 3 月，政务院发出指示，在全国范围内开展群众性的爱国防疫卫生运动。这也是延续至今的爱国卫生运动的发端。辽宁地区积极贯彻落实中央指示精神，大力开展清除垃圾污物、改善环境卫生的群众性卫生运动。当时沈阳市北部地区仅一次就组织了 6000 人参加了义务劳动，将沿中长铁路长 4000 米、宽 20 米的肮脏地带整修成一条平坦的道路。抚顺市通过群众性卫生运动，彻底清除了垃圾，70% 的厕所设了盖，90% 以上的居民室内灭了蝇，1952 年被评为“全国丙等卫生城市”。辽宁还在全省范围内对病媒昆虫滋生、繁殖场所使用杀虫乳剂等药剂进行大面积消毒。据沈阳、安东（今丹东）等 7 个城市统计，消毒面积达 1422 万平方米，基本上消灭了蝇、蚊等有害昆虫。通过实施以上措施，基本上控制了疫病的发生与流行。

1952 年 3 月至 9 月，当时受细菌战毒害最重的宽甸县 237 个村普遍进行了大清扫。全县整修厕所 4 万多个，清除垃圾 2.3 万多车，疏通水沟 106 千米，填平污水沟 8 万平方米，建下水井 7.3 万个，90% 以上的水井加了盖。城乡基本实现了“四无五净六少”，即“室内无尘土、无脏味，院子无杂草、无脏水坑；锅碗瓢盆净、衣服被褥净、身体净、屋子净、院子街道净；老鼠少、厕所蛆少、虱子少、跳蚤少、蝇子少、蚊子少”，卫生面貌发生了前所未有的深刻变化。1952 年 12 月，在第二届全国卫生工作会议上，宽甸县被评为全国卫生运动模范县，被授予毛泽东主席题词的“动员起来，讲究卫生，减少疾病，提高健康水平，粉碎敌人的细菌战争”锦旗。

由于决策及时，措施得当，组织严密，全国各地经过发动群众广泛参与取得了反细菌战的伟大胜利，而且通过广泛深入地开展爱国卫生运动，科学卫生知识大为普及，城乡到处呈现清洁卫生的新气象，疾病显著减少，有些传染病几乎绝迹，给中华人民共和国卫生事业打下了广泛的群众基础。此后，从“除四害”讲卫生到城乡卫生环境综合治理，从“移风易俗、改造国家”到全生命周期健康管理，爱国卫生运动的内容和重点不断发生变化。无论时代如何变迁，党中央和国务院仍一如既往地高度重视爱国卫生运动的开展，使影响健康的主要环境危害因素得到有效治理，人民群众文明卫生素质显著提升，健康生活方式被广泛普及。

沈阳市民举行示威游行，抗议美国细菌战 >>

保衛世界永久和平
加緊抗美援朝打倒美帝國主義
嚴厲懲辦美國細菌戰犯

[新中国成立75年]

辽宁辉煌瞬间9

印在人民币上的企业：阜新海州露天煤矿

1960年版5元人民币

背面图案为阜新海州露天煤矿电镐作业的场景

这是一张1960年版1962年全国发行的面值5元的人民币。一位炼钢工人的正面图案人们或许还有印象，背面图案是什么，大概就鲜有人知了。这张人民币的背面描绘的是阜新海州露天煤矿大型电镐作业的场景。将一个企业的工作场面设计到人民币图案上，这在中华人民共和国钱币史上是绝无仅有的一次特例。另外，在1954年全国发行的面值“800圆”的B-2邮票上也印有海州露天煤矿电镐作业的画面；在中华世纪坛记载华夏五千多年文明的青铜甬道1953年处，清晰地镌刻着“新建的中华人民共和国第一座大型露天煤矿——阜新海州露天煤矿建成投产”。

遥想当年，阜新海州露天煤矿曾是世界闻名的现代化大型露天煤矿，为中华人民共和国的经济建设作出了杰出贡献。其开采的历史可以追溯到19世纪末，在100多年的开采历程中，海州露天矿创造了无数个中国乃至世界上的“第一”，堪称中国现代工业的活化石。

1948 年 3 月，阜新胜利解放，长期被日本侵略者疯狂掠夺和国民党大肆破坏的煤矿被收归国有。1949 年 9 月，太平煤矿与孙家湾煤矿合并，成立了海州煤矿，从这时起，开始筹划露天开采。通过大量的勘探研究，发现海州煤矿地下矿藏丰富、覆盖物薄，继续挖掘井道开采将使资源遭受很大的损失。1950 年 8 月，决定将海州煤矿范围内的 7 个坑口全部停工，改为露天开采，并被列为“一五”期间国家 156 项重点工程之一。

当全国还处于恢复国民经济的阶段时，海州露天矿的重点建设工程就已开始。1951 年 1 月 1 日，海州露天矿边设计边施工，正式开发建设。4 月，当露天矿建设大军开始破土动工时，矿场上只有两个不大的土坑，两台老旧的多斗式电铲，周围一片荒芜，条件异常艰苦。没有技术，没有资料，缺乏人才，仅有的 10 多名大中专毕业生都是学斜井开采的，没有一个是学露天采掘专业的。在这种情况下，只好由日本留用人员担任工程师。在设计过程中，工程技术人员为了让祖国能有一个自己的露天矿，他们刻苦钻研，以忘我的工作态度投入露天煤矿的设计之中。根据设计，露天矿建设的施工项目主要是基建剥离、铁道线路、排土场建设，还有选煤、供电、排水、机修及地面工业建筑工程。基建剥离是露天矿基本建设的主体工程。在施工过程中，除了 1 台从苏联进口的挖

1953 年 7 月 1 日

阜新海州露天矿正式投产

阜新市政协文史委　供稿

掘机外，几乎没有机械设备，安装几十吨重的大电铲没有吊车，就用人工吊起数十个配件进行组装。铁道建设也几乎依靠人力，运道砟靠人挑，平整路基用人工。铺路轨时，几十人抱着钢轨一根一根地铺。遇到流沙层，为了防止电铲陷进去，需在电铲下铺木料，走一处，垫一处，起一处。没有水靴和工作服等劳保用品，只能挽起裤腿蹚水起木料。冬天常常被冰块划破腿和脚，但没有人叫苦、叫累，全矿的干部、技术人员和工人以高度的责任感和主人翁精神，克服重重困难，一起战斗在建设露天矿的第一线。

海州露天矿的建设者们不仅有着战天斗地的无畏精神，还始终把技术革新和技术改造放在首位，他们向科学技术要速度、要效益。在露天矿基本建设初期，他们根据当时的实际情况，对苏联的设计做了合理修改，得到苏联专家的赞扬与支持，不仅避免了工程器械的过度磨损，还提高了工作效率，加快了工程进度。

1953年2月15日，全矿职工致电毛泽东主席，表达了加快露天矿建设的决心。4月初，阜新矿务局作出《海州露天矿移交生产的决定》，要求于7月1日基本移交生产部门，力争按照国家计划生产与建设同时进行，号召全局职工予以大力支援，各基本建设部门、生产部门、辅助部门以及各专业系统，都要密切配合，共同为完成海州露天矿的准备工作而努力，以确保按期转入生产。4月21日，中共阜新市委发出《关于发动全市人民大力支援海州露天矿建设，实现"七一"移交生产的决定》，极大地鼓舞了阜新人民的干劲。全市人民立即行动起来，有钱的出钱，有力的出力，大家齐心协力，迅速掀起了支援建设的热潮。

1953年6月上旬，以国家燃料工业部煤矿管理局、东北煤矿管理局、抚顺矿务局等7家有关单位为主组成了海州煤矿验收委员会。6月15日进入现场，29日全部验收完毕，给出的结论是：海州露天煤矿建设工程质量良好，基本具备移交生产条件。至此，中华人民共和国第一座现代化、机械化、电气化的露天煤矿正式建成。阜新海州露天煤矿也被列为国家新兴骨干企业。7月1日，海州露天煤矿全体职工，冒雨举行了移交生产庆祝大会。海州露天煤矿的移交投产，是我国"一五"期间全国156项重点工程建设中首批投入生产的企业之一。它的建成，显示了中华人民共和国工业的飞跃与进步，象征着中国煤炭工业进入新的历史时期。

2012 年 4 月 3 日

海州露天矿矿山土层剥离作业的场景

王国军　摄

海州露天煤矿在风风雨雨、曲曲折折中走过了 50 多年。进入 21 世纪后，海州露天煤矿渐渐燃尽了自己的光和热，为中华人民共和国的经济发展无私地奉献了全部。2005 年，阜新海州露天矿关闭停产后，在国家的支持下又焕发了新的生机。2005 年 7 月，被确立为国家首批、辽宁唯一的国家矿山公园，成为珍贵的工业遗产。2009 年，又被批准为全国首家工业遗产旅游示范区。它是集旅游、考察、科普于一体的工业遗产旅游资源，也是全国第一个资源枯竭型城市转型试点的新亮点。今天，当人们置身长近 4 千米、宽近 2 千米、垂深 350 米、海拔负 175 米的世界上最大的人工废弃矿坑时，虽然看不到往昔那繁忙的生产景象，但同样会产生巨大的视觉震撼和心灵震撼，不得不对当年新中国建设者们感到由衷的钦佩。

黑金时代

何　莉 | 李树革 | 李坚真 | 丛　琳

中国画

302 cm × 508 cm

[新中国成立 75 年]

辽宁辉煌瞬间 10

“中国机床之乡”沈阳

1949 年 6 月，虽然中华人民共和国尚未正式成立，但沈阳第一机器厂的工人和技术人员们却干劲空前，一边还在维修千疮百孔的厂房机器，一边却已经利用调进的苏联设备试制成功了我国第一台自行设计、测绘的六尺皮带车床。8 月开始正式生产，共生产了 100 多台，为生产枪械、支援抗美援朝战争立下了汗马功劳。此后，工厂能够生产结构更为复杂的全齿轮车床、普通车床等，有力地支持了国民经济的恢复和发展。

此时的产品还是以仿制苏式机床为主，产品结构和使用性能虽有根本的改善，但由于工厂的整体技术状况还很落后，厂内一些金属加工、铸工、锻工、工具等车间大部分安置的是苏式皮带车床，生产效率不高，从原材料进厂到成品出厂运输都是靠工人手工劳动。生产管理更是缺乏经验，很不适应现代化生产要求。因此，当时的车床、机床产品无论在质量方面、产量方面还是品种方面，都远远满足不了国家机器工业发展的需要。工厂改扩建的愿望就极为迫切。

1953 年，我国开始执行发展国民经济的第一个五年计划。沈阳第一机器厂也在这一年正式更名为沈阳第一机床厂，作为由苏联援建的 156 项重点建设项目之一，很快投入改扩建工程。

1953 年 5 月，沈阳第一机床厂改扩建工程正式破土动工。这是沈阳第一机床厂的历史转折点，它不仅关系着工厂生产建设的蓬勃发展，而且关系着国家机器工业的大飞跃。在施工工地上，工人们以饱满的热情投入建设工作之中，呈现一片紧张的大干景象。转动的机器轰鸣作响，工人的号子声此起彼伏，高大金属钢架上闪着电焊火花，厂区的路上，工人们汗流浃背地挥动着十字镐修筑新公路和铁路专用线……工人们的劳动热情激励着干部、技术人员和管理人员，他们深入工地，与工人一起大干、苦干。工程技术人员埋头钻研设计方案，充分展示了建设者们的主人翁责任感和顽强拼搏精神。同年 9 月，沈阳第一机床厂就迎来了大批设备的安装工作，其中一号机械加工车间作为重点工程，任务最为艰巨。在缺乏实践经验的情况下，沈阳第一机床厂向苏联专家虚心求教，奋发图强，终于掌握了精密机床高难度的设备安装技术，仅用3个月时间就顺利地完成了安装任务。

1953年12月，东北工业部机械局领导和苏联专家先后来厂里检查指导工作，高度赞扬了技术人员和工人们的工作成果。同时，也发现了在基建、准备、生产三个方面存在着计划脱节的问题，要求把三方面计划紧密结合起来，制订出一个整体计划。1954年2月，厂领导接受上级指示与专家的建议，组成编制计划小组，根据“基建服从生产需要，生产应大力支援基建”这一原则，确定了总的方针：以生产1A62车床为中心，将全厂的基建和生产准备组织起来。自此，沈阳第一机床厂的改扩建工程实现了从基建施工向生产准备和投入生产的重点转变。

1A62车床，是我国20世纪50年代生产的精密度最好、效能最大和转速最高的工作母机、万能机床。它的用途很广泛，可以车削平面、圆面、斜面、螺丝内径及钻孔等，一般的大、中、小部件都可以加工。依我国当时的技术和装备水平，是生产不了这种产品的。苏联专家提供了1A62车床的工艺文件和装备设计，小部分重要的设备由苏联制造好送到工厂。为争取早日生产出1A62车床，工厂组织技术骨干学习新的操作技术，领会专家设计上和技术上的优越性，然后再传授给工人们，普及技术知识。工厂还请专家专题授课，到车间指导工人

1955年8月

沈阳第一机床厂试制成功了1A62车床，其主导产品是C620-1普通车型

操作，边干边检查，出现问题及时解决，通过到现场实习和必要的演习方法，使工人达到消化理解的目的。工人们忘我学习工作，抢时间、争进度。1955年4月，1A62样机试制开始。8月，1A62车床试制成功，接着投入小批量试制，先后投入80台份，全部试制产品合格，质量优良。

最新式的机床产品试制成功，标志着基建工程也进入了倒计时。1955年12月，由国家第一机械工业部等有关方面组成的验收委员会到沈阳第一机床厂进行验收检查。在听取了沈阳第一机床厂改扩建情况的报告及各专业组的复查报告，并进行了近一个月的实地考察和抽查车床试验等大量工作后，验收委员会得出结论：沈阳第一机床厂改扩建工程在“边生产边改建”的复杂情况下，仅用两年多的时间，就完成了改扩建任务，建设速度是快的；设计中充分利用了原有基础，经济上合理，施工中注意了节约，为国家节省了资金；工程设计采用了头等的技术装备、先进的工艺和生产组织，完全符合现代化的技术水平；工程质量符合设计要求与质量标准，经操作证明，全部工程已能满足大批生产的要求。因此，沈阳第一机床厂改扩建工程验收合格，工程质量是优等的。12月29日，沈阳第一机床厂举行隆重的开工剪彩典礼，全场掌声雷动，鞭炮齐鸣，工厂上下都沸腾了，所有机器全部开动，沈阳第一机床厂从此正式投入生产。

1956年2月6日，《人民日报》登载了题为《改建后的沈阳第一机床厂》的报道，指出“沈阳第一机床厂是我国开始五年计划以来第一个改建成功的工作母机制造厂，它标志着我国机械工业的巨大跃进”。沈阳第一机床厂改扩建工程的胜利竣工，雄辩地证明了我们完全有能力建设社会主义现代化机器工业，从此结束了中国机器制造业一穷二白的落后局面。沈阳第一机床厂在20世纪80年代被称为中国机床行业“十八罗汉”之首，沈阳被誉为“中国机床之乡”。

沈阳第一机床厂 >>

工人正在安装进口的苏联机器

[新中国成立 75 年]

辽宁辉煌瞬间 11

“亚洲第一大坑”：抚顺西露天矿坑

“亚洲第一大坑”即抚顺西露天矿坑。如果你没去过西露天矿，是无法想象“亚洲第一大坑”之雄伟奇观的。站在坑边向下望去，只见苍茫的烟岚之中，一道道矿层蜿蜒曲折，似梯田般宏大绵延，一眼望不到底。真的很难相信，这是人力所为。历经 118 年的开采，这里形成了一个东西长 6.6 千米、南北宽 2.2 千米、总面积为 13.2 平方千米、开采垂直深度近 400 米的巨大矿坑，是当时亚洲最大的露天矿坑。但凡见到过“大坑”的人，无不为之震惊。

煤炭，被誉为“工业的粮食”，是人类使用的主要能源之一。中国的煤炭储量和开采量都排在世界前列。一提到中国的煤炭，大家首先想到的可能是山西、内蒙古。然而，在辽宁大地上有着亚洲第一、世界第三大露天煤矿——抚顺西露天煤矿。它是中国开采历史最久、煤层最厚的煤矿。它不仅为新中国工业发展提供了优质的动力煤，而且在没有大量开采出石油之前，更是提供了油母页岩这种炼油的重要原料。这里是见证新中国工业崛起的地方之一。

抚顺西露天矿，位于抚顺煤田的西部，最早由绅商王承尧于 1901 年在当地试采。1905 年，该矿被日本人强行接管。1914 年，日本人在周边先后开掘了古城子、千金寨和杨柏堡露天矿坑。九一八事变后，日本完全侵吞了抚顺的煤炭资源，逐渐将 3 个矿坑合并成有共同工作线的大型露天矿，即今天的抚顺西露天矿。日本占领时期，由于实行掠夺性开采，多次造成矿坑崩塌、人员伤亡。1946 年后，国民党接收了西露天矿，更是变本加厉地滥采乱掘，矿难频发，矿坑底部大量积水，还有大量崩岩塌落，掩埋了一部分采掘运输设备及采煤工作面，坑内煤炭还发生过严重的自燃火，致使生产瘫痪。

1948 年 10 月，抚顺解放后，西露天矿回到人民的怀抱。广大矿工从水深火热中解放出来，抱着最朴素的感情，按照“一面恢复、一面生产”的方针，积极参加民主改革、献纳器材、生产竞赛和创造新纪录等运动，迅速恢复矿山生产，涌现了全国煤矿劳动模范张子富等英模人物。张子富率领突击组，掀起突破生产定额的示范活动，从过去每人一班装 1 车（约 3.3 吨）煤，提高到装 3.7 车，最高达到 5.5 车。在张子富突击组的影响下，其他小组也达到了每人一班装 3 车的工作效率。

这一时期，国家也相应地加大了投资建设力度，从 1949 年至 1952 年，西露天矿恢复和建造铁路 298.9 千米、巷道 3890 米、栈桥 6 座、输电线路 38.3 千米，修复电铲 10 台、钻机 5 台、自翻车 318 辆，实现生产技术重大改革 14 项。经过全矿职工艰苦奋战和国家的投入支持，全矿生产持续上升，煤炭产量由 1949 年的 121.72 万吨提高到 1952 年的 207.12 万吨，油母页岩（富矿）由 150.91 万吨提高到 768.31 万吨，剥离量由 563.13 万立方米提高到 1787.42 万立方米，胜利地完成了恢复生产任务。

1953 年，我国开始执行国民经济发展第一个五年计划，进入了大规模经济建设时期。通过宣传执行国家“一五”计划的重大意义，广大矿工认识到，煤炭是工业的食粮，油母页岩是人造石油的重要原料，加速发展生产，多出煤炭和油母页岩，支援国家经济建设是西露天矿的重要任务。

从 1953 年起，西露天矿进行全面的生产改革，改进企业管理工作，实行矿长负责制，建立总工程师、总机械师、总测绘师技术负责制，加强了地质、设计、计划、生产调度、安全管理、设备检修、经济核算等工作。在苏联专家的指导下，西露天矿成立崩岩研究站，开展边坡研究工作，同时组建钻探队，培训地质勘探人员，进行地质钻探工作；成立设计科，配备专业技术人员，实行采矿、运输、土建、机电工程设计专业化。在抚顺矿务局领导下，成立驻矿安全监察组，贯彻执行各项安全技术规程，开展安全检查、监督工作。全矿建立生产调度会议制度，实行统一领导、统一指挥、统一调度。机电设备实行计划检修制度，推行司机包机制。在生产设计计划管理方面，年轻的副矿长彭炳坤主动拜师求教，顽强自学，攻读俄文，查阅书刊，收集大量资料，经过三四年的刻苦努力，编著出《抚顺露天矿年度设计编制手册》，提出了年度生产设计和生产技术组织计划的编制程序和计算方法，对推行计划管理、组织均衡生产起到了指导作用。全面的生产改革，极大地激发了广大职工的生产积极性，使他们连年超额完成生产任务，于 1955 年 3 月提前完成了“一五”计划指标。“一五”期间，抚顺西露天矿共生产煤炭 1517 万吨，平均年产 300 万吨，比 1952 年提高 40%；生产油母页岩（富矿）6592 万吨，平均年产 1300 万吨，比 1952 年提高 70%；剥离量 13079 万立方米，平均每年 2600 万立方米，比 1952 年提高 45%。

1956 年，为适应国民经济发展的需要，抚顺矿务局提出扩大生产的发展目标，把西露天矿改扩建作为抚顺煤田总体改扩建工程的重要组成部分，当年开始施工。矿党委发动广大职工参与讨论落实生产建设计划，组织开展先进生产者运动和社会主义劳动竞赛，掀起社会主义工业建设高潮。仅 1956 年 1 至 3 月，全矿职工就提出 5341 件合理化建议，被采纳 2219 件，涌现出 1365 名先进生产者和 109 个先进集体。在西露天矿改建的中心工程项目中，为解决穿孔爆破难、电铲采装作业难等问题，推行了计件工资制度，开展工种之间协作竞赛和技术练兵活动。矿里也增调穿孔、采装、运输等设备，加强调度指挥和施工管理，大大加快了工程进度。通过边生产、边改造，西露天矿取得了巨大成绩，至 1962 年每天的煤炭开采量都在 5 万吨以上，为新中国经济发展作出了巨大贡献。

此后，西露天矿多次经历重大技术改造，共产出近 3 亿吨煤炭。2019 年，抚顺西露天矿完成了自己的历史使命，正式退煤闭坑，由此揭开了老工业区发展的新篇章。抚顺市政府制订了综合改造计划，通过实施废弃矿山复绿等系列工程，将这座废弃的煤矿打造成集自然景观和人文景观于一体的独特旅游胜地。

抚顺西露天矿

蒋少武　摄

[新中国成立75年]

辽宁辉煌瞬间12

“为工业中国而斗争”：从“五百罗汉”到“三大工程”

你是否听过“五百罗汉”进鞍钢的故事？

所谓“五百罗汉”，是指1948年至1954年间500多名调入鞍钢的县级以上领导干部。这在中华人民共和国历史上是一个绝无仅有的现象。“五百罗汉”的出现，缘于当时特定的历史背景。

1951年年底，鞍钢即将转入大规模建设时期，在这种情况下，仅靠鞍钢近200名领导干部，应对鞍钢生产和基建的组织领导工作，已显得捉襟见肘。于是，时任鞍山钢铁公司经理的李大璋给毛主席打了一个报告：请求国家向鞍钢调派干部。毛主席亲笔批示：“完全同意，应大力组织施行。”就这样，党中央开始从全国各地抽调干部派往鞍钢。从1948年到1954年，党中央究竟向鞍钢调派了多少名县级以上领导干部？据统计，是550名左右。这才有了“五百罗汉”的提法。

在鞍钢，“五百罗汉”有力地领导着鞍钢的生产建设工作，鞍钢“三大工程”的建设，就是其中最为典型的一例。

1948年2月鞍山解放后，鞍钢迅速修复战争的创伤，于1949年7月9日举行了盛大的开工典礼。中共中央、中央军委专门送来贺幛，勉励鞍钢“为工业中国而斗争”，标志着中华人民共和国钢铁工业从这里开始。

经过三年的奋斗拼搏，鞍钢日益发展壮大。1953年，我国开始执行发展国民经济的第一个五年计划，当时我国工业基础十分薄弱，为了充分发挥原有工业基地的作用，党中央确定以东北工业基地为基础，集中全国的人力、物力、财力，争取在较短的时间内，把东北工业发展起来，并将鞍钢作为东北工业建设的重点。国家规定在第一个五年计划中，利用苏联的技术对鞍钢进行系统的改造，改变不合理的布局结构，扩大生产规模，基本上建成一个先进的大型钢铁联合企业。

其实，党和国家在中华人民共和国成立初期就把鞍钢作为全国建设的重点，大规模建设和改造的准备工作在恢复生产的同时已经全面展开。1951 年 10 月 12 日，苏联完成了共 120 卷的恢复和改造鞍钢的总体规划初步设计。1952 年 2 月 26 日，经中国政府审查批准，开始了鞍钢的大规模改扩建工程。1952 年 8 月 11 日，中苏双方在莫斯科签订了《1953—1955 年苏联对恢复与改建鞍钢所给予技术援助之协定书》。根据协议，苏方派遣了 83 名专家来鞍钢工作，中国陆续选派了 630 多名干部、工人去苏联学习。在“全国支援鞍钢”口号的鼓舞下，全国有 57 座大中城市、199 家企业为鞍钢制造各种设备和提供生产建设用料。所有这些为鞍钢开展大规模建设做了必要准备。

1953 年 5 月，中国与苏联签订相关协定。按照协定规定：至 1959 年止，苏联将帮助中国新建和改建 141 项（后增至 156 项）规模巨大的工程。鞍钢无缝钢管厂、大型轧钢厂、炼铁七号高炉，是 156 个项目中最早投入设计与建设的，被合称为鞍钢“三大工程”。“三大工程”均由苏联设计并提供成套设备，在苏联专家指导下由中国建设和安装。由此，鞍钢“三大工程”成为中华人民共和国第一项重点工业建设项目，拉开了全国转入大规模建设的序幕。

1953 年 7 月 9 日

鞍山钢铁公司炼铁厂举行七号高炉开工典礼

鞍钢档案馆　供稿

早在1951年10月，时任国家财经委员会副主任李富春在全国政协会议上作的《中国工业的目前情况和我们的努力方向》的报告中指出："到1953年，我们修建铁路的钢轨，就可以完全由自己解决了，大型钢材、无缝钢管及薄型钢板，也能大部分解决了。这些新厂的建设，对于我国的重工业，是会有一定的加强作用的。"报告中提到的新厂，就是指鞍钢"三大工程"中的大型轧钢厂、无缝钢管厂及稍后建设的第二薄板厂。无缝钢管厂、大型轧钢厂先后于1952年7月14日和8月1日破土动工，七号高炉于1953年2月27日开始炉基施工，同年7月进行炉体安装。"三大工程"建设规模宏大、技术复杂，仅大型轧钢厂、无缝钢管厂两项工程，即需挖掘土石方13万立方米，浇灌混凝土10万立方米。大型轧钢厂需要安装机械电气设备2万多吨，埋设地脚螺丝1.6万多个，最大的重达1.8吨。无缝钢管厂的设备仅轧管机和减径机就需装21节火车车厢。七号高炉的部件有2000多种，重万余吨。

面对着这样规模宏大、技术要求复杂的现代化工程，当时的建设队伍的技术力量是很不适应的。但是，广大干部、工人坚持"边学边做""边做边学"，克服了重重困难，攻克了一个又一个技术难关，不仅完成了施工任务，而且逐渐锻炼成长为一支强大的建设力量。

大型轧钢厂、无缝钢管厂都是在原有厂房的基础上重建的，工程极为艰巨复杂。首先要进行爆破，清除旧基础，但又不能损坏旧基础上的房柱。在苏联专家的具体指导下，鞍钢广大职工战胜困难，完成了两大工程中几十处房柱更换任务。"三大工程"采用立体交叉作业，在高空、地面、地下同时施工，创造了很多先进的施工方法，使施工工效成倍提高。大型轧钢厂和无缝钢管厂两项工程施工不久就进入冬季，为了抢时间、赶工期，职工们冒着严寒，采取各种办法，保证了冬季浇灌混凝土基础的施工质量，相当于增加了4个月的作业时间，并积累了丰富的冬季施工经验。七号高炉工程采用机械化施工，既节约了大量人力，又加速了炉体砌筑速度。

"三大工程"的建设，得到全国人民的大力支援。在全国各地和广大人民的大力支持下，经过鞍钢职工的艰苦努力，终于战胜了重重困难，创造了中华人民共和国建设史上的奇迹：大型轧钢厂于1953年11月30日胜利投产，工期1年3个月；无缝钢管厂于1953年10月27日成功地生

1953年12月26日

鞍钢举行“三大工程”开工典礼

产出我国第一根无缝钢管，工期1年3个月又13天；七号高炉于1953年12月19日炼出第一炉铁水，安装工期仅5个月10天。1953年12月26日，鞍钢隆重举行“三大工程”竣工典礼，职工们把首批生产的无缝钢管和钢轨样品，献给毛泽东主席。中央人民政府政务院等为“三大工程”竣工送来了贺信和锦旗。12月27日的《人民日报》以《我国工业建设的重大胜利——庆祝鞍山大型轧钢厂、无缝钢管厂和七号炼铁炉开工生产》为题发表了社论。毛泽东主席在给鞍钢全体职工的复信中说：“鞍山无缝钢管厂、鞍山大型轧钢厂和鞍山第七号炼铁炉的提前完成建设工程并开始生产，是1953年我国重工业发展中的巨大事件。”

鞍钢人

黄洪涛 | 靳　波 | 姜海仓 | 王恒伟

中国画

297 cm × 810 cm

[新中国成立 75 年]

辽宁辉煌瞬间 13

辽 宁 省 的 成 立

新中国成立之初，在中华人民共和国的行政区划里是没有辽宁省的。那么，辽宁省是什么时候建立的呢？

中国古代建制里并没有“辽宁”。清光绪三十三年（1907年），今辽宁地区设立奉天行省，取“奉天承运”之意，此后很长一段时间，今辽宁地区一直被叫作“奉天”。1928年12月，张学良宣布“服从国民政府，改易旗帜”，国民党政府在全国范围内建立了自己的统治。1929年3月，南京国民政府将奉天省改称辽宁省，取“辽河流域永远安宁”之意。这是历史上首次出现“辽宁省”这个名称。

1931年九一八事变后不久，东北各地相继沦陷。1932年3月，日本侵略者建立了“满洲国”（伪满洲国），将东北划为5个省，辽宁省改为奉天省。1934年，“满洲国”更名为“满洲帝国”，颁布了新的行政区划，设立14个省。1939年，改为19个省。无论是5省、14省，还是19省，整个抗日战争时期，行政区划里没有“辽宁”这个名称。

解放战争时期，国民政府在东北地区设置了9个省，涉及今辽宁地区的主要是辽宁、安东、辽北3省，还包括热河省的部分地区。这一时期，中国共产党在今辽宁地区的解放区曾建立了辽宁、辽西、辽吉、辽北、安东、辽东等省。因建立时间不同，有些省地域有重合，有些省存在前后接替。1948年11月2日，东北全境解放，中国共产党领导的民主政府对辽宁全境行使行政管辖权。1949年4月，东北行政委员会决定重新调整东北全区行政建制，决定将辽宁、安东两省和辽北省的一部分合并，成立辽东省；将辽北省部分地区与原辽西省部分地区合并，组成新的辽西省。同时，由于沈阳、鞍山、抚顺、本溪4个市在工业发展上的重要作用，在这一时期开始由东北局直辖。此外，旅大行政公署（1950年改称旅大市）这一中国共产党领导下的特殊解放区因独特的地理位置和历史原因亦独立存在。

1949 年 10 月 1 日新中国成立时，今辽宁境内设置了辽东、辽西两省和沈阳、抚顺、鞍山、本溪 4 个东北行政区直辖市，以及旅大行政公署。

1954 年 6 月 19 日，中央人民政府委员会第三十二次会议通过《中央人民政府关于撤销大区一级行政机构和合并若干省、市建制的决定》，撤销辽东、辽西两省建制，合并成立辽宁省。同时，将沈阳、旅大、鞍山、抚顺、本溪 5 个中央直辖市划归辽宁省建制，改为省辖市。当时，辽宁省辖沈阳、旅大、鞍山、抚顺、本溪、安东、锦州、营口、阜新、辽阳 10 个市和复县（今瓦房店市）等 34 个县，还有旅大代管的金县（今大连市金州区）、长海县、旅顺市（县级市）。

1954 年 8 月 1 日，辽宁省成立大会在沈阳召开，中央人民政府任命杜者蘅为辽宁省人民政府主席。至此，“辽宁省”这一名称重新出现在中国的行政区划里。

辽宁省成立之前，按照《中国人民政治协商会议共同纲领》的规定，辽东、辽西两省人民政府分别于 1950 年 2 月和 1950 年 12 月召开了第一届各界人民代表会议。在此前后，沈阳、旅大、鞍山、抚顺、本溪 5 市以及辽东、辽西两省所辖市、县均召开了各界人民代表会议，辽宁地区从此走上了人民当家作主的制度化、法治化之路。

1953 年 1 月，中央人民政府委员会作出《关于召开全国人民代表大会及地方各级人民代表大会的决议》。3 月，中央人民政府委员会颁布《中华人民共和国全国人民代表大会及地方各级人民代表大会选举法》，对实行普选总的原则和各级人民代表大会代表名额、选举程序、选举办法、少数民族的选举，以及对选举工作的监督和指导等作出规定，为民主选举各级人大代表提供了法律依据。1953 年夏至 1954 年春，辽东、辽西两省和沈阳、旅大、鞍山、抚顺、本溪 5 个中央直辖市开展了空前规模的民主选举运动，由选民直接选举产生第一届乡、镇和市辖区人民代表大会代表；随后，乡、县两级人民代表大会逐级召开第一次会议，选举产生上一级人民代表大会代表。到 1954 年上半年，辽东、辽西两省的省、县、乡三级人民代表大会代表，5 个中央直辖市的市、区两级人民代表大会代表，全部通过民主选举产生。这就为辽宁省第一届人民代表大会第一次会议的召开，打下了坚实的基础。

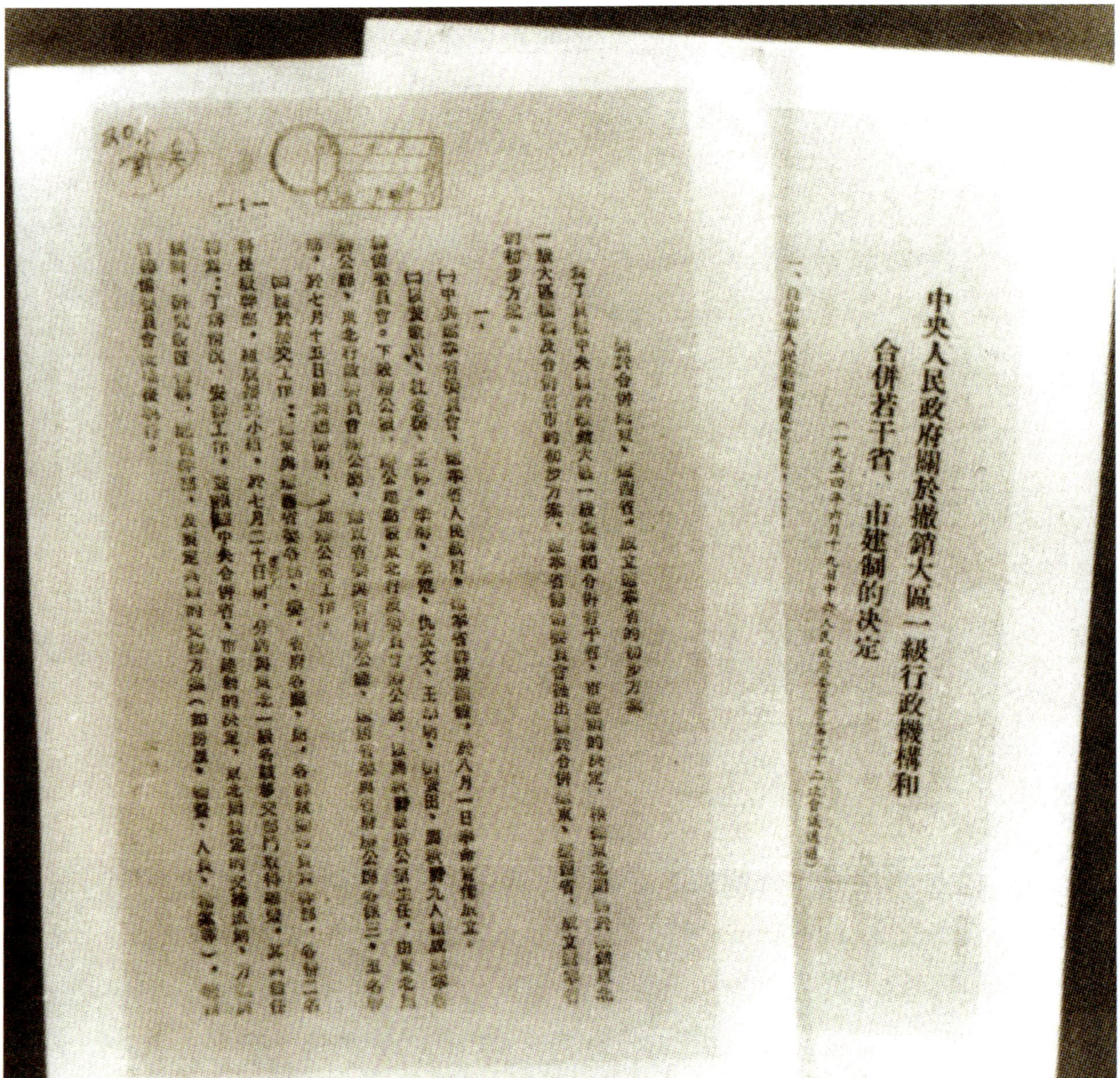

1954年6月

中央通过《中央人民政府关于撤销大区一级行政机构和合并若干省、市建制的决定》

辽宁省第一届人民代表大会第一次会议举行前，鉴于辽东、辽西两省合并的时间不到半月，沈阳、旅大、鞍山、抚顺、本溪5个中央直辖市并入辽宁省的工作尚未结束，5个市的人民代表大会尚未举行会议，经辽宁省第一届人民代表大会第一次会议筹备委员会请示中央选举委员会同意，原辽东、辽西两省的省人民代表大会代表均参加辽宁省第一届人民代表大会第一次会议，选举辽宁出席第一届全国人民代表大会的代表，5个原直辖市仍自行举行市的人民代表大会会议，选举本市出席第一届全国人民代表大会的代表。

1954年8月12日至15日，辽宁省第一届人民代表大会第一次会议在沈阳召开。实有代表588人，实到代表536人。会上，首先讨论了《中华人民共和国宪法草案》，并听取了杜者蘅作的关于宪法草案的产生、宪法草案的基本内容和基本精神的报告，还听取和讨论了时任中共辽宁省委书记黄欧东代表中共辽宁省委作的《关于辽宁省当前工作任务建议的报告》。代表们经过分组讨论，对两份报告都表示赞同，通过了《关于拥护中华人民共和国宪法草案决议》。本次会议没有选举省人民政府组成人员。

这次会议的主要任务是选举辽宁省出席第一届全国人民代表大会的代表。8月15日，经过充分酝酿讨论，大会以无记名投票的方式选出了张学思等24人为辽宁省出席第一届全国人民代表大会的代表。

从辽宁省成立到辽宁省第一届人民代表大会第一次会议的召开，标志着当时辽宁地区1800万人民在党的坚强领导下，开始充分行使人民当家作主的民主权利，团结一致，集中力量，为建设国家的工业基地而不懈努力。

在苹果园里

魏秀金　摄

［新中国成立75年］

辽宁辉煌瞬间14

抚顺铝厂：铝、镁、硅、钛工业的摇篮

"我真想再回到抚铝，追回我青春的记忆和火热的工厂生活，一同装进我的心里。我想再看看101电解厂房矗立的烟囱，捧一把冰晶石氧化铝式的雪花，连同我曾经工作的记忆，一起流进心灵的小溪……"这是原抚顺铝厂101分厂退休干部、现任望花区光明街道铝北社区党支部书记、社区关工委副主任范有亮于2019年创作的一篇散文，再现了当年抚顺铝厂建设的情景，让经历过那段建设历史的人们读起来是那样的亲切与自豪！

铝，是一种银白色轻金属，具有优良的延展性、导电性、导热性和耐腐蚀性。随着科技的发展，铝成为工业革命中一颗璀璨的明星，其具有的独特性质，不仅在人们的日常生活中随处可见，更是在航空航天等领域发挥着举足轻重的作用。新中国工业的发展，离不开制铝工业的成长壮大。新中国制铝工业的发展，从辽宁抚顺起步。

抚顺的制铝工业可以上溯到抗日战争时期。1936年，日本南满铁道株式会社与伪满洲国合资兴建了"满洲轻金属制造株式会社抚顺制造所"，其目的是掠夺本溪附近的矾土页岩和东北的电力资源。1938年，工厂建成投产，年产铝4000吨，后扩大至最高年产铝8000多吨。1945年日本无条件投降后，该厂被苏联红军接管，主要设备、大型供电设备等被拆卸运往苏联。1946年3月，该厂被国民党接收并更名为"抚顺电气化学工厂"，厂内剩余物资再遭洗劫。1948年10月31日，抚顺解放。东北人民政府工业部有色金属工业管理局接管了几近废墟的"抚顺矿务局化学厂第三分厂"，更名为"抚顺制铝厂保管处"。为了尽快恢复铝厂的生产，抚顺制铝厂从各地抽调干部组建了抚顺制铝厂保管处领导班子，随即领导工人们修建生活设施，恢复生产电石、电刷、电极糊等产品，组织技术人员调查翻阅日伪时期遗留下来的图纸资料，试制氧化铝，为将来大规模恢复铝生产积极准备。

新中国成立后，党和政府为解决缺少建设经验和人才、技

术、资金等方面的困难，加快国民经济恢复和发展，决定请苏联援助建设。1950年春，时任东北局副书记、东北人民政府副主席的李富春随周恩来总理访问苏联，主持关于苏联援助我国东北工业项目建设的谈判工作。经过两个多月的艰苦努力，苏联终于同意帮助我国改建和扩建大型铝厂。

1950年6月，苏联派出专家组来到抚顺，中苏两国人员开始仔细调查日伪留下的工厂状况，查阅有关资料，厂区勘探工作也陆续开始。调查后确定，铝厂恢复改建，设计中尽量利用原有的建筑物。10月，抚顺制铝厂恢复与改建计划任务书制订完成。11月5日，东北人民政府工业部审查通过了这份任务书。1951年1月，中央正式批准了抚顺制铝厂恢复与改建计划。之后，工厂改、扩建项目的一期铝生产系统工程和二期铝扩大生产、镁、矽（硅）生产工程，分别被列入国家第一个和第二个五年计划，并被列为苏联援建的156项重点工程项目中的2项。

1951年下半年，苏联专家陆续来到抚顺铝厂，最多时达百余人。东北人民政府工业部有色金属管理局也陆续从全国各地调入大批干部，加强工程建设和生产领导。虽然大部分是军队转业和参加地方革命工作的干部，没有办厂经验，缺少专业知识，但他们态度认真、肯钻研，虚心向苏联专家学习，向有经验、有技术的人学习，深入实际，很快就学到了经济建设和生产的经验，为工程的顺利完成和胜利投产作出了贡献。同时，采取了有力措施加强技术人员和一线工人的力量。其实，早在1949年，工厂就从关内招聘了80名左右大学专科及中专毕业生。1950年，又从上海招聘了40多名高中毕业生，在抚顺铝厂举办了学制为两年的铝冶炼专业训练班。而且，又陆续召回伪满时在工厂做过电解工的老工人64名，做过阳极工的老工人13名，其他工种近100名。这些老工人大都不识字，工厂专设识字班，为他们扫盲。1951年，东北工学院（今东北大学）将冶金系有色专业的2至4年学生，全部改为铝专业。1952年9月，有32名毕业学生被分配到抚顺铝厂参加基建和生产。1952年，开办了抚顺有色金属技工学校，至1957年共为抚顺铝厂培养技术工人1149人。工厂还根据设计要求的工种，选派各种人员到有关的工厂实习，使大部分生产岗位的工人在投产前就得到了应有的训练。同时，国家每年都分配大中专毕业生来厂。到1954年年底，工厂共培养出工程技术人员372人。

在加强人员力量的同时，工厂的设计施工也在紧锣密鼓地推进着。抚顺铝厂一期工程共计16个工程项目，126个单项工程。改造和修建面积113097平方米，其中厂房面积49000平方米，土方工程126000立方米，混凝土浇筑45000立方米，工业管道安装89418米，配电线路224935米，设备安装7960吨，金属结构安装2200吨，工业筑炉8500吨。

1952 年 4 月 1 日，工程开始施工。工程采取边设计边施工的方法，国家给予极大支持，调集大批施工队伍支持抚顺铝厂的恢复和改建，仅 1953 年，就有 11 个工程施工单位来支持建设。为了配合施工，国家还调拨了大批物资材料，购置材料种类 11000 多种，购置钢材 11700 多吨、铜线等有色金属 800 多吨、耐火砖 6000 多吨，仅煅烧炉用的异型耐火砖就有 100 多种。这些物资源源不断地按时运到抚顺铝厂，为工程的顺利建设提供了可靠的物资保证。

1954 年 3 月以后，工程项目陆续竣工。11 月，工程验收完成，主要工程质量均得到优良评价。1954 年 12 月 5 日，抚顺铝厂隆重召开一期工程竣工投产典礼大会。

有了一期工程打下的坚实基础，二期工程于 1955 年 7 月开工建设，1957 年 12 月全部投产。在当时“一穷二白”的条件下，以这么快的速度建设这么大的工厂，充分展示了中国工人阶级的智慧和力量。

20 世纪 80 年代

抚顺石化公司石油一厂

王铁衡 摄

抚顺铝厂的改扩建投产，翻开了新中国有色金属制铝工业历史的崭新一页。抚顺铝厂经过一、二期工程建设，成为新中国第一家轻、稀有色金属综合性大型冶炼加工企业，生产出新中国第一包铝水、第一块镁锭和第一坨海绵钛，建成了新中国第一家电解铝厂、第一个镁生产车间和第一个纯矽生产车间，每年可为国家生产铝锭 35000 吨、镁锭 3000 吨、纯矽 2000 吨，是我国铝、镁、硅、钛工业的摇篮，被誉为“有色的鞍钢”。抚顺铝厂研制和生产的新型金属材料和高纯金属材料广泛应用于航天工业、国防军事工业和科研尖端领域，先后为我国研制人造卫星、运载火箭、洲际导弹等作出了重要贡献。

［新中国成立 75 年］

辽宁辉煌瞬间 15

辽宁省成立后的第一次党代会

1954 年 8 月 1 日，辽宁省成立。由党中央任命的中共辽宁省委员会也随后正式成立，并开始办公，省委机关驻沈阳市。根据中共中央决定，黄欧东任省委书记。同年 10 月 10 日，经中央批准，黄欧东等 29 人为省委委员，黄欧东、王铮、杜者蘅、喻屏、李荒、李涛、王学明、邹群峰、蔡黎、邱先通、张烈 11 人为省委常委。中共辽宁省委成立后，省委直接领导的有 10 个市委、34 个县委、3 个直属机关党委、1 个有色矿山党委、6 个有色矿总支、1 个农场党委、1 个铁路局党组。此外，还有中直各部门驻东北的局级单位党组 11 个。据 1954 年 6 月统计，全省共有基层党组织 18545 个，党员 308709 人。

辽宁省委成立时，正处于全国人民认真贯彻执行党在过渡时期的总路线，实现社会主义工业化，进行社会主义改造，执行第一个五年计划，经济建设工作在整个国家生活中已经居于十分重要地位的时期。面对这些情况，首先，省委认真贯彻执行中国共产党七届四中全会的决议，结合辽宁实际情况，着重解决了各级党组织、党员、干部中存在的党的观念薄弱，忽视党的领导作用和党的思想建设和组织建设的问题，纠正了个人主义骄傲情绪、群众观念薄弱等偏向，并对极少数党员、干部追求资产阶级生活方式，腐化堕落、违法乱纪等问题，进行了批评教育和处理，增强了党的团结，提高了党的战斗力。其次，领导全省各级党组织，继续对党员、干部和广大群众普遍进行了过渡时期总路线和总任务的教育。通过深入教育，提高了党员、干部和广大群众对实现社会主义工业化，对农业、手工业和资本主义工商业改造的重大意义的认识，明确了建立全民所有制和集体所有制是社会主义革命的方向，调动了全体党员、干部和广大群众的社会主义建设的积极性。为了更好地完成第一个五年计划，全省各级党组织广泛发动并领导了增产节约运动，在工业上切实贯彻了节约制度，在保证供产销平衡的条件下，完成了计划，完成了新产品的试制和制造任务。在基本建设上，贯彻了重点建设方针，集中力量搞生产建设工程。在城市建设上，反对了盲目建设“大城市”的思想。在交通运输业方面，加速了车辆周转，提高了运输量，加强了计划运输。在农业生产上，开展了以互助合作为中心的农业增产运动，多方面寻找生产潜力，推广试行农业技术改造，克服农业增产中的一些困难，提高了农业生产效率。对国营商业和供销合作社改进了批发工作，建立健全了物资责任制。对机关、团体、企业和学校进行机构整编，减少了层次，紧缩了编制，减少了人员。这一时期，各级党组织还进行了整党和发展党员工作，加强了党的自身建设，进一步提高了党的战斗力。对各级党委和党的领导干部，加强了马列主义和毛泽东思想学习、政策学习、业务学习及文化学习，极大地提高了党组织各方面的能力，特别是领导经济建设的能力。

经过一年多的整顿建设，辽宁召开全省第一次党员代表大会的时机成熟了。1956 年 3 月，中共辽宁省委发出《关于召开党的辽宁省第一次代表大会的决定》，规定了中共辽宁省第一次代表大会的主要议程、代表名额分配、代表选举办法等，为中共辽宁省第一次代表大会的召开做了充分准备。

1956 年 7 月 2 日至 11 日，中共辽宁省第一次代表大会在沈阳召开，出席大会代表 633 人，列席代表 52 人。时任省委书记黄欧东代表省委作了《加强领导，转变作风，为加速我省社会主义建设而奋斗》的报告。省委书记处书记王铮代表省委作了《把肃清一切暗藏反革命分子的运动又好又快地进行到底》的补充报告。大会选举王铮等 44 人为中共辽宁省委委员，卫之等 13 人为省委候补委员。选举万毅等 58 人为辽宁省出席中国共产党第八次全国代表大会代表，邓仲儒等 5 人为候补代表。大会一致通过了《中共辽宁省第一届代表大会决议》，提出，今后必须在全面完成今年经济建设计划和其他各项工作任务的同时，积极做好下一年和第二个五年计划的各项准备工作，以保证第一个五年计划的全面完成和第二个五年计划的顺利进行。《中共辽宁省第一届代表大会决议》号召全省各级党组织紧紧地团结在以毛泽东同志为首的党中央周围，正确地贯彻执行党的方针政策，充分发扬民主，密切上下级联系，经常开展批评与自我批评，贯彻群众路线，充分调动一切积极因素，全面做好各项工作，用更大成绩胜利地迎接党的第八次全国代表大会的召开。

1956 年 7 月 12 日，中国共产党辽宁省第一届委员会第一次全体会议召开。会议选举黄欧东、王铮、杜者蘅、喻屏、李荒、李涛、贺庆积、蔡黎、张烈 9 人为省委常委；选举黄欧东为省委第一书记，王铮、杜者蘅、喻屏、李荒、李涛为省委书记处书记。

中共辽宁省第一次代表大会的召开，及时总结了辽宁社会主义改造的成功经验以及工农业各项事业的成就，明确了今后的新形势新任务，制定了切实有效的方针政策，为推动辽宁大规模社会主义建设以及探索经济社会发展道路奠定了坚实的基础。

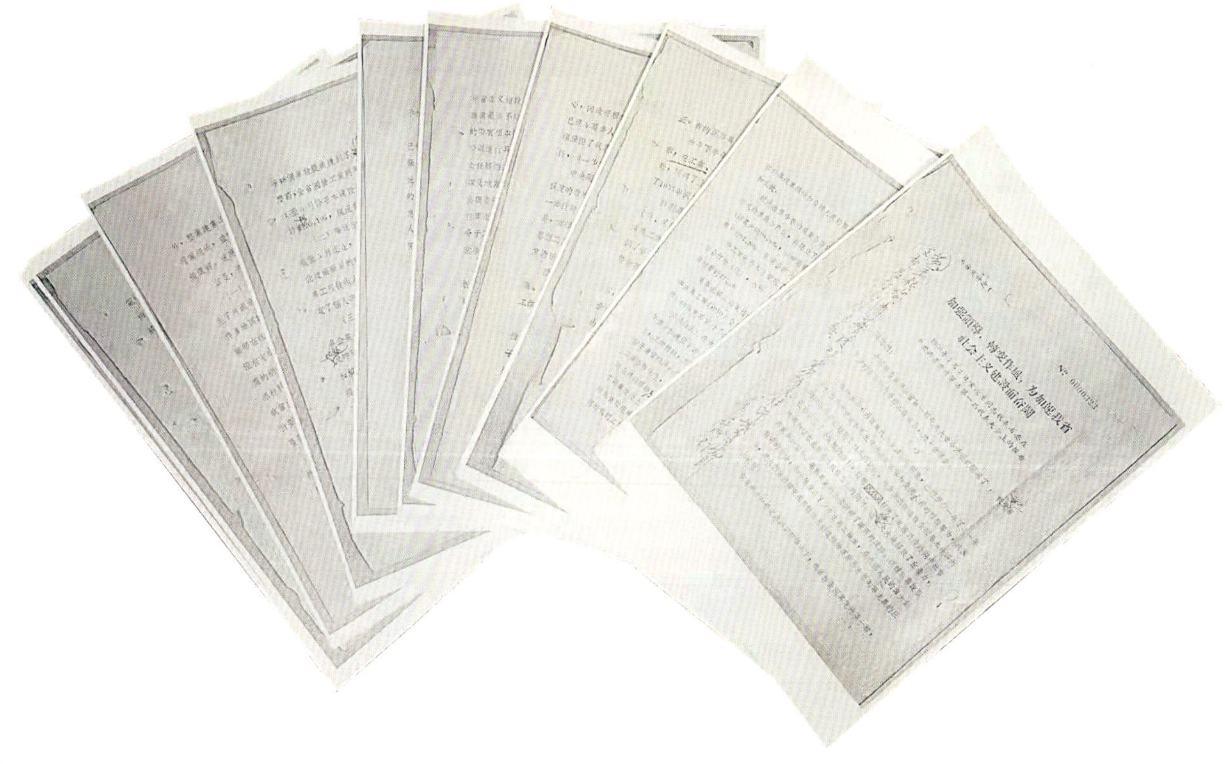

中国共产党辽宁省第一次代表大会文件（部分）

1956年7月15日 >>

《辽宁日报》关于中国共产党辽宁省第一次代表大会闭幕的报道

1956年7月
15
星期日
夏历六月初八

天气預报
（沈阳地区）
白天 晴，中午轉多云
夜間 多云轉晴
溫度 最高30°—32° 最低19°—21°

址：沈阳市北市区三經路五号
價：每月一元五角 零售每份五分
处：全国各地郵（电）局
号：一〇三二

第六八四期
（今日四版）
昨日組版4点17分 开印7点5分印完

电話 总机②4611 工業組②3027 記者組②3836 广告科②3925 市县組②3661 农村組②4444 讀者来信組②2537 郵局發行科③3078

随着森林工業的發展，内蒙古大兴安嶺林区的圖里河一天天繁榮起来。几年前这里只有几个工棚，現在已發展成有一万七千多人的城鎮了。圖为圖里河新盖好的林業工人宿舍。

中国共产党辽宁省第一届代表大会閉幕

国共产党辽宁省第一届代表大会自七月二月十一日举行。大会代表共六百三十七到出席的代表六百二十四名。列席会議的人。

代表大会上，黄欧东同志代表前届省委做强領导，轉变作風，为加速我省社会主义奋斗"的报告，王錚同志做了"把肃清一反革命分子的运动又好又快又省地进行到补充报告。省委在报告中总結了一九五五省党代表会議閉幕以后一年来全省的各項报告指出：一年来我省执行了中央的政策各項工作获得了重大發展和成就。去冬今省已經基本上实現了高級形式的农業合作本上实現了手工業合作化，基本上完成了商業的社会主义改造。在全省范圍内出現生产建設的新高潮，并取得了重大的收清反革命分子的斗爭也取得了重大胜利。檢查了工作中的缺点和錯誤，进行了自我省委領导工作的缺点，主要的是全面貫徹多又快又好又省的方針不够；在反对右傾想的过程中沒有及时提出防止急躁冒进的对各項工作全面安排不够，最近时期放松業生产建設新高潮的領导；对各項工作全面了解情况、具体領导不够。在实际工作中存在的主要缺点是：工業生产和基本建設方面产生了片面追求多和快，忽視好、省和安全的偏向，不少單位在竞賽中产生了資本主义竞爭的偏向。在农業合作化工作中思想教育不足，貫徹执行互利政策不够，生产規划上有脫离实际的过高要求。在手工業合作化和私营工商業社会主义改造工作中有盲目并厂并店的現象。

代表們对省委工作报告进行了討論，一致同意这兩个报告。代表們在小組討論和大会發言中，展开了批評与自我批評，对省委及省其他机关提出了許多中肯的意見和建議。除着重討論了加强党委統一領导下的分工負責制，加强对工業生产建設新高潮的領导、保証百分之九十以上社員增加收入、进一步深入开展肃反运动等問題之外，代表們在發言中还对改善职工生活福利和劳动保护工作提出了許多意見，認为职工住宅不足是一个亟待解决的問題，应当給以充分重視；預防职業病和医疗工作需要改进；职工文化生活也需要改善。此外，对于改进地方財政工作，發揮地方工業潜力，以及改善商業工作、糧食供应工作，加强对科学艺术工作的領导等，許多代表也提出了意見。对这些批評意見，由黄欧东同志代表前届省委表示誠懇地接受，并建議这一届省委加以研究，克服缺点，改进工作。

代表們經过对候选人認真地进行討論，选举出中国共产党辽宁省委員会委員四十四名，候补委員十三名；选举出五十八名出席党的第八次全国代表大会的正式代表和五名候补代表。

代表大会認为：完成我省艰巨的任务，首要的一环，是貫徹执行党委統一領导下的分工負責制，加强党的領导，轉变作風。在我省工矿企業中，过去長期存在忽視党的集体領导，忽視依靠群众的錯誤傾向。因此，各級党組織必須切实貫徹执行集体領导与分工負責相結合的原則，加强团結，加强基層工作，密切联系群众，依靠群众，及时檢查和总結工作，进行深入具体的領导。必須加强干部的培养、选拔和管理工作，以适应社会主义建設發展的需要。

代表們一致表示：决心貫徹执行代表大会决議，改变作風，戒驕戒躁，团結在以毛澤东同志为首的党中央的周圍，为完成一九五六年工作任务和提前完成第一个五年計划而努力工作，以实际行动迎接和祝賀党的第八次全国代表会的召开。

毛主席周总理接見尼泊尔文化代表团

周总理并接見奥地利工商界代表团

【新华社北京十四日电】中华人民共和国主席毛澤东和国务院总理周恩来，在今天下午接見了以巴·夏尔馬先生为首的尼泊尔訪华文化代表团全体人員。

在接見的时候，夏尔馬先生遞交了尼泊尔国王給毛澤东主席的信和尼泊尔王国首相給周恩来总理的信。

代表团还向毛主席和周总理献了礼品。

接見的时候在座的，有文化部長沈雁冰、副部長郑振鐸，教育部長張奚若、衛生部長李德全，外交部副部長姬鵬飞，高等教育部副部長曾昭掄，全国人民代表大会常务委員会典礼局局長余心清，外交部亞洲司副司長章文晋。

【新华社北京十四日电】中华人民共和国国务院总理周恩来，在今天下午接見了以哈斯林格为首的奥地利工商界代表团。

接見的时候在座的，有中国国际貿易促进委員会副主席李燭塵、副秘書長冀方洲，对外貿易部副部長孔原、第三局副局長陈明，外交部西欧非洲司司長宦华。

刘少奇接見美共全国局委員鮑达希

【新华社北京十四日电】中共中央書記处書記刘少奇，在十四日下午接見了美国共产党全国委員会全国局（政治局）委員欧文·鮑达希，在談話后并举行了宴会。参加的有邓小平、王稼祥、楊尙昆和刘宁一。

周总理設宴招待尼泊尔文化代表团

【新华社北京十四日电】周恩来总理今天傍晚在中南海举行酒会，招待以巴·夏尔馬为首的尼泊尔訪华文化代表团。

周总理在酒会进行中提議为中国和尼泊尔王国的友誼，为尼泊尔国王馬亨德拉陛下和首相阿查里雅閣下的健康，为尼泊尔訪华文化代表团团長夏尔馬和全体团員的健康干杯。周恩来总理接着又提議为尼泊尔、印度、中国三个国家間的友誼干杯。当周总理举杯的时候，衛生部長李德全和許广平女士和同她們并肩而坐的印度尼赫魯大使的夫人、尼泊尔的埃·巴·約西夫人在一起碰了杯。

尼泊尔王国教育、衛生、地方自治政府大臣夏尔馬提議为尼泊尔和中国持久的友誼，为毛澤东主席和周恩来总理的健康，为中华人民共和国的繁荣和中国人民的幸福干杯。

酒会是在武成殿前面潔淨的庭院里举行的。院內四周陈列着常綠盆景，从园外树梢射进的晚霞与殿前的朱漆門廊互相輝映，晚風徐徐拂来，減退了盛夏的炎热。周总理同夏尔馬团長、印度大使尼赫魯團坐在一起。郭沫若副委員長，陈毅副总理，習仲勛秘書長和各部部長沈雁冰、葉季壯、章伯鈞、朱学范、罗隆基、許德珩、楊秀峰等，以及文艺界著名人士，分别同尼泊尔友人們进行着亲切的交談。尼泊尔老詩人居拉达尔同詩人袁水拍、朱子奇說，他的老祖母曾經告訴他，从前人們到中国来，中国人总是送給他們許許多多的黃金。但这次我到中国来却得到比黃金更宝貴的东西，这就是友誼与和平。

女歌唱家張越男以演唱陝西民歌开始了酒会上的文艺表演。尼泊尔的歌唱家狄·塔巴以他渾厚的歌声，歌唱了尼泊尔中国会見的愉快。尼泊尔民間舞蹈家拍·巴·塔巴在院內的台阶上表演了舞蹈。中国的文艺工作者还表演了京劇、評劇和維吾尔族民間舞蹈等节目。

暮色蒼茫的时候，酒会結束了。周恩来总理亲自送夏尔馬团長登車。

东鞍山露天鉄矿在加紧建設

著名的大孤山露天鉄矿还沒有完鞍鋼又一座規模巨大的露天鉄—东鞍山鉄矿又大規模兴建了。以前是一片荒凉的东鞍山矿区，充滿了建設工地特有的紧張和喧公路上载运建筑材料的卡車和膠車来往不絕，山上山下匯集有金属、管道、机裝、电裝、土方、矿山等十六个工程公司的建設大日夜不停地推进着各項建筑工

东鞍山矿区的矿脉長、矿体厚、均匀，平均每剥离一点四立方的石塊和砂土，就可采出一立方的矿石。到現在为止，地質勘探勘探了东鞍山的西部山头就查的工業矿量要以亿吨計算，几十年采不完。开采东鞍山鉄矿的准備工作早在一九五一年就开始了，工人們在这片山脉連綿的山嶺上辛勤工作了四年，一九五五年正式提出了地質总結，与此同时苏联設計院和我国矿山設計院的工程师們也完成了复杂的技术設計工作。今年是施工的头一年，建設者們將在下半年內完成职工住宅区、工業場地、盤山鉄道、水电管路、变电所等數十項工程。

未来的东鞍山鉄矿从穿孔到运輸全部是机械化、电气化。山上采矿使用强有力的穿孔机和大容量的电鏟，运輸利用电气化鉄路运輸網和重型机車。与建設矿山同时，还要在山下建設加工矿石的燒結厂和浮选厂，山上把矿石采下来，山下就立刻把它加工成人造富矿，直接送到高爐煉鉄。

几年来，鞍鋼高爐逐漸增多，矿石需用量供不应求，国家不得不从外地給鞍鋼調运矿石。东鞍山鉄矿建成后，將全部供应高爐所需的煉鉄材料。

（本报記者）

省政协座談"百花齐放，百家爭鳴"

中国人民政治协商会議辽宁省委員会于七月十一日举行座談会，座談"百花齐放，百家爭鳴"問題。出席这次会的共四十余人，有政协辽宁省委員会副主席甯武、車向忱、靳树梁及省政协在沈常委和委員，民革、民盟、民进、九三等民主党派成員，及文化、科学技术界的知名人士。政协全国委員会在沈委員也应邀出席了会議。

会議由靳树梁副主席主持。座談中与会人員認为："百家爭鳴"这样一个方針的提出是完全正确的、适时的，它將有力地促使我国的科学技术事業在十二年內赶上世界先进水平，有利于我国的社会主义建設事業。大家認为：要想爭鳴得好，必須認真学習馬克思列宁主义。会上对过去某些刊物、杂志，只鳴一家，排名人和在討論問題中粗暴地乱扣帽子的偏向提出了批評。大家認为：刊物、杂志是爭鳴的重要園地，必須注意改进編輯工作。大家对教学工作中能不能爭鳴的問題也發表了意見，看法是：在教师之間是可以爭鳴的，但在課堂上对学生講授中，不应爭鳴，应給学生以正面的东西。座談中与会人員表示：今后一定要加倍努力鑽研本行業务，为祖国的科学研究事業作出更大的貢献。

靳树梁副主席在最后發言中着重談到：爭鳴的目的是为了追求真理，因而爭鳴不是乱鳴，应該是有根据地鳴，态度应該是实事求是、同志式的相互帮助。同时也不应有爭而不爭，該鳴而不鳴，在学术上"妥协""苟同"。

（邸守辰）

社論

加强党的領导　貫徹执行群众路綫

中国共产党辽宁省第一届代表大会胜利閉幕了。总結了一年来的工作，开展了批評自我批評，向全体党員提出了今后光荣而艰巨的任务。

自去年六月我省党代表会議閉幕以来，在党中央主席的英明領导下，我省各項工作已經获得了重發展和成就。去冬今春，全省已經基本上实現了高級形式的农業合作立了一万零五百零六个农業生产合作社，参加合作社的农戶占总农戶的之九十八点八；其中高級合作社七千八百九十七个，参加高級社的农戶农戶百分之九十一点八。手工業也基本实現了合作化，到今年四月末，已建立三千零九十六个合作社（組），参加手工業合作社（組）的人員万七千五百八十六人，占手工業从業人員总数的七十七点三。資本主义業社会主义改造到今年二月末已經基本完成，全省私营工業二千九百戶全部实行了公私合营；私营商業（包括小商小販）百分之六十左右实公私合营。特别是在党中央和毛主席發出反对右傾保守思想、爭取又多又好又省地發展各項建設事業的指示后，社会主义工業生产建設的新在全省范圍内有了巨大的發展，并取得了重大的收获。先进生产者和先位不断增多，职工提出合理化建議和学習先进經驗的热情很高，大部分突破旧的定額，劳动效率有显著提高。据不完全統計，一月至五月，中个工業部在我省内所属厂矿产值計划完成了一百零一点一，劳动生产率完成百分之一百点三，到五月底为止，已有風动工具厂、石油一厂等四个單位提前达到第一个五年計划的生产水平，預計到今年国庆节，全省工業將可提前一年零三个月达到一九五七年生产水平。肃清反革命分子爭也取得了重大胜利，知識分子工作和住宅工作也取得了一定成績。

这次党代表大会肯定了工作成績，同时也指出了工作缺点，展开了批評与批評。一年来我省工作中的主要缺点是，在工業生产和基本建設工作沒有全面貫徹执行又多又快又好又省的方針，产生了片面追求多和快，好和省以及忽視安全的偏向。不少單位在竞賽中产生了資本主义竞爭偏个人与个人、單位与單位，缺少密切配合和协作的精神，損害了国家利有些企業，發展了虛夸、弄虛作假的惡劣作風，夸大成績，隐瞞缺点，报报憂，甚至假报成績、騙取荣譽。同时，某些單位在反对右傾保守思想的，也产生了一些片面性和盲目冒进的情緒，不做具体分析，不进行科学，盲目地否定原有一切規章制度，打乱了正常的生产秩序。許多企業党和行政領导不深入了解情况，不做具体指导，領导工作落后于生产的發对于职工的生活福利缺乏应有的关心。在农業合作化上，工作粗糙，思育不足，貫徹执行互利政策不够；在手工業合作化上，产生了一些急躁，合并了一些不应合并的店鋪，应該合并的，也有合并过大过多的現象；本主义工商業改造上，产生了資产估价偏低，清点面过寬，盲目并厂等缺点。上述缺点和錯誤，有的已經糾正，有的尚須在今后工作中繼續

風，密切联系群众，使党組織成为在广大群众中有高度威信的領导核心。

加强党的領导，首要的是加强党的集体領导，正确地貫徹执行集体領导和个人負責相結合的原則。重大决策的問題，必須由集体討論决定，不容許个人独断專行；已經由集体决定的問題和分工范圍內的日常工作問題，应該由分工的个人积極負責处理。一切企業必須实行党委統一領导下的分工負責制。党是工人阶級的最高組織形式，不論国家机关、軍队、群众团体、文化机关、經济机关，都必須在党中央和党各級委員会統一領导下进行工作。过去我省各企業，長期忽視党的集体領导，忽視依靠群众，滋長了官僚主义，限制了群众的积極性。在許多同志思想中形成若干錯誤观念，認为企業中的党組織只应是監督保証，而不应是領导；認为企業中实行党的集体領导，就会損伤企業行政領导干部的責任心和积極性，就会造成無人負責現象，就会造成党包办行政的惡果，等等。这显然是不了解党領导一切这个原則的意义，也沒有認識到削弱党的領导作用所造成的惡果。正因为企業的經济工作很复杂，尤其工業企業要有高度的計划性和高度劳动协作，要求高度集中統一的指揮，因此，行政領导干部就更須要依靠党的集体領导和群众智慧，才能保証行政命令和决定的正确，才能取得一致認識，更易于貫徹执行。認为实行党委統一領导，就会妨碍行政領导的积極性，这是不了解集体領导和个人負責相結合的原則的意义，因而錯誤地把个人負責和党的集体領导对立起来，又把个人負責和个人独裁混同起来；这也是不了解实行党委統一領导下的分工負責制，行政領导者依靠党的集体智慧和群众的智慧，就能把責任負得更好，就能更好地發揮职工的积極性和責任心，消灭無人負責的現象。为了保証貫徹执行党委統一領导下的分工負責制，必須首先从思想上糾正各种錯誤認識。

为使党組織真正成为在广大群众中有高度威信的領导核心，必須加强党的基層工作，加强对支部具体領导。支部必須加强对党員的教育，充分發动和依靠党員做好党的工作，密切联系群众，在群众中进行宣傳工作和組織工作，經常注意了解群众的情緒和要求，把周圍的工人、农民、知識分子和其它爱国人民同党組織密切联系起来，实現党的主張和党組織的决議，以充分發揮支部的战斗堡壘作用。我省一部分党組織，对支部工作是不够重視的，有的党委很少系統地討論、总結支部工作，具体地帮助支部总結經驗，提高支部的战斗力。很多支部只是依靠脫产的干部去做党的工作和群众工作，致使支部不能够更广泛更密切地联系群众。地方国营、合作社营、公私合营企業和手工業，支部工作更为薄弱。支部工作薄弱，是党的方針政策支部的集体領导作用沒有發揮。必須使農村党的基層組織逐步学会根据党的方針政策討論决定合作社中的重大問題，学会結合經济工作加强政治思想工作，克服農村党的基層組織包攬合作社的經济事务，党社不分，以党代社的这些削弱党的領导作用的偏向。各級党的組織，必須加强对支部的具体領导，使支部真正成为正确貫徹各項方針、政策的战斗堡壘。

党的組織必須加强对工会、青年团、妇联等群众組織的領导，系統地帮助他們改进工作，使之真正成为密切党和广大群众联系的紐帶。党組織必須按照德才兼备的标准，正确地系統地大量培养和选拔干部，切实地加强对干部的培养和訓練，以适应各方面工作發展的需要。

我們工作的方面越来越寬，工作任务越来越艰巨复杂，如果不改进領导方法，就会赶不上工作發展的需要。各級党組織要学会善于做好主要工作，而又不放松其他方面。群众路綫是党的优良傳統，我們必須在一切工作上都堅持和發揚这一优良傳統。党組織必須教育每一个党員热爱群众，細心地傾听群众的呼声，保持党在長期革命斗爭中养成的密切联系群众的优良作風，全心全意地为人民服务；經常注意克服官僚主义，注意每一个环节上的每一个同志，不要讓他們高踞于群众之上，离开群众的監督，漠視群众的利益，損害党和群众的联系。一切工作都要走群众路綫，要向群众作調查研究，向群众学習，先做学生，后做先生。党組織要教育党員和非党干部对一切事情都要抱老实态度，力戒任何浮夸和驕傲。只要我們不是在口头上而是在实际行动中密切地依靠群众，我們就能够战胜一切困难。

正确地开展批評与自我批評，特别是自下而上的批評，轉变党的作風，是改进党的工作的重要前提。必須充分利用批評与自我批評这一有力武器，及时地批判和克服右傾保守思想和急躁冒进傾向；批判和克服脫离实际、脫离群众、高高在上、不了解实际情况，不解决实际問題，滿足于一般化号召、开大会、發指示等官僚主义領导方法；批判和克服驕傲和虛夸、弄虛作假等等惡劣傾向。要教育党員，特别是領导干部欢迎批評，养成"聞过則喜"的精神，同时要教育群众敢于对領导干部实行自下而上的監督。必須根据党章的規定，按期召开党的代表大会、代表会議和党員大会，充分發揚民主，檢查和討論工作。还应該加强党的監察工作，向一切違反党的紀律的行为作斗爭。

提高党的領导水平的根本关鍵，是加强馬克思列宁主义的学習。我們工作中时常發生本来可以避免的缺点和錯誤，最根本的原因，是我們的馬克思列宁主义的理論修养远不能适应工作的需要，如不提高广大干部首先是領导干部的理論水平，我們的領导水平就無法适应客观形势發展的需要，我們將永远檢討同一性質的缺点和錯誤，而总得不到糾正。

我們要紧紧地团結在以毛澤东同志为首的党中央的周圍，更紧張地行动

张 甸 摄

[新中国成立75年]

辽宁辉煌瞬间16

沈阳生产出中国第一台凿岩机

风动工具是开发矿业、凿通隧道、劈山开路、兴修水利、机械制造等方面的重要工具。1949年初夏，抚顺煤矿和鞍山铁矿都面临着停产的危险，这对于恢复和发展辽宁地区的工业生产、支援全国的解放战争，都是不可挽回的损失，当务之急就是赶快生产出凿岩机械。上级把这项艰巨的任务交给了开工不久的沈阳汽车总厂。谁也想不到，因为这个决定，挂着汽车之名的工厂，最后没能生产汽车，反而生产了我国第一台凿岩机。

新中国成立前，我国在风动工具制造方面是十分落后的，只能依赖国外进口。中华人民共和国成立后，广大劳动者一方面希望为祖国的经济恢复和发展多作贡献，另一方面由于缺少风动工具，开凿岩石、架桥修路、铆接钢板、铲平铸件毛边等繁重劳动，只能用人工操作，效率极其低下，眼看着那么多矿山、工地和工厂迟迟不能生产，真是干着急却使不上劲。

1949年10月

我国第一台凿岩机在东北机械七厂制造成功

沈阳汽车总厂接到任务后，决定仿制相对容易的日本 R39 型凿岩机，厂里立即成立了凿岩机试制小组。在组长徐振波的带领下，工人们白手起家，艰苦奋斗，利用日本人和国民党政府没来得及带走的破旧机器，与兄弟工厂大力开展协作，克服了设备简陋、资料缺乏等重重困难，仅用 3 个多月，就完成了测绘样机、编制工艺等多项工作，开始投料生产。1949 年 10 月，终于不辱使命，试制成功了我国第一台凿岩机，当年就生产了 319 台，支援各地矿山生产。

在建设新中国的伟大事业中，我国迅速发展的采矿工业、机械制造、交通运输和农田水利事业等各部门，急需大量的多种多样的现代化风动工具。然而，当时我国还只能生产一些旧式凿岩机和铆钉机，不但产量小，而且质量也很不好，根本不能满足国家大规模经济建设的需要，绝大部分仍然依靠国外进口。为了加速我国的经济建设，摆脱对外国的依赖，为了使广大劳动群众尽快摆脱笨重的体力劳动，提高生产效率，把采掘事业逐步用先进的技术装备起来，国家决定在已经于 1949 年 6 月更名为东北机械七厂的一部分厂址上，改建和扩建成一个大型的现代化的风动工具专业厂，并于 1954 年 4 月定名为沈阳风动工具厂。

根据中国与苏联的贸易协定，沈阳风动工具厂是苏联援助的 156 项重点工程之一。1950 年 9 月，苏联专家帮助进行远景规划、勘测和收集改建资料，并制订了建厂计划大纲。经中央批准后，9 月 16 日，苏联国立设计院一面派专家驻厂具体指导，一面组织了最优秀的专家，根据苏联最新型的风动工具厂的设计，结合利用旧有厂址、厂房以节约资金、加快工程进度的原则，进行了初步设计。1951 年 4 月 17 日，初步设计全部完成。与此同时，为帮助我们重新装备这座工厂，苏联工人们开始制造新型的机器设备。从 1951 年 4 月开始，苏联政府将技术设计、施工图样、产品设计工艺规程等技术文件和各种设备陆续送达我国。1952 年 7 月，大规模的改建和扩建工程开始施工。

当时摆在建设者们面前的任务是十分繁重又艰巨的。把这样一个又小又旧的工厂改建成现代化的专业制造厂，这对当时技术力量还非常薄弱的沈阳汽车总厂（沈阳风动工具厂）来说，是极其困难的。技术人员刚出校门，没有实际经验；施工人员大部分是从工人中选拔的，连图纸都看不懂；

工人中间几乎没有高级工。参加指挥工作的领导干部，感觉缺乏经验，无从着手。但是，参加建设的全体职工没有被困难吓倒，他们充分认识到完成这一建设工程对加速我国工业建设的重要意义，积极响应党的号召，尽一切力量争取以最快的速度来完成这一建设工程。在两年多的时间里，建厂职工们在苏联专家的指导下，发挥了高度的积极性和创造性，学习和掌握了苏联的先进施工经验，以主人翁的姿态忘我劳动，克服了厂房建筑和设备安装中的季节性施工限制和技术上的一切困难，无论是炎热的夏天，还是寒冷的冬天，他们都保证按时或提前完成任务。酷暑、严寒阻挡不住建设者们高涨的工作热情，工人们每天都突破定额，胜利完成了施工计划。切料、锻压车间终于在冰天雪地的冬季里提前半年建成了，且工程质量丝毫不差。

设备安装任务也非常繁重。筹建新厂有480台设备需要分批安装，其中还有不少稀有的重型设备，3吨锻锤的一个锤座就有70多吨重，同时，又处在基建、生产同时运行的情况下，问题就更复杂了。建设者们及时总结经验教训，实行流水作业安装法，将所有需要安装的机床，统一编排作业计划，并与生产计划对好口径，互相保障，紧密配合，然后按机床平面图将每台设备应迁、应安的位置确定好，按顺序编号，并排列了安装程序，消除了安装工程混乱、返工等现象，使全部设备在1954年9月30日全部安装完成。

为了使工厂的改扩建项目及时完成，全国有12个城市的40多个工厂专门制造了各种机械设备，许多工厂、贸易、交通部门及时供应急需的各种器材，保证了工程的顺利进行。1954年年底，我国第一个风动工具厂经过两年半的改建、扩建，完全改变了原来的面貌，以崭新的姿态出现在我国机械工业行业里。

1955年1月21日，我国改建、扩建的第一座现代化风动工具厂——沈阳风动工具厂正式通过国家验收，举行了盛大的开工典礼。这一天，全厂沉浸在节日的气氛里，厂内到处张灯结彩、锦旗飘扬，在一幅幅大横额上写着“庆祝中华人民共和国第一座现代化风动工具厂诞生”等标语，各车间的黑板报上贴满了职工们的决心书，许多职工都以提前完成1月份生产任务的实际行动表达了无比振奋之情。当天，工厂还向党中央和毛泽东主席

1955 年 8 月 30 日

沈阳风动工具厂提前 16 个月完成第一个五年计划，喜报传来，人们无比振奋

发出了致敬电，在电文中这样写着："我们一定要在短期内学会掌握厂内全部现代化设备，为生产出产量更多、成本更低的新式风动工具，满足国家工业化的需要而努力，为提前完成第一个五年计划，早日实现社会主义工业化而奋斗！"

随着沈阳风动工具厂的建成和日后机械制造业的发展壮大，我国摆脱了对外国的依赖，逐步做到完全不依靠进口，用我们自己生产的风动工具把有关工业部门装备起来。

[新中国成立 75 年]

辽宁辉煌瞬间 17

新中国第一批国产喷气式歼击机飞过天安门广场上空

1956 年国庆节，4 架中国自己制造的喷气式战斗机从天安门广场上呼啸而过，毛泽东主席指着飞机，高兴地对外国友人说：“我们自己的飞机飞过去了。”从此，中国的领空由我们自己制造的飞机来保卫。那 4 架飞过天安门的飞机，是中华人民共和国第一批国产喷气式歼击机，这些飞机出生在沈阳飞机制造厂。

1949 年 11 月，中国人民解放军空军正式成立。但这时，新中国还没有自己的航空工业，只能依赖从苏联进口。1951 年 4 月，国家为发展新中国的航空工业，在重工业部下设航空工业局，接收了空军工程部移交的几个修理厂，其中就包括 6 月被更名为“国营一一二厂”的“空军工程部东北修理总厂第五厂”，也就是后来被誉为“中国歼击机的摇篮”的沈阳飞机工业（集团）有限公司的前身。当时的国营一一二厂仅有职工不到 700 人，厂房也是又少又小、设备陈旧。为加快工厂的发展，国家在极为困难的条件下对国营一一二厂加大投资，陆续增添了一些生产设施，并从全国各地相继调入各级干部和技术工人 900 多人。按照毛泽东、周恩来等党和国家领导人提出的“先修理、后制造、再自行设计”的航空工业发展方针，国营一一二厂不断提高技术水平，边学边干，很快从修理简单的螺旋桨飞机提高到修理较为先进的喷气式战斗机，承担起组装、维护、修理苏制喷气式歼击机的任务，有力地支援了抗美援朝战争，并形成了相当规模的生产能力。

1952 年 7 月，国家决定将国营一一二厂扩建成中华人民共和国第一个歼击机制造厂，并列为第一个五年计划中苏联援建的 156 项重点工程之一。此时国家正处于大规模经济建设的初期，扩建工程面临着许多困难。但再多再大的困难也吓不住为新中国航空事业拼搏奋斗的广大工人和技术人员。1956 年 12 月 8 日，中华人民共和国第一个大型喷气式歼击机制造厂的扩建工程提前 1 年 3 个月胜利完成。

1954 年 10 月，当扩建工程正热火朝天地大干快干时，国家向国营一一二厂下达了试制苏联转让的米格-17F喷气式歼击机（后改称56式和歼-5型飞机）的命令，并要求于1956年国庆节前试制成功第一架飞机。为了顺利开展试制工作，国营一一二厂在苏联专家的指导下，制订了歼-5飞机试制计划，调整了车间设置及各车间的技术力量和设备配置，以适应新机试制的需要。为了缩短新机试制周期，根据苏联专家的建议，采用了“四阶段平行作业”方案，即：第一阶段，用苏联提供的飞机部件装配成飞机；第二阶段，用苏联提供的组合件装配成部件，再进行初装、总装，学习初装技术，直到装配成飞机；第三阶段，用苏联提供的零件装配成组合件，再经过初装、总装，学习铆接装配技术，最后装配成飞机；第四阶段，用苏联及国内供应的原材料制成零件后装配成组合件，再装配成部件，最后装配成国产飞机。1955年3月，苏联提供的新机成套资料到厂，工厂立即组织新机资料的翻译工作，并开始组织参加新机试制的人员学习、消化新机资料。经过3个多月的学习，大部分职工掌握了新机试制技术，并能够在各自的岗位上独立工作，随后新机试制工作在工厂全面铺开。

1956年7月

我国第一架新型喷气式战斗机56式（后改称歼-5飞机）在沈阳试制成功

在苏联专家的指导下，全厂广大职工经过仅一年多的艰苦努力，于1956年7月13日完成了第一架歼-5飞机的总装。7月19日首飞成功后，继续进行综合性能试飞，结果表明，第一架国产歼-5飞机的质量及技术性能全部达到试飞提纲的要求和规定，完成了由修理到制造的历史使命。1956年9月8日，国家验收委员会在国营一一二厂举行了验收签字仪式，结论是“国营一一二厂已经试制成功56式飞机，并可以进行成批生产，交付空军及海军航空兵部队使用”。9月9日，《人民日报》以《我国试制成功新型的喷气式飞机　飞机质量优良性能良好即将成批生产》为题，在头版头条做了报道。10日，中共中央和国务院给国营一一二厂发来贺电，祝贺歼-5飞机试制成功。同日，中央军委副主席聂荣臻元帅亲赴国营一一二厂参加国产第一架喷气式歼击机试制成功庆祝大会，祝贺国营一一二厂提前1年5个月完成新机试制任务。

歼-5飞机的试制成功，标志着我国已经掌握了喷气式飞机的制造技术，完成了由修理过渡到制造的历史使命，揭开了中国制造喷气式歼击机历史的新篇章，为自行设计制造歼击机奠定了基础。截至1959年5月转产新机型，沈阳飞机制造厂共生产了767架歼-5飞机。这些飞机屡立战功，曾在福建前线和广西击落击伤入侵敌机多架。

1956年9月，为集中技术力量掌握飞机设计的计算程序和方法，熟悉飞机的工艺过程，国营一一二厂成立了飞机设计室。设计室成立后设计的第一种机型就是亚音速喷气式歼击教练机，取名为歼教-1飞机（又称101号飞机）。1958年3月，完成了生产图纸的设计任务。获得国家批准后，全厂立即日夜不停地组织歼教-1飞机的试制。7月26日，首飞成功。8月4日，歼教-1飞机报捷庆祝大会胜利召开，军委副主席叶剑英、空军司令员刘亚楼等领导参加了大会，并观看了歼教-1飞机的飞行表演。我国自行设计研制的歼教-1飞机，为后来研制新机探索出较为科学合理的设计程序，锻炼了我国第一代设计人员，积累了大量的设计、计算和试验资料，实现了从制造到自行设计的巨大突破。

在第一个五年计划期间，国营一一二厂不负党和国家的重托，以出人意料的速度建成了现代化的喷气式歼击机制造厂并生产制造了中华人民共和国第一架喷气式战斗机，令世人震惊，从此结束了中国不能制造喷气式歼击机的历史，并标志着中国的航空工业跨进了喷气式技术时代。70多年来，国营一一二厂的厂名早已不在，几经更名变迁，发展壮大成为航空工业沈阳飞机工业（集团）有限公司，为中国航空工业和经济建设的发展作出了更大贡献。

歼-5飞机总装生产线

沈阳飞机工业（集团）有限公司 供稿

[新中国成立 75 年]

辽宁辉煌瞬间 18

“大步迈进社会主义”

社会主义好，社会主义好，社会主义国家人民地位高。反动派被打倒，帝国主义夹着尾巴逃跑了。全国人民大团结，掀起了社会主义建设高潮，建设高潮……

这首从 20 世纪 50 年代一直传唱至今的歌曲，以奋发激昂的旋律，高度颂扬了共产党领导下的新中国人民掀起了社会主义建设高潮的繁荣景象，同时唱出了全国人民坚决跟着共产党走社会主义道路的坚定决心。它以朴实的语言、浑厚的旋律和直抒胸怀的手法，表达了新中国人民对党、对社会主义的真挚感情。从歌曲中也可以看出全国人民对“掀起了社会主义建设高潮”的满腔热情和对“社会主义一定胜利，共产主义社会一定来到”的坚定自信。

在中国实现社会主义，是中国共产党自创立之初就定下来的奋斗目标。中华人民共和国的成立，并不是进入社会主义的标志。通过对农业、手工业和资本主义工商业的社会主义改造，我国才由新民主主义社会逐渐过渡到社会主义社会。

只用了短短 3 年的时间，新中国经济就以令世人瞠目结舌的飞快速度得以全面恢复，实现了政治、经济、社会的稳定，各方面都取得了超出预期的成绩。根据形势的发展变化和进行大规模经济建设的要求，1953 年 6 月，中共中央政治局召开扩大会议，毛泽东首次提出了党在过渡时期总路线的基本内容，后来被正式表述为：“从中华人民共和国成立，到社会主义改造基本完成，这是一个过渡时期。党在这个过渡时期的总路线和总任务，是要在一个相当长的时期内，逐步实现国家的社会主义工业化，并逐步实现国家对农业、手工业和资本主义工商业的社会主义改造。”这就是当时盛行的一个名词，叫“一化三改”。

辽宁是怎样进行“一化三改”的呢？党中央一直把农业、手工业、资本主义工商业三大改造作为一个整体来进行部署。毛泽东指出，只有在农业彻底实行社会主义改造的过程中，才能够彻底地割断城市资产阶级和农民的联系，才能够彻底地把资产阶级孤立起来，才便于我们彻底地改造资本主义工商业。辽宁首先对农业进行了社会主义改造。辽宁地区对农业的社会主义改造，采取了从低级到高级逐步过渡的形式。在农村全面完成土地改革以后，广大农民逐步开展了农业互助合作运动，开始是组织临时互助组和常年互助组。1950 年，辽宁地区 240 多万农户中，参加互助组的农户占 40%。到 1952 年，组织起来的农户占全省总农户的 58.3%，其中参加临时互助组的农户占 28.6%，参加常年互助组和三大季互助组的农户占 29.5%。1953 年到 1954 年，常年互助组有了很大发展，大批临时互助组转向常年互助组。1954 年，被组织起来的农户占农户总数的 71.5%，参加常年互助组的农户比重上升到 44.4%，为实现农业合作化创造了良好条件。早在 1952 年，辽宁就在一些条件具备的地区，根据自愿互利、典型示范和国家帮助的原则，在互助组的基础上，试办了第一批农业生产合作社。1953 年年底，中共中央发布《关于发展农业生产合作社的决议》后，辽宁积极贯彻执行文件中提出的“积极领导，稳步前进”的方针，促进了 1954 年到 1955 年初级农业生产合作社在全

著名演员田华在街头宣传演出

赵 淮 摄

省范围内的迅速发展。到1955年年底，已经基本实现了初级农业生产合作化，而且许多地方办社规模开始突破村界，向一乡一社乃至数乡一社发展。到1956年，在全国农业合作化高潮的影响下，辽宁掀起了高级合作化的高潮，实现了农业的社会主义改造，社会主义制度在农村确立，实现了历史性的变革。

对手工业的社会主义改造，大体上采取了同农业合作化类似的逐步过渡的步骤。最初是实行供销合作，后来发展为生产合作，即从手工业供销小组到手工业供销合作社，再发展为手工业生产合作社。早在1949年，辽宁地区就组织了21个示范性的手工业生产合作社，参加合作社的社员有近3000人。到1952年，全省手工业生产合作社发展到239个，人数达到12355人，占总数的6.5%。1954年6月，中共中央发出《关于第三次全国手工业生产合作会议的报告的指示》，辽宁认真贯彻执行中共中央的指示，加强了对手工业社会主义改造的领导。到1956年春，在农业合作化高潮的影响和带动下，辽宁基本实现了手工业的合作化。全省已组织起来的手工业者占全省手工业者总数的90.6%，合作组织的产值在全部手工业产值中占94.4%。手工业合作化的实现，使绝大多数个体手工业者由小生产的个体经济转变成社会主义的集体所有制经济。

对资本主义工商业的社会主义改造，就相对要复杂得多了，基本上是分两个步骤进行的。首先是把资本主义经济转变为国家资本主义经济，然后再将国家资本主义经济转变为社会主义经济。国家资本主义有初级和高级两种形式，初级形式的国家资本主义在工业中主要为加工订货、统购包销，在商业中是经销、代销等形式。在过渡时期总路线发布以后，初级形式的国家资本主义得到了较快的发展。对资本主义商业的社会主义改造，首先是排挤、淘汰投机性较大的批发商业，同时妥善安排和改造零售商业。到国民经济恢复时期结束时，批发商业已基本上为国营商业所掌握。到1954年，除小百货、下杂货、副食品等行业还有为数不多的小批发商和批零兼营的批发商外，其他行业已全部被国营商业所代替，基本上完成了对私营批发商的社会主义改造。高级形式的国家资本主义就是公私合营。1955年下半年，在《中共中央关于资本主义工商业改造问题的决议》和农业合作化高潮的推动下，对资本主义工商业的社会主义改造出现了高潮，个别企业的公私合营迅速发展为全行业的公私

1956 年 6 月

全省 98.6% 的农户参加了农业生产合作社，农民们抢着报名入社

合营。到 1956 年 1 月，在北京市资本主义工商业全部实现公私合营的推动下，辽宁出现了全行业公私合营的高潮，城镇私营工业 26 个行业、手工业 93 个行业全面实现了全行业公私合营，资本主义商业也相继完成了全行业改造的任务。

1956 年，辽宁对农业、手工业和资本主义工商业社会主义改造的完成，标志着经济领域的社会主义革命事业已取得了决定性的胜利，辽宁的经济结构发生了根本的变化，社会主义经济在整个国民经济中占据了绝对优势。辽宁昂首阔步地迈进了社会主义。

辽宁辉煌瞬间 19

超额完成“第一个五年计划”：辽宁辉煌的开端

中华人民共和国成立后，中国人民站起来了，但是一个没有现代工业的国家，是永远强大不起来的。当 1953 年第一天到来的时候，中华人民共和国前行的脚步中出现了新的音符，《人民日报》刊发的《迎接一九五三年的伟大任务》社论里一个新名词“第一个五年计划”跃然纸上。社论说：“工业化——这是我国人民百年来梦寐以求的理想。”的确，工业化的景象让人激动，让人感到新奇和自豪。当 1956 年第一个五年计划提前完成的时候，从前连铁钉（人们习惯称“洋钉”）都要进口的中国，第一次有了自己制造的飞机、汽车、机床和电子工业。

有一首唱遍大江南北的歌曲《老司机》就是那个时期的真实写照。

五十岁的老司机我笑脸扬啊
拉起那手风琴咱们唠唠家常
想当年我十八就学会了开汽车啊
摆弄那个外国车呀我是个老内行啊
可就是啊没见过中国车呀啥模样啊
盼星星盼月亮啊
盼的那个国产汽车真就出了厂……

这首歌虽然唱的是 1956 年长春第一汽车制造厂生产的 12 辆解放牌汽车出厂的情景，但这的确是一项具有历史意义的壮举。因为在第一个五年计划时期，辽宁完成了重工业基地的建设。1953 年年底，鞍山钢铁公司大型轧钢厂等三大工程建成投产；1956 年，中国第一个飞机制造厂——沈阳飞机制造厂试制成功中华人民共和国第一架喷气式歼击机；中国第一个制造机床的工厂——沈阳第一机床厂建成投产……

第一个五年计划指 1953 年至 1957 年，鉴于辽宁地区丰富的矿产资源、比较发达的交通运输，又有较好的工业基础，国家提出，第一个五年计划的中心任务之一，是基本完成以鞍山钢铁联合企业为中心的东北工业基地的新建、改建，其中包括抚顺、阜新的煤矿工业，本溪的钢铁工业和沈阳的机器制造工业。这一时期，辽宁的基本建设不仅规模大，而且在投资的分配和使用上，认真执行了大力改造原有经济基础和集中力量进行重工业建设的方针。“一五”时期，全省施工的限额以上项目（即大中型项目）共有175个，其中工业建设项目98个，占同期全国工业大中型项目的10.6%。在重工业建设项目中，苏联帮助中国设计的156项重点工程中，有24项安排在辽宁建设，包括：钢铁工业2项（鞍山钢铁公司、本溪钢铁公司），有色金属工业2项（抚顺制铝厂、杨家杖子钼矿），煤炭工业8项（阜新新邱竖井、阜新平安竖井、阜新海州露天矿、抚顺东露天矿、抚顺老虎台斜井、抚顺西露天矿、抚顺胜利斜井、抚顺龙凤竖井），电力工业3项（抚顺发电厂、阜新发电厂、大连发电厂），石油工业1项（抚顺石油二厂），机械工业5项（沈阳第一机床厂、沈阳第二机床厂、沈阳风动工具厂、沈阳电缆厂、大连造船厂），国防军事工业3项（沈阳一一二厂、沈阳四一〇厂、葫芦岛四三一厂）。24项重点工程被列为全省基本建设重点项目中的重点，在重工业总投资中，这些重点工程的投资占总投资的65%以上，完成这些重点工程对把辽宁建设成为全国重工业基地具有十分重要的意义。国家确定在辽宁的这24项工程，是必保的重点。为了与24项工程配套，还在沈阳、大连、抚顺、本溪、安东等地设计了省市重点工程项目730个，并在沈阳、大连、抚顺改建、扩建了一批重要的工业企业，其中包括抚顺钢厂、大连钢厂、沈阳冶炼厂、沈阳有色金属加工厂、锦州铁合金厂、沈阳第三机床厂、沈阳化工厂、沈阳玻璃厂、大连玻璃厂等。完成这些重点工程不但能使辽宁地区的生产能力大为提高，而且可以使其工业布局合理化，从根本上改变原有殖民地性质的畸形工业结构。

“一五”计划的宏伟蓝图，激励着勤劳而又聪慧的辽宁人民，辽宁大地呈现一片勃勃生机，到处都是热火朝天的繁忙景象和机器轰鸣的建设场面。

在诸多的重工业重点项目中，改建和扩建鞍钢是重中之重。以鞍山钢铁联合企业为中心的重工业基地的基本建成，彻底改变了辽宁工业的殖民地性质和生产面貌。辽宁的骨干企业已经用现代技术装备企业，制造技术水平和生产能力大为提高。辽宁的工业部门结构和地区分布发生

20 世纪 50 年代

沈阳铁西工业区

了深刻变化，更趋于合理化，基本形成了以大连为中心，包括安东、营口、锦州等沿海工业城市地带，和以沈阳为中心的包括鞍山、抚顺、本溪、辽阳等中部工业城市地带。以沿海工业城市地带为前沿，以中部工业城市群体为腹地，初步形成了整个辽东半岛和沿海地区矿产资源丰富、工业基础雄厚、交通四通八达、技术力量较强的经济相当发达的地区。这个地区是辽宁省的精华所在，堪称全国的一块瑰宝。以机械工业为中心的沈阳与著名的“钢都”鞍山、“煤都”抚顺、“煤铁之城”本溪相配合，已初步具有一定的规模，成为东北工业基地的核心，在全国享有盛名。到1957年第一个五年计划提前完成，全省工业总产值达101.96亿元，居全国第二位；重工业产值达72.37亿元，居全国第一位；在主要产品中，钢、生铁、钢材、纯碱、烧碱、变压器的产量占全国产量一半以上，原油、发电量、水泥、平板玻璃、合成氨、金属切削机床产量占全国三分之一左右。

这5年，辽宁不仅完成了规模巨大的基本建设，并随着“一五”计划的胜利完成，增强了经济实力，提高了辽宁在全国的经济比重和支援国家建设的能力。中国过去所没有的一些工业部门，包括飞机和汽车制造业、重型和精密机器制造业、冶金和矿山设备制造业，以及高级合金钢和有色金属冶炼业等，都从无到有地建立起来，形成了比较完整的重工业体系。辽宁基本成为以向全国提供机电设备和原材料为主的重工业基地。辽宁这个工业大省，显现出了无限的生机和旺盛的活力。在这期间，辽宁生产出了一批填补国内空白的工业产品，创造出了众多令人瞩目的“全国第一”：第一架新型喷气式飞机、第一台四轴自动车床、第一辆24行机引播种机、第一台巨型变压器、第一座塔式吊车、第一台水轮发电机、第一台快速风镐、第一台卧式镗床、第一台选矿机、第一批大桥桥梁、第一架高级滑翔机、第一台立式大水泵……这一切的“第一”，既是辽宁的辉煌，更是共和国的骄傲！

在此期间，全省国营和地方国营工业上缴利润和缴纳税金共达87.9亿元，扣除同期国家对辽宁工业建设的投资，净提供的资金达43.7亿元。这些资金在当时相当于建设3个鞍钢的投资。这表明在自身形成工业基地的过程中，辽宁也为国家提供了大量的资金积累。也正是因为这些贡献，辽宁获得了“共和国工业长子”的称号。

辽宁第一个五年计划指标的超额完成，凝聚了全省人民共同奋斗的心血，使全省的政治面貌和经济面貌都发生了深刻变化，人民生活水平有了显著提高。可以说，“一五”计划时期，是辽宁辉煌的开端，而她取得的优异成绩和对国家的突出贡献，是对她最初辉煌的最好诠释，那段创业的辉煌历史值得我们永远铭记。

[新中国成立75年]

辽宁辉煌瞬间20

大伙房水库：“一五”时期的全国第一个大型水库

大伙房水库在辽宁名声很大。它就像一位历史老人，端坐在辽宁省抚顺市内，用它那巨大的双手守护着这里的一方水土，孕育着一方人……大伙房水库是沈抚两地的天然“大水缸”，两地的人们大多从小吃大伙房的水长大，对这里有一种特殊的情怀。现在，除沈阳、抚顺外，辽阳、鞍山、营口、盘锦、大连五城市的人们也在大伙房水库的养育下健康成长。大伙房水库不仅是水库周边人民的生命线，也是下游千百万人民共同的生命线。

辽宁地形多样，既有广袤肥沃的黑土地，也有层峦起伏的山地丘陵，辽河、浑河、太子河等众多河流弯弯绕绕，可谓是“六山一水三分田”，有着发展农林牧副渔多种农业的天然优越条件。但旧中国不重视水利事业，有利不兴，有害不除，辽宁地区的水利工程设施寥寥无几，经常发生较大范围的水旱灾害，一直靠天吃饭。中华人民共和国成立后，辽宁成为国家的重工业基地，工矿企业众多，城市密集，城镇人口集中，农业的基础性地位日益凸显。为了兴利除害，增强防洪抗旱能力，保护沿河两岸农田和城镇安全，保障工业和居民用水，辽宁大力加强水利建设。

1954年，在水利部的大力支持下，辽宁在抚顺市境内的浑河中上游开工兴建了大伙房水库。这是“一五”计划中的全国第一个大型水库，也是当时全国的第二大水库。

浑河又称小辽河，历史上曾经是辽河最大的支流，现为独立入海的河流，同时也是辽宁省水资源最丰富的内河，流经抚顺、沈阳等市县，在海城古城子附近与太子河汇合，向南流至营口市附近入辽东湾，全长415千米。早在1949年，解放战争的硝烟未散，东北人民政府就提出修建水库以解除浑河洪灾的设想，随即开展了一系列前期工作。后经反复研究论证，选择在抚顺市东北约20千米的一个小村庄——大伙房按照“一库高坝，一次建成”的规划方案建造巨型水库，并于1953年获得国家批准。

来自全国各地的施工队伍和机械设备陆续来到这个传说是薛仁贵征东宿营举炊之处而得名的寂静小山村，把这里变成了喧嚣沸腾的工地。为了争取时间早日建成并投入运用，大伙房水库首开大规模冬季施工的先河，在坝面搭设了2.4万平方米的大暖棚，以十几台锅炉及冬闲的蒸汽机车带动庞大的供暖系统，在野外近 -40 ℃的气温下，棚内仍保持 5 ~ 12 ℃，使土料填筑得以持续进行。虽然付出了代价，但缩短了一年工期，节省了大量间接费用。

大伙房水库的建设成功，靠的是党的领导以及建设者们的艰苦奋斗。当时的工地，生活条件是艰苦的，文化生活是单调的。技术人员和工人们都住着泥草房，睡在不烧火的土炕上，严冬季节，室外朔风呼啸，室内滴水成冰，每天早起洗脸时，先得用开水浇化冻成麻花的毛巾，施工大忙时，经常在坝面的席棚里和衣而卧，在似睡非睡中迎来黎明的第一道曙光。当时工地实行的是双周一休，俗称“大礼拜”。整个工地是三班倒作业，机械声、爆破声昼夜轰响，设计科、工务科、调度室的灯光彻夜长明。偶尔看上一场电影简直像过节一样。抚顺新华书店在工地开设的小小书亭成为技术人员们最喜欢聚谈的地方。建设者们始终乐观向上、团结互助，他们会因工程中的难题而焦虑，也为大坝的日渐升高而欢欣，他们已把自己的理想和追求以至全部身心都与水库工程融为一体。

1958 年 9 月，东北第一座巨型水库——大伙房水库胜利竣工，总库容22.68 亿立方米，库区面积 110 平方千米。在水库刚刚启用的第二年，一场百年一遇的洪水不期而至。1960 年 8 月 4 日，入库洪峰流量达到每秒 7630 立方米，经水库调节，最大下泄流量仅为每秒 1900 立方米，削减洪峰 75.1%，对保障沈阳、抚顺等地的工矿区和广大农村的安全起到了决定性作用，取得防洪减灾的巨大经济效益，折合人民币 5.03 亿元，相当于工程投资 1.976 亿元的 2.5 倍。

经过多年的不断建设，大伙房水库已发展成为一座以防洪、灌溉和工业、城市生活供水为主，兼顾发电、养鱼等综合利用的大型水利工程，也成为人们休闲游玩的美丽景区。

为从根本上解决辽宁中部和南部地区水资源短缺问题，2002 年 9 月，大伙房水库输水工程正式启动。2010 年 11 月，大伙房水库具备供水能力有效地解决了辽宁中部抚顺、沈阳、辽阳、鞍山、营口、盘锦等城市工业及居民生活用水问题，受益人口1400多万，为东北最大输水工程，也是辽宁省水利史上最大的水资源配置工程。2008年11月29日，大伙房水库向大连供水的北水南调工程正式开工建设。经过多年建设，2018年北水南调工程顺利完工并投入使用，成为大伙房水库输水工程的一个重要组成部分。自2010年11月投入运行以来，大伙房水库输水工程累计向沈阳、大连、鞍山、抚顺、营口、辽阳、盘锦等城市和抚顺石化、鞍钢、辽河油田、北方华锦、华润热电等大型企业安全、稳定供水近百亿立方米，有效地保障了受水城市千余万百姓的饮水安全和经济社会的可持续发展。

大伙房水库输水工程在成为辽宁中南部城市和部分大型国有企业支撑性水源的同时，成功配合辽宁省大规模压采地下水，有效地改善了地下水环境，保护了地下水资源。

多年来，大伙房水库已经成为我国九大饮用水源地之一，不仅得到充分的开发利用，也受到悉心呵护。1990年，大伙房水库成为省级水源保护区。2009年，辽宁省政府批准设立了大伙房饮用水水源保护区，还成立了大伙房水源环境监察局。这是目前全省划定面积最大的一个饮用水水源保护区。保护区内包括一级保护区、二级保护区和准保护区三部分，相当于在水库、输水河道周边从里到外设置了三道防线。

为了守护好一泓清水，2014年辽宁建立抚顺大伙房水源保护区，其中面积达100.66平方千米的一级保护区实行封闭管护。近年来，辽宁围绕水质稳定、水环境改善、水源涵养功能区建设三位一体工作目标，采取“管、退、治、优、防”5项措施，完成一级保护区退耕还草、封闭围栏建设、生活垃圾和生活污水处理设施建设、河道生态带修复、畜禽养殖场改造升级和湿地建设等8个方面49项重点保护和治理工程建设。辽宁实施大伙房水源地分区管控，实现从“环库周边开发”向“搬迁退耕还草”转变、从“库区水环境整治”向“全流域生态治理”转变、从单纯的“污染排放防治”向“环境风险防控提升”转变。多年以来，大伙房水库库区和上游3条入库河流及其流域考核的6个断面水质稳定保持在国家Ⅱ类标准，集中式饮用水水源地水质100%达标。

如今，大伙房水库已成为辽宁人民的“大水缸”。

1956 年

大伙房水库大坝正在合龙施工

今日的大伙房水库

辽宁辉煌瞬间21

"鸭绿江一号"：新中国第一台轮式拖拉机

1953年，我国开始执行国民经济发展的第一个五年计划，全党、全国人民的主要精力已转移到社会主义工业化的建设上。随着新中国大规模有计划的经济建设的到来，也给安东（今丹东）的经济恢复和全面建设提供了发展契机。

此时的抗美援朝战争已经进入后期，作为国防前线的安东，48家国营工厂中，有32家早在抗美援朝战争初期就已迁移疏散。没有迁出的企业，开始从坚持生产、支援前线转向发展生产、恢复建设。迁移出去的工厂有些已陆续迁回，那些为战争服务的军工企业也开始转产。1951年3月，在抗美援朝的战火和硝烟中成立的地方国营永华机械厂，此时已发展成为拥有机床近30台、工人近170名的安东机械厂。它从建立之日起，就积极响应市委"一切为了前线"的号召，在几间低矮简陋的民房里，靠着4台旧式皮带车床和2个小台钻，16名工人承担起为志愿军修理汽车和生产冬季汽车急需的防滑链等军工任务。

随着我国大规模经济建设和农业机械化的到来，安东机械厂逐渐确立了面向农业、面向农村的发展方向，生产出水车等多种小型农机具。那时，由于安东地处边防前线，安东的经济建设主要靠自力更生，自己创造条件。安东机械厂通过开展"劳动竞赛"的形式，最大限度地发挥工人群众的积极性和创造性，发动职工群众千方百计地找窍门、挖潜力，提高产品的产量和质量，自力更生开展创业活动。在面向农村、为农业生产服务的同时，安东机械厂的工人们了解到农业生产的需要，也看到了农民的生活状况。为了帮助农民兄弟从手持笨重落后的生产工具和繁重而又艰辛的体力劳动中解放出来，工人们开始酝酿如何制造出我们自己的拖拉机，帮助农民兄弟提高生产力。

那个年代，拖拉机在国内还属于高科技产品，没有一定的资金和技术，研制出一台拖拉机根本就是不可想象的。1956年开始，工人们土法上马，进行拖拉机的研究和试制工作。工厂党支部对工人的积极性和创造精神给予了及时的肯定和大力的支持，责成一位副厂长负责，组织建立了一个以老工人为首的新产品试制小组。他们大胆实践，顶住重重压力，克服无数困难，于 1957 年 1 月 31 日，研制出我国第一台轮式拖拉机，工人们给它起了个响亮的名字——“鸭绿江一号”。

“鸭绿江一号”拖拉机是一台单缸、卧式、二冲程的轮式拖拉机，开起来震动较大，砰砰直响，前面冒烟，后面喷土。许多人都嘲笑这台丑陋的拖拉机，有关部门也觉得它太土气。因此，“鸭绿江一号”刚刚诞生时无人问津。

1958 年 4 月，工人林辉生开着“鸭绿江一号”进京参加全国农业机械展览会，并在展览会上进行了操作表演。这台拖拉机的性能一下子吸引了专家和观众的目光，他们通过进一步了解，发现它虽然丑一些，但有很多优点。一是结构简单，制造、使用和维修都比较容易，适合我国的技术水平；二是故障少，结实耐用，适合我国的农村作业环境；三是不用进口材料，原材料容易取得；四是燃料广泛，可用轻柴油，还可用低质柴油，所以不仅适合耕田，还适合跑运输。

1958 年 4 月底，全国农业机械展览会接近尾声，在挑选参加五一国际劳动节的拖拉机游行车队时，“鸭绿江一号”因外形不太美观而落选。可是 5 月 1 日凌晨 4 点多钟，戏剧性的一幕发生了：原来参加游行的 4 台拖拉机中，有一台开到半路出了故障，故障一时又排除不了。有关领导临时决定让“鸭绿江一号”替补。于是，林辉生开着其貌不扬、又高又大的“鸭绿江一号”很快追上了其他 3 台拖拉机，意气风发地驶过天安门，接受了党和国家领导人的检阅。

1958 年 5 月 3 日，视察过安东机械厂的国家计委副主任倪伟、机械局局长王光中联名写下叙述安东机械厂自力更生试制拖拉机经过的报告，提交给国务院副总理兼国家计委主任李富春。5 日，中共第八届全国代表大会第二次会议在北京举行。会议期间，李富春将这份报告转呈给毛泽东主席。毛泽东主席看后，于 5 月 18 日在报告的空白处写下了“卑贱者最聪明！高贵者最愚蠢”的批语，并将此列为“中国共产党第八届全国代表大会第二次会议文件之二十六”发给出席会议的全体代表。当参加会议的安东市委第一书记肖纯接到这个文件后，立即挂长途电话，把喜讯传回安东。会议结束后，肖纯便马不停蹄地赶到安东机械厂，召开全厂职工大会，传达和讲解毛泽东主席批语全文的主要精神，使全厂干部和工人受到极大鼓舞。为纪念毛主席的重要批语，安东机械厂后来改名为丹东五一八拖拉机配件厂，并且一直按照毛泽东的教导精神办厂，使工厂逐步发展成为专门生产拖拉机、内燃机和汽车配件的国家大型骨干企业和省级文明工厂。

1958 年

“鸭绿江一号”拖拉机进京参加全国农业机械展览会

丹东市摄影家协会　供稿

号进京报捷

[新中国成立75年]

辽宁辉煌瞬间22

“功勋卓著”的本溪钢铁公司

新中国制造的第一支枪、第一门炮、第一辆解放牌汽车、第一台发电机组、第一颗人造地球卫星、第一枚运载火箭等诸多个“第一”中，无不闪耀着本溪钢铁公司产品的光辉，它为新中国的成长壮大建立了不可磨灭的历史功勋，多次得到毛泽东等党和国家领导人的称赞。

本溪钢铁（集团）有限责任公司（简称“本钢”）始建于1905年，迄今已是一个有着百余年历史的国有特大型钢铁联合企业。在日伪占据时期，本钢饱受屈辱。在国民党统治时期，本钢长期处于停产、半停产状态。直到1948年本溪解放，本钢才获得新生。在党中央“为工业中国而奋斗”指示精神的鼓舞下，当家作主的职工群众迅速医治战争创伤，把设备开动起来，投入到国民经济恢复和建设高潮中去。经过艰苦奋战，本钢于1949年7月15日全面恢复生产，是东北地区最早建立的煤铁基地、东北钢铁工业的第二重心。

本钢在恢复生产中首先选中了在短时间内就可恢复生产、设备配套比较齐全、破坏程度较轻、有发电厂可以发电的本溪湖厂区炼铁厂（今本钢第一炼铁厂）。广大干部、工程技术人员、工人以最高的热情，积极投入恢复生产和重建工厂的工作中。到1952年年末，本溪湖厂区以炼铁为中心，全部恢复了生产，为后来进行大规模建设创造了有利条件。

1950年，按照党中央、政务院提出的要迅速发展钢铁工业，尽快地把我国建设成为工业化强国的指示精神，本钢制订了1950—1952年的三年发展计划。但由于朝鲜战争爆发，战火烧到鸭绿江边，本溪紧靠前线，所以三年发展计划没有实现。抗美援朝战争结束后，1953年7月31日，中国与苏联代表在莫斯科签订《关于苏联给予中华人民共和国在恢复与改造本钢方面的技术援助合同》的第1号补充协议书，本钢重新被列入苏联援建的156个项目中，改造矿山、高炉、电站等作为第一个五年计划期间钢铁建设的重点之一，庙儿沟（今南芬）露天铁矿的新建被提上了日程。

庙儿沟露天铁矿在解放前由于日本帝国主义进行掠夺性开采，以开采富矿为主，贫矿开采量很少。到了1953年，富矿储量已经不多了，开采逐渐困难。从长远发展国民经济的角度考虑，应新建贫矿露天开采场地。公司第一个五年计划期间确定改建工源两座大型高炉，为满足工源两座高炉所用的矿石，决定扩大生产规模，改变开采方式，新建庙儿沟露天铁矿。为尽快完成庙儿沟露天铁矿的新建，本钢组成了一支较大的地质勘查队伍。经过一年的努力，于1954

1957年

本钢吊装5号高炉热风炉

辽宁图片资料馆　馆藏

年6月，编制出庙儿沟铁矿地质精查报告，为庙儿沟露天铁矿的技术设计提供了完整的基础资料。经过几年的建设，到1957年8月，庙儿沟铁矿开始了机械化采矿，当时这在国内是一流的。1957年矿石产量达到2708吨，比1953年提高了5倍。新建的庙儿沟露天铁矿已成为本钢炼铁原料可靠的供应基地。在新建庙儿沟露天铁矿的同时，庙儿沟选矿厂也开始了改扩建工程，并于1957年7月完成了大部分改扩建工程，基本上满足了高炉生产的需要。

在抓紧进行矿山改造的同时，作为本钢改扩建主体工程的工源炼铁厂，也在同步加速推进。本钢公司从领导到工人，都怀着极为迫切恢复生产的心情，始终把生产准备工作当作首要任务来抓，虚心学习苏联先进经验，一直忙而不乱地做着人员、设备、物资、技术资料等各项准备工作，还提前建立健全各项规章制度，为完成工源两座高炉及其一系列工程奠定了坚实的基础。1956年10月1日，工源1号高炉（今本钢3号高炉）流出第一炉铁水。1957年9月1日，2号高炉（今本钢4号高炉）流出第一炉铁水。在建设施工过程中，本钢人充分展示了主人翁责任感和进取向上的精神。为保证工程大干快干，经过了多少次寒风凄雨、多少个不眠之夜，他们顽强拼搏，以最好的质量、最快的速度，使工厂重新焕发了青春。虽然当时工作环境比较艰苦，施工现场条件非常恶劣，顶高温，战严寒，雨天一身泥，伏天一身汗，冬天一身霜，但他们毫无怨言，表现出本钢人艰苦创业、无私奉献、团结进取的精神，出色地完成了改扩建任务。

在党中央的正确领导下，在苏联专家的热情帮助下，本钢依靠全体职工和施工单位的积极努力，不仅新建了当时世界上第一流技术装备的大型庙儿沟露天铁矿，改扩建成现代化联锁装置的庙儿沟选矿厂，扩建新建了耸立着两座大型高炉的炼铁厂，还完成了烧结厂的扩建新建、焦化厂和硫酸厂的修复、本钢第三发电厂的改建以及各项公用设施的建设，超额完成了本钢第一个五年计划及1957年国家制订的计划目标，使停产11年之久的工源工厂重新恢复了生产，工源两座高炉年产量比解放前最高年产量增加1倍多。从此，本钢这个历经清末、民国、日本独霸、国民党统治等时期，一直到中华人民共和国成立的老企业，以崭新的雄姿，开始为社会主义建设贡献力量。

南芬露天铁矿鸟瞰

赵 野 摄

[新中国成立75年]

辽宁辉煌瞬间23

新中国第一艘万吨巨轮大连造

这天，身穿节日盛装的大连造船厂的工人们，像过年一样早早就来到厂里，在喧天的锣鼓声里，在彩旗纷飞、人潮涌动的船台边，迎来了一个令人激动的时刻——中国人自己建造的第一艘万吨巨轮“跃进号”今天下水。这天是1958年11月27日，这是大连造船厂的节日，也是新中国船舶工业值得永远铭记的日子。

当时各大媒体纷纷载文欢呼“我国第一艘万吨远洋货轮下水”，竞相称赞新中国社会主义建设的这一伟大成就。为了宣传这一重要的工业成就，1960年12月15日，邮电部发行特种邮票《中国制造第一艘万吨远洋货轮》（编号特32，全套1枚），画面为“跃进号”航行在大海中的英姿，船头有“跃进”二字。

大连造船厂始建于1898年，是沙皇俄国设在远东的一个船舶修造基地。1945年8月抗日战争胜利后被苏联军队接管，直到1951年1月，中华人民共和国政府收回大连造船厂的主权。一年后，我国与苏联按照表决权合股的原则合作经营，命名为“中苏造船公司”。1954年10月，中苏两国签订协定，由我国购买苏方在公司的全部股权，进行独立经营，命名为大连造船公司，1957年6月又改名为大连造船厂。

1955年，我国开始独立经营大连造船厂。为迅速改变工厂以修船为主的局面，使之早日建成中国北方的造船工业基地，同年12月，国务院批准大连造船厂改扩建计划，并列入“一五”时期国家156项重点建设项目。

当时的大连造船厂只能建造些小型机动船和非机动驳船。厂区布局根本不合理，厂房低矮狭窄、设备简陋，扩建改造工程是在很差的基础上进行的。经过广泛讨论，从长远打算，也从当时边建设、边生产的需要考虑，决定对船厂进行彻底的改造。虽然造成投资额、工程量和施工难度的大幅增加，但这也为我国第一艘万吨巨轮的建造创造了条件，为我国船舶工业的长足发展打下了坚实基础。

国家在批准大连造船厂进行大规模扩建改造的同时，决定由大连造船厂承担建造我国第一艘由苏联转让的排水量为22100吨、载货量为13400吨的万吨级远洋货轮。为了能够适应建造万吨巨轮的需要，拆除原2号、3号小船台，重新建设万吨级的大船台是全部改造工程的关键项目。工厂积极组织动员工人和技术人员，广泛征集合理化建议，克服难以想象的困难，既提高了工程质量，又缩短了工期，节约了建设投资，于1958年9月相继建成两座长255米、宽27米的万吨级船台。与船台相配套的另一重要工程是建造35364平方米的船体联合厂房。当时建造厂房的土地面积不够，工厂立即组织填海造地。填海任务完成时已经临近冬季，海风的凛冽也没有拖慢工程进度，只用了一年多的时间就完成了绝大部分联合厂房的建造。造船工业是一个国家工业水平的综合体现，需要方方面面的配套。20世纪50年代，我国的造船配套能力很低，许多零部件都需要大连造船厂自己生产解决。于是在建成船台、联合厂房解决了船壳生产的问题后，还新建和改造了为造船配套的有关部门和十几个车间。各种机械设备也相继完成安装。至此，基本满足了中华人民共和国第一艘万吨巨轮的建造要求。

其实，早在1957年10月，大连造船厂负责施工设计与建造的我国第一艘中型油轮“建设九号”已成功下水。这是我国开发建造的第一代中型沿海油轮，总长110.1米，型宽15米，型深7.4米，载重4500吨，满载排水量7106吨，可以在冰区航行。“建设九号”的建造成功，结束了中国只能造小船不能造大中型船舶的历史，也为建造万吨级轮船做了人员、经验和技术等方面的必要准备。

1958年7月22日，大连造船厂开工建造我国第一艘万吨巨轮。船长169.9米，型宽21.8米，型深12.9米，续航能力达12000海里，在结构上还考虑冰区航行的需要，与当时世界上同类船舶相比还是比较先进的。据当时参加建造的工人师傅回忆，那时候大家一大早就开始干活，中午吃完饭也不休息，到了晚上，工人还主动加班加点。领导心疼工人，撵大家赶紧回家休息。结果，工人们在厂里转一圈，等领导不在了，又回来接着干。到了冬季，工人们干得忘记了寒冷，甚至还要把棉袄脱掉。经过大干实干，“跃进号”在船台上的周期只有短短58天，比当时世界上造船最发达的日本用时还提前了一个月的时间。又经过几个月不畏艰苦的奋战，1958年11月27日，“跃进号”成功下水。

从来没有一条船在中华人民共和国的历史上像它这样影响巨大。随着万吨巨轮“跃进号”的下水，中国的造船事业开启了一个崭新的时代。

经过几代“大船人”的奋斗、创新，大连造船厂在中国造船史上创造了数不清的“第一”和“之最”。进入改革开放和社会主义现代化建设新时期后，为了适应市场经济的要求，将大连造船厂分拆成立了大连造船新厂。新厂继承了“大船人”的拼搏奋进精神，不满足于仅仅建造出口一般船只，而是把目光瞄准了国际造船业的标杆产品——VLCC。VLCC是超大型油轮的英文简称，能不能建造VLCC，是衡量一个造船厂乃至一个国家造船能力的重要指标。1999年，大连造船新厂顶着压力与伊朗签订了5艘30万吨VLCC的建造合同。在此前，VLCC的设计建造技术一直被发达的造船国家特别是日本、韩国所垄断，中国没有一家造船厂有能力建造该类船舶，更何况是当时世界最大载重量的VLCC。摆在“大船人”面前的，是一个完全陌生的领域，设计、建造均没有任何经验可以借鉴，一切都要从头开始。而且，购买方提出了很多苛刻的要求：一般的VLCC使用寿命是20~25年，他们要40年；一般的VLCC对舒适等级没有要求，他们要达到豪华游轮的舒适度……科技人员奋力攻关,4000多名员工奋战在车间、船坞、码头。当时负责监造这艘VLCC的伊朗人桑尼，每日在船上，一道道工序，一个个节点，“吹毛求疵”找纰漏。当90多个试验项目均经过了严格检验时，员工们喜极而泣。事后有媒体评论说，VLCC可以承载起30万吨原油，却装不下中国造船人为之付出的心血和汗水。2001年11月1日，中国建造成功的第一艘30万吨VLCC缓缓驶出大连造船新厂船坞。它集中了当时船舶建造中最先进的技术，总长330米，宽58米，全甲板面积相当于3个标准足球场大小，总高度相当于24层大厦的高度。2002年8月31日，在全世界惊叹的目光中完成签字交工，一举终结了日、韩造船厂在VLCC领域的垄断历史，为中国造船史树立了又一座里程碑。

2005年12月9日，由大连造船厂改制的大连造船重工有限责任公司和由大连造船新厂改制的大连新船重工有限责任公司，以“资源共享、优势互补、降本增效、做强做大”十六字方针为指导进行整合重组，建立了大连船舶重工集团有限公司，成为我国最大的造船企业，标志着中国造船工业的“航空母舰”从此破浪起航。

1958 年 11 月 27 日

新中国建造的第一艘万吨远洋轮船“跃进号”下水

王少清　摄

辽宁儿女

曲今伟

布面综合材料

150 cm × 360 cm

[新中国成立75年]

辽宁辉煌瞬间24

"越看越高兴"：一部产生于鞍钢的"宪法"

中华人民共和国宪法是中华人民共和国的根本大法，拥有最高法律效力。既然宪法是国家的根本大法，怎么还能从企业产生？你一定会这么问。这确是一部产生于企业的"宪法"，它来自鞍钢，这就是20世纪60年代在全国赫赫有名的"鞍钢宪法"。它实际上是鞍山钢铁公司于20世纪60年代初总结出来的一套企业管理基本经验，即实行干部参加劳动，工人参加管理，改革不合理的规章制度，工人群众、领导干部和技术员三结合，即"两参一改三结合"。这部宪法在很长一段时期是我国工业和企业管理的基本指导原则，故被奉为"宪法"。那么，它是如何产生的呢？

自1958年开始，全国各地都兴起了"大跃进"运动，在工业方面提出"以钢为纲"的口号，片面追求钢铁产量，造成国民经济的主要比例关系严重失调。但从另一面来看，广大人民群众的热情空前高涨，也体现了赶超发达国家、实现国家富强的迫切愿望。为了提高生产效率，广大工人不断攻坚克难，解决了生产中的很多关键技术问题。辽宁作为国家重要的钢铁工业基地，更是走在了技术革新革命的前列。1960年1月，党中央发出了大搞技术革新和技术革命的指示，辽宁在原来的技术革新基础上，又迎来了一个新高潮。

在辽宁的众多企业里，鞍钢搞技术革新革命的规模和声势最大，行动也较早。自1960年元旦开始，从矿山到炼钢厂、炼铁厂，从各主要生产部门到生产辅助部门都投入这一运动中，工人们提出的革新建议，对生产计划的完成起到了积极作用。鞍钢的技术革新活动有一个特点，就是十分注意把工人的干劲、智慧及丰富的实践经验同工程技术人员的理论知识相结合，以解决一些重大技术问题。1960年3月，鞍山市委向中共辽宁省委和中共中央作了《关于工业战线上的技术革新和技术革命运动开展情况的报告》。报告总结了鞍钢技术革新和技术革命的5条经验：第一，必须不断进行思想革命，坚持政治挂帅，彻底破除迷信、解放思想。第二，放手发动群众，一切经过试验。第三，全面规划，狠抓生产关键。第四，自力更生和大协

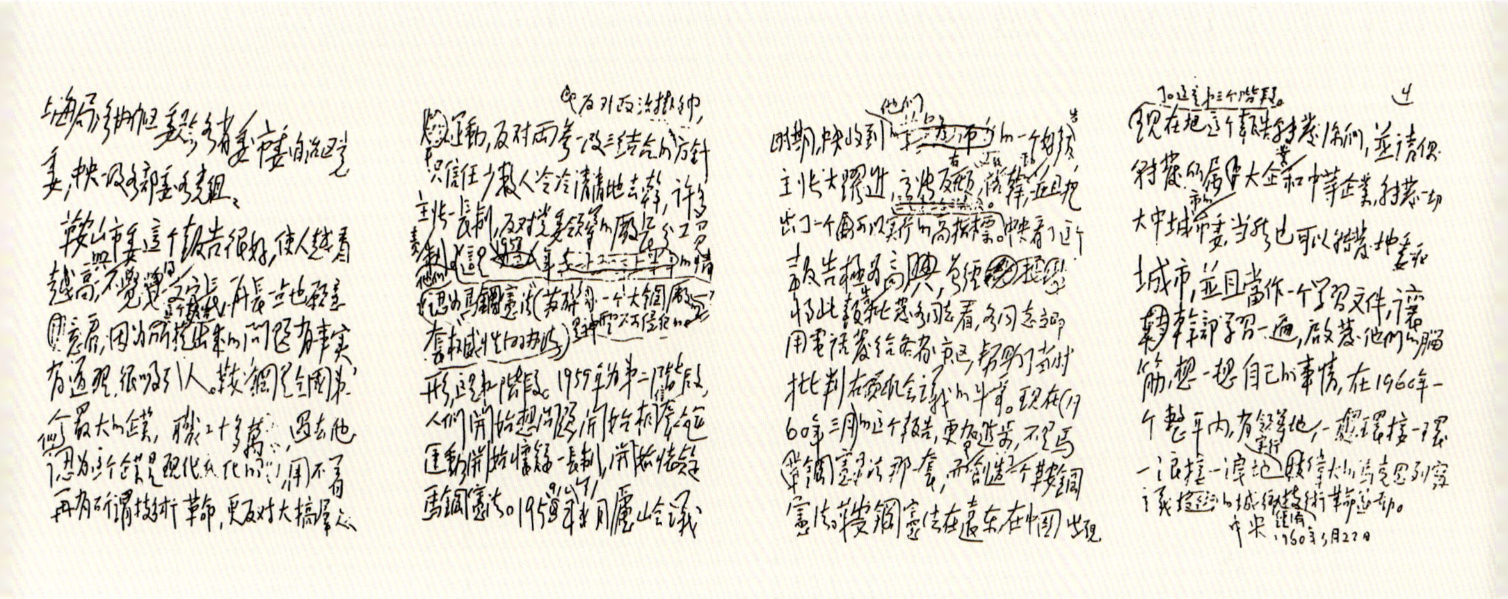

1960 年

毛泽东主席关于“鞍钢宪法”批示的手迹

作相结合。第五，开展技术革命和大搞技术表演赛相结合。

这份报告引起了毛泽东主席的高度重视。1960 年 3 月 22 日，他在这份报告上作的批示写道：“鞍山市委这个报告很好，使人越看越高兴，不觉得文字长，再长一点也愿意看，因为这个报告所提出来的问题有事实，有道理，很吸引人。鞍钢是全国第一个最大的企业，职工十多万，过去他们认为这个企业是现代化的了，用不着再有所谓技术革命，更反对大搞群众运动，反对‘两参一改三结合’的方针，反对政治挂帅，只信任少数人冷冷清清地去干，许多人主张‘一长制’，反对党委领导的厂长分工负责制。他们认为‘马钢宪法’（苏联一个大钢厂的一套权威性的办法）是神圣不可侵犯的。这是 1958 年的情形，这是第一阶段。1959 年为第二阶段，人们开始想问题，开始相信群众运动，开始怀疑‘一长制’，开始怀疑‘马钢宪法’。1959 年 7 月庐山会议时期，中央收到他们的一个好报告，主张‘大跃进’，主张‘反右倾’，鼓干劲，并且提出了一个可以实行的高指标。中央看了这个报告极为高兴，曾经将此报告批发各同志看，各同志立即用电话发给各省、市、区，帮助了当时批判右倾机会主义的斗争。现在（1960 年 3 月）的这个报告，更加进步，不是‘马钢宪法’那一套，而是创造了一个‘鞍钢宪法’。‘鞍钢宪法’在远东、在中国出现了。”

1960年3月24日，辽宁省委将毛泽东的批示转到鞍山市委，并将批示精神迅速传达到鞍钢各厂矿。4月22日，鞍山市委写出《关于进一步贯彻执行中共中央和毛主席批示情况的报告》呈报辽宁省委和中央。5月1日，中共中央又转发了这个报告，要求各大企业党委阅读。5月23日至26日，冶金部党组在鞍钢召开学习、推广“鞍钢宪法”现场会。7月，辽宁省委偕同中央工业工作部到鞍山总结贯彻落实中央和毛泽东主席批示的经验。此后，“鞍钢宪法”在全国冶金战线和各大企业厂矿得到进一步推广。“鞍钢宪法”虽然在有些问题的认识上还存在一些片面性，但的确也是对适合我国国情的国有企业管理模式进行的一种有益探索，有力地推动了群众性技术革新、技术革命运动的开展。

特别是在辽宁这样的工业大省，虽然大多数企业在当时条件下，比起其他地区在设备上稍有优势，但总体说来，机械化、半机械化水平还不高，自动化、半自动化的水平更低一些。当时生产任务重，企业设备不足，劳动力不足，迫切需要企业生产向机械化、半机械化，自动化、半自动化的“四化”方向发展。技术革新和技术革命运动在一定程度上推动了“四化”的发展。

为了推动全省的技术革新、技术革命的发展，1960年4月10日至20日，全省工业战线技术革新、技术革命先进集体和革新者代表会议在沈阳召开。会议提出今后技术革新、技术革命的主要任务是：迅速提高机械化、半机械化，自动化、半自动化水平，大力提高劳动生产率；大搞原材料生产，继续开展群众性的“夺材大战”；大搞企业管理革命，特别要注意解决企业综合经营问题；大力支援农业，掀起一个规模更大的各行各业，特别是工业战线全面支援农业的群众运动，从而使这一运动沿着正确、科学、全民的轨道继续前进。王崇伦、尉凤英等技术革新能手在此后的活动中发挥了很大的作用。

可以说，虽然辽宁开展的技术革新、技术革命运动带有当时“大跃进”的时代特点，但其目标是明确的，就是为社会主义经济建设服务，其中许多重大技术革新革命成果在经济建设中起了很大作用。

红日照鞍钢

苗　明　摄

[新中国成立 75 年]

辽宁辉煌瞬间 25

永恒的雷锋：在辽宁成长

半个世纪前，在辽宁这片热土上，成长起来这样一位中国人民解放军战士。他用短暂的 22 年生命，在平凡的岗位上作出了不平凡的业绩。他的名字响彻华夏大地，传遍五湖四海。他伟大的人格魅力，已经成为一种震撼的精神力量。中国共产党的几代领导人都为他题词，他的事迹承载着中华民族的传统美德，饱含着中国共产党人的崇高品格。他的精神代代传承，不断发扬光大。他就是伟大的共产主义战士——雷锋。

雷锋，原名雷正兴，1940 年 12 月出生于湖南省望城县（今长沙市望城区）一个贫苦家庭，7 岁时就成了孤儿，受尽了地主的欺压。1949 年家乡解放后，他参加了儿童团，并于 1950 年上了小学。1956 年夏，他以优异成绩高小毕业，先后在乡政府和望城县委当通信员、公务员，在家乡农场当拖拉机手。1957 年，他加入中国共产主义青年团。1958 年 11 月，雷锋响应号召，来到辽宁参加鞍钢建设，这是他人生的一个重要转折。在鞍山钢铁公司 1 年 2 个月的时间里，他 3 次被评为先进生产者，18 次被评为标兵，5 次被评为红旗手。1960 年 1 月，他参加了中国人民解放军，实现了少年时代的夙愿，被编入沈阳军区工程兵某部运输连四班。在部队，雷锋凭着对党、对社会主义的无比热爱，干一行爱一行。在生活中，他时刻注意勤俭，从一点一滴做起，把节约下来的钱用于支援灾区、资助战友和需要帮助的群众。他在日记中写道，“我活着是为了全心全意为人民服务”“我要把有限的生命，投入到无限的为人民服务之中去”。他是这样说的，也是这样做的。“雷锋出差一千里，好事做了一火车。”这是当时人们对雷锋的真心赞誉。1960 年 11 月 8 日，雷锋成为一名光荣的中国共产党党员。他对自己的要求更加严格了，努力践行着入党时的誓言。无论是出车还是休息，他都随身背着一个小书包，抓紧时间学习。正是靠着这种钻的精神，他掌握了丰富的知识，并能运用到具体工作中；正是靠着这种钻的精神，他克服了身体条件的不足，练就了一身过硬的本领。

由于雷锋艰苦朴素、勤俭节约、助人为乐、克己奉公，他的先进事迹被各大媒体争相报道。1960 年 11 月 26 日，《前进报》发表了题为《毛主席的好战士》的长篇通讯，较详细地记述了雷锋的成长过程，同时刊登了沈阳军区副政委兼政治部主任杜平中将的批示，号召军区各部队学习雷锋的先进事迹。12 月 1 日，《前进报》又用整版以《听党的话，把青春献给祖国》为题，发表了《雷锋日记摘抄》15 篇，这是雷锋日记首次被公开发表。12 月 11 日，《抚顺日报》转载长篇通讯《毛主席的好战士》和《雷锋日记摘抄》，这是地方报纸第一次全面宣传雷锋的事迹。12 月上旬，《前进报》又开辟了“向雷锋同志学习，做毛主席的好战士”专栏，陆续发表军区各部队学习雷锋的文章，《抚顺日报》《辽宁日报》分别进行了转载。此后，部队推荐雷锋先后到驻沈阳、抚顺、海城、营口、大连、安东等地的部队、学校巡回作报告。不久，《人民日报》《中国青年报》《解放军报》先后发表文章介绍雷锋的模范事迹。1961 年 1 月 14 日，中国人民解放军工程兵政治部发出《关于开展学习雷锋活动》的通报，要求立即组织群众学习雷锋同志的模范事迹。1962 年 2 月，雷锋以特邀代表的身份出席沈阳军区首届共青团代表大会，并被选为主席团成员。大会通过了《给军区部队全体共青团员的一封信》，号召军区部队广大共青团员和青年，要以毛主席的好战士雷锋等先进人物为榜样，掀起一个学先进、赶先进的竞赛热潮。会后，学习雷锋热潮在军队兴起。

正当沈阳军区开展学雷锋活动之时，1962 年 8 月 15 日，雷锋在抚顺市因公殉职。17 日，公祭雷锋同志大会在抚顺市望花区政府礼堂举行。党政军民各界前来参加追悼活动的群众络绎不绝，礼堂容纳不下，只好在礼堂外安装扩音喇叭。追悼会结束后，街上聚集的数千名群众怀着沉痛的心情，护送雷锋的灵柩缓缓走向烈士陵园并举行了安葬仪式。23 日，《前进报》在头版显著位置刊登了雷锋牺牲的消息，并配发了公祭大会的照片和雷锋同志的简历。

1963 年 1 月 7 日，中华人民共和国国防部根据雷锋所在班的请求，批准命名雷锋生前所在部队运输连四班为“雷锋班”。1 月 18 日，沈阳军区党委下发《关于开展学习雷锋运动的决定》，号召广大指战员向雷锋同志学习。21 日，沈阳军区在八一剧场隆重举行“雷锋班”命名大会。《人民日报》刊登了中国人民解放军总参谋长罗瑞卿大将为大会的题词。“雷锋班”的命名，极大地鼓舞了雷锋所在团的广大指战员，同时也推动了部队学雷锋活动向纵深发展。

为使广大指战员更加详细地了解雷锋，扩大宣传范围，1963 年 1 月 8 日，《辽

雷　锋

董　哲　摄

宁日报》刊登长篇通讯《永生的战士》。9日，又以整版登载了雷锋日记。2月9日，中国人民解放军总政治部发出通知，号召全军迅速开展宣传和学习雷锋同志模范事迹的活动。《解放军报》发表社论《像雷锋那样做毛主席的好战士》。12日，为积极响应总政治部的号召，中国人民解放军工程兵政治部发出《关于广泛深入开展宣传和学习雷锋活动》的指示。21日，《解放军报》又发表社论《毫不利己 专门利人——再论像雷锋那样做个毛主席的好战士》。2月上旬，在雷锋的家乡湖南，省军区政治部也作出决定，号召所属部队和民兵学习雷锋同志的高贵品质，做毛主席的好战士、好民兵。学雷锋活动在部队蔚然成风。

部队的学雷锋活动，推动了地方学雷锋活动的开展。1962年10月，雷锋生前所在部队举办了“雷锋烈士生平事迹展览”，时任中共抚顺市委第一书记沈越题词：“全市共产党员、共青团员，都要向雷锋同志学习！”同年11月，共青团抚顺市委在五届二次全会上发出“学雷锋，做无产阶级事业接班人”的倡议。抚顺市学雷锋活动便由青少年向全市的党员、干部和广大人民群众中延伸扩展，也带动了全省，影响了全国，成为学雷锋活动的源头。1963年1月8日，辽宁省军区、共青团辽宁省委联合发出通知，号召全省民兵和青少年学习雷锋的先进事迹。辽宁省委组织雷锋烈士生平事迹报告团，先后在抚顺、沈阳、营口、本溪、安东等市作报告。2月5日、7日，《中国青年报》《人民日报》分别发表辽宁省各地广泛开展学习雷锋活动的消息和文章并配发社论。

1963年3月2日，毛泽东题写的“向雷锋同志学习”题词，在《中国青年》杂志首次登载。3月5日，《人民日报》《解放军报》《光明日报》《中国青年报》等刊登了毛泽东主席“向雷锋同志学习”题词的手迹。

刘少奇、周恩来、朱德、邓小平、陈云等党和国家领导人也为雷锋题词。之后，一个全民性的学雷锋活动在中华大地上轰轰烈烈地开展起来，至今从未中断。每年的3月5日成为了学雷锋纪念日。

在雷锋离开的60多个年头里，人们感到雷锋从未真正离去，他始终活在每个中国人的心中。半个多世纪来，一代又一代人传承着雷锋精神，并赋予雷锋精神以新的时代内涵，让新时代学雷锋活动绽放新的光彩。

春天的故事

陈寅生

油画

244 cm × 600 cm

辽宁辉煌瞬间26

“三线”建设中的“长子”贡献

“三线”一词，尽管年龄偏大的人耳熟能详，并大致知道其内涵与外延，但“三线”真正在中国媒体上出现，已是时过境迁的20世纪90年代。“三线”建设的出炉，源于20世纪60年代初期云谲波诡的国际政治环境。

20世纪60年代，美国发动了侵略越南的战争，并把战火烧到了我国南大门外，严重威胁着我国的安全。而我国北部中苏边境地区的气氛也很紧张。在美、苏两国加紧对我国进行军事威胁的情况下，1964年4月25日，中央军委总参谋部作战部提出一份报告，对经济建设如何防备敌人突然袭击的问题进行了分析，认为有些情况相当严重。工业过分集中，全国14个百万人口以上的大城市，集中了约60%的主要民用机械工业和52%的国防工业；大城市人口多，全国有14个百万人口以上和25个50万至百万人口的大城市，大都在沿海地区，防空问题尚无有效应对措施；主要铁路枢纽、桥梁和港口码头多在大城市附近，还缺乏应对敌人突然袭击的措施；所有水库的紧急泄洪能力都很弱，一旦遭到破坏，将酿成巨大灾害。报告建议，由国务院组织一个专案小组，根据国家经济的可能情况，研究采取一些可行的措施。这份报告引起了毛泽东主席和中共中央的高度重视。

1964年5月15日至6月17日在北京召开的中央工作会议上，毛泽东从存在着新的世界战争的严重危险估计出发，提出把全国划分为一、二、三线的战略布局，要搞“三线”（战略后方）工业基地建设。毛泽东的讲话，引起与会人员的共鸣，大家一致拥护他的主张。

所谓一、二、三线，是按我国地理区域划分的：沿海地区为一线，中部地区为二线，后方地区为三线。三线分两大片，一是包括云、贵、川三省的全部或大部分及湘西、鄂西地区的西南三线；一是包括陕、甘、宁、青四省区的全部或大部分及豫西、晋西地区的西北三线。三线又有大小之分，西南、西北为大三线，中部及沿海地区省区的腹地为小三线。根据中央工作会议精神，中央决定对一、二线建设采取“停”（停建一切新开工项目）、“缩”（压缩正在建设的项目）、“搬”（将部分企事业单位全部搬迁到三线）、“分”（把一些企事业单位一分为二，分出部分迁往三线）、“帮”（从技术力量和设备等方面对三线企业实行对口帮助）的方针。

从1964年下半年起，按照国务院的统一安排和东北局的具体部署，辽宁省开始了支援“三线”建设的工作。辽宁属于东北老工业基地的重点地区，地处沿海沿边，基础工业和国防工业比较多，因此支援“三线”建设的任务很重。为了完成这项长期艰巨的任务，辽宁省委从抓思想政治工作入手，按照先党内、后党外，先干部、后工人，先企业内部、后职工家属的方法进行动员，采取自愿报名与领导批准相结合的办法。经过动员，全省各地报名者十分踊跃。据不完全统计，到1965年5月，辽宁地区迁往内地和正在迁往内地的企业及技术支援项目共26个（均列入国家搬迁计划），调出约5万人（其中基本建设队伍近2万人）。

迁建企业是一线支援“三线”建设的一种主要形式。辽宁省委、各相关市委对支援工作高度重视，并且下了很大的决心，政治动员工作到位，各迁建单位顾全大局，充分体现出全国一盘棋的思想。由于在迁建中贯彻了“中心型、专业化”的原则，加上一线与三线的密切配合，老厂贯彻执行了“包迁、帮迁、包投产”的精神，所以收到了投资少、建设快、投产快的效果。同时，老厂把先进经验也带了过去。这批迁建企业与辽宁过去建的新厂大不相同，走的弯路少，从投产之日起，就达到了较高的技术水平和管理水平。可以说，辽宁支援“三线”的工作做得很好，成绩很大。鞍钢第二中板厂是迁入重庆钢铁公司的一个机械化轧钢厂，鞍钢发扬了很高的风格，在迁厂时不仅为重庆钢铁公司配备了较强的领导班子，选拔了政治条件好、技术等级高（平均3.9级）的技术工人，而且对迁出的67个机组和390多台电机设备进行了全面检修。对2200多箱设备、备件的包装，做到了“不坏、不乱、不丢”，没有一件差错；重达7000多吨的设备装运241辆货车，经长途运输到达重庆钢铁公司时，全部完好无损。沈阳气体压缩机厂迁入重庆华中机械厂的59台设备，检修后基本上达到原来出厂标准的有3/4，其余设备也都满足了工艺要求。苏家屯有色金属加工厂铅材车间迁入兰州八八四厂，在搬迁之前，对搬迁设备进行了全面大修。大连机床厂的液压仿型机床车间，由于领导班子和职工队伍配备得好，迁出和迁入地区各项工作配合得好，迁入银川长城机械厂后，出色地完成了生产计划和各项任务，被宁夏回族自治区评为迁建企业的标兵。所有搬迁企业都克服了许多困难，很好地完成了搬迁和生产任务，为“三线”建设默默地付出着。

搬迁的企业，有的是并入内地企业的，对内地企业起到了充实、提高或补缺的作用；有的是利用内地的下马工程进行安装建设的，节省了资金，加快了建设速度；有的是新建项目。在一年多的时间里，完成如此工程浩大的迁建工作，确实超出人们的预料和想象，迁建中表现出的办事效率高、组织工作严密和广大干部职工呈现出的意气风发的精神，也是今天我们在建设中需要学习和发扬的。

1966年5月，根据中共中央和国务院印发的《关于老基地、老企业支援三线钢铁基地建设的决定》，辽宁省和鞍山钢铁公司负责包建攀枝花钢铁基地和贵州水城铁厂。从筹建、施工到建成投产，从配备领导班子和技术骨干、提供设备和原材料到承担试验研究工作、提供技术资料和备品备件等，辽宁省和鞍山钢铁公司都非常重视，把这项工作当作一项政治任务，全面负责，一包到底。1965年春，攀钢开工建设，1970年出铁，1971年出钢，1974年出钢材，1980年主要产品产量和技术经济指标达到或超过设计水平，形成了年产150万吨钢的综合生产能力。如今，攀钢坚持依靠科技进步深度开发钒钛磁铁矿资源，在中国钢铁工业中具有独特地位、独特优势，这其中饱含着鞍钢人的心血与汗水。

在当时的条件下，“三线”建设对于改变我国内地与沿海地区工业发展的不平衡，促进西南、西北地区和全国经济的发展，发挥了积极的作用。辽宁省在支援“三线”建设中，体现出全国一盘棋思想和大局意识，发挥了老工业基地的优势和作用，输出了大量人力、物力和财力，为西南、西北地区和全国经济的发展作出了重大贡献。

1970 年

辽宁省和鞍山钢铁公司包建的攀钢炼出第一炉铁

[新中国成立 75 年]

辽宁辉煌瞬间 27

红海滩上，辽河油田大会战

在大自然孕育的一道奇观——红海滩的家乡，还有一处景观，远远望去，遍地的“磕头虫”就像农村的老式压水机一样，从早到晚一刻不停地磕着头。那是迷人的奇特风景，更是催人奋进的交响曲。真可谓：咸莽鸿荒，风光起处，百里油田。

一说到石油，很多人都是两眼放光。你可晓得在位于辽河下游、渤海湾畔，被沈阳、辽阳、鞍山、营口、大连等城市环抱的盘锦，在那别致风景的辽河油田进行过一次激动人心的大会战？你可晓得将地下上千米的石油抽上来的“磕头机”磕一次头到底能赚到多少财富？

“你走来，我走来。你来自湖北内地，我来自玉门关外，四面八方的热血儿女，扎根‘南大荒’，会战兴隆台。辽河的风、辽河的云托起五彩的油田，石油的情、石油的梦献给崭新的时代。辽河油田，我眷恋这一片神奇的土地。”这首诗就是辽河油田大会战的真实写照。

1960 年，我国正处于经济困难时期，由于缺乏汽油，公交车上不得不顶着一个硕大的燃气包来提供动力。这个大燃气包压在公交车上并不沉，但压在石油工人身上就像泰山压顶一样。

中华人民共和国成立后，西方国家嘲笑我们为“贫油国”，石油长期处于短缺状态，不得不依赖进口，造成我国的石油工业一直落后。党和国家领导人十分关注石油勘探利用工作。在黑龙江省大庆找到石油后，国家地质部决定对辽宁地区进行以寻找煤炭和石油为目的的综合物探普查。1959 年，国家地质部第一普查大队开始在辽宁省的下辽河地区进行石油地质普查。经过多年的勘探测量，终于在下辽河地区初步探明了大面积石油天然气储藏区。1963 年，普查大队作出辽河坳陷含油远景评价。1964 年 6 月 4 日，在下辽河地区（盘锦东部的黄金带）打出第一口探井。从此，揭开了下辽河地区石油钻探开采的序幕。1966 年，在盘锦荣兴农场钻定了辽 3 井，这是下辽河坳陷第一口自喷井。

1967 年 3 月，国家计委决定，由石油部从大庆油田抽调 3 个钻井队、2 个试油队、1 个安装队、1 个特车队、1 个运输队、1 个供应队和部分地质、测井、射孔、机修、生活服务人员等共 500 多人组成的队伍，奔赴下辽河地区，开始石油钻探。这支队伍组成隶属于大庆油田的六七三厂（因 1967 年 3 月组建而得名），厂址设在盘山县沙岭公社（今沙岭镇）。1969 年 3 月，大庆的 48 名采油职工组成第一支采油队来到辽河地区参加石油钻探开采。1970 年 3 月 22 日，辽河油田会战誓师大会在盘锦辖区的三二四一钻井队的井场内召开，三二二油田成立。从此，拉开了辽河油田会战的序幕。

为了早日建成大油田，国家调动千军万马支援辽河油田的开发建设。1970 年是辽河油田勘探开发轰轰烈烈的一年，也是参加辽河会战队伍最多的一年。党中央、国务院、各级组织、各地油田、各类人员积极奔赴下辽河地区参加石油会战。

1970 年就已经钻井 64 口，探明含油面积 17.78 平方千米，含气面积 3.78 平方千米，开辟了 8.83 平方千米的生产试验区，实现了兴隆台油田正式投入开发。到 1970 年年底，辽河油田共生产原油 5000 吨，揭开了辽宁省石油开发工业的新篇章。1971 年，辽河油田开始承担国家下达的原油生产任务。9 月，第一列装满原油的火车外运。当年，生产原油 10.6 万吨。

1973 年春，为了集中优势兵力拿下兴隆台油田，辽河油田开展了抢打高产油井的夺油会战。1973 年年底，辽河油田原油产量从 37 万吨上升到 104 万吨，1974 年又上升到 212 万吨。从 1973 年至 1975 年，为了打赢这场会战，国家又调入一大批人员进一步支援辽河油田建设。

辽河油田大会战，不仅是全国人民大力支援油田开发的缩影，也是中国石油工人不惧艰苦、战天斗地的经典范例。20 世纪 70 年代的下辽河地区，还没有建立盘锦市，是辽宁比较落后的地区，经济欠发达，到处是沼泽地，不通铁路，也没有一条像样的公路，交通非常不便，从全国各地运来的机器设备要运送到井场内，很多时候靠的是人抬肩扛。那时的生活条件更是艰苦，钻井、

1970 年

参加辽河油田会战的队伍进入盘山，受到当地群众欢迎

辽河油田　供稿

试油、采油、油建等队伍到达油田时，都住在有着上下铺的简易房或是帐篷里，拥挤狭小，根本没有活动空间；吃的大都是没有营养的包装食品，缺少蔬菜，喝的是河沟里混浊的泥水。参加大会战的石油工人们以“铁人”为榜样，发扬“一不怕苦、二不怕死”的革命乐观主义精神，在荒无人烟的沼泽地上战胜了一个又一个困难，创造了一个又一个奇迹。

1980年1月29日，《人民日报》第一版头条报道“辽河油田建成”，国家正式向国内外公布了下辽河地区油气的勘探开采情况。辽河油田的建成，为我国石油工业增添了一支生力军。

只在瞬间

张 甸 摄

[新中国成立 75 年]

辽宁辉煌瞬间 28

抗击海城、营口强烈地震

1975 年 2 月 4 日 19 时 36 分，辽宁省南部地区海城、营口一带发生里氏 7.3 级强烈地震，震中位于鞍山市海城县（今海城市）岔沟镇西南北庙子一带，震中烈度 9 度，震源深度约 16 千米，灾区面积约 1700 平方千米。当时地光闪闪、地声隆隆，近处可见一道道狭长的白色光带，远处则见红、黄、蓝、白、紫的闪光。此外，还有人看到从地裂缝直接射出的蓝、白光，以及从地面喷口中冒出的粉红色光球。在海城、营口、盘锦一带普遍听到了闷雷似的响声。

地震发生后，民房、工矿建筑倒塌和受严重破坏的达 104.5 万多间。城镇震毁各种房屋 500 万平方米，农村震毁民房 87 万间，毁坏道路 48.5 千米，供、排水管道 121.4 千米，供电线路 1028.7 千米，毁坏各类桥涵 2000 多座，大小水库 44 座，堤坝 300 千米。地震还造成了地面破坏现象，地裂缝、陷坑、喷水冒沙、地拱、冰拱、冰褶以及水井变形、山体滑坡和山石滚落等，给工矿企业生产造成了严重破坏。

这次地震发生在辽宁现代工业集中、人口稠密的鞍山、营口、辽阳三座大中城市，人口 167.8 万；还有海城、营口、盘山等 11 个县，人口 667 万，合计人口 834.8 万。当时的绝大多数房屋抗震性能差，又是在冬季的晚上，很多人都在室内，有的可能已经入睡。全灾区直接死于地震的人数为 1328 人，死于地震次生灾害的有 713 人，合计死亡 2041 人，受伤 24538 人，伤亡人数仅占总人数的 0.3%。而在前后发生的邢台地震、通海地震、唐山地震，人员伤亡率都在 10% 以上。海城地震的人员伤亡控制在这么小的程度，这就是一个奇迹。

这是如何实现的呢？人们一直在争论海城地震预报是否存在着偶然性，是否为一次成功的预报。但事实已经证明，如果没有事先的预报和预防，在当时的条件下是不会出现奇迹的。

早在 1969 年，渤海区域就发生过里氏 7.4 级地震，这引起了国家相关部门的高度重视。1970 年 1 月，全国第一次地震工作会议在北京召开，会上，确定辽宁省属地震险区，沈阳至营口地带为全国重点监视区。会后，关于辽宁地震的研究一直在不断加强，广大地震工作者贯彻“以预防为主，与群众结合”的方针，对辽宁地区的地震历史、地质结构进行了深入研究，并开展了长期预报、中期预报、短期预报和临震预报的工作。1975 年 1 月至 2 月，发现地震活动频率有增强的迹象后，果断地把工作重点放在短期预报上。当海城、营口地区地下水异常越来越突出，群众报告动物异常剧增、范围不断扩大，辽宁省冶金地质勘探公司一〇二队群众观测组观察到地电位急剧下降，营口市石硼峪地震台发现小震频繁且频率和强度不断增高增大等情况出现后，沈阳地震大队和辽宁省地震办公室经过反复协商，认定这是大震前的临震异常。于是，在震前 19 小时向辽宁省革委会提出临震预报意见。这样，2 月 4 日 10 时 30 分，辽宁省革委会通过电话向全省发布了紧急通报。通报明确，海城、营口交界处要发生较大地震，要组织各级人员昼夜巡逻，迅速动员群众撤离房屋避震，工厂、矿山、水库、桥梁、

参加地震监测预报的营口市石硼峪地震台

高压输电线路，都要实行防护和戒备。营口和海城地区实行紧急动员，广大干部分片包干，抓紧行动。由于震前预报准确，措施果断具体，当地震发生时受灾面积尽管较大，但人员伤亡较少。如果没有震前预报，死伤人数会很多，经济损失也会很严重。

海城地震的成功预报，虽然跟海城地震本身的特点有非常密切的关系，不一定具有普遍的指导意义，但仍然震动了世界，这毕竟是人类在自然灾害面前由被动到主动的具有重大意义的一步，它开创了人类短临地震预报成功的先河。

虽然成功进行了预报，但地震造成的损失仍然巨大。地震发生后，抗震救灾立即提上日程并摆在首位。中共辽宁省委立即召开常委会议，决定与沈阳军区共同组成抗震救灾前线指挥部，下设指挥、医疗、物资、生产、群工等小组。2 月 5 日，党中央向辽宁省及地震灾区发出了慰问电，并派慰问团来到地震灾区走访、慰问。

救灾工作中，最迫切的是抢救伤员。2 月 5 日，中央医疗队、中国人民解放军医疗队、各兄弟省市医疗队和省内各地医疗队分别到达灾区。全省各地赤脚医生、基层医务人员、民兵、驻军立即投入抢救伤员的工作。在两三个小时之内，基本上把危重伤员抢运到公社医院或公路两侧，并因地制宜、就地取材，利用一切可以利用的条件，进行了初步的急救处置，为伤员下一步的治疗争取了时间，创造了条件。有的地区还对伤员就地妥善安置，进行有效治疗，出色地完成了战地救护和早期治疗工作。

为了解决灾民的吃饭问题，省委采取措施组织动员全省各地昼夜加工饼干、面包、馒头等食品。如抚顺市动员人力日产饼干、糕点 10 万斤，沈阳市昼夜加工了 33 万斤糕点、饼干和 11 万多斤馒头，有的市还把准备节日供应的饼干拿出来支援灾区。因此，在地震发生后几天内就组织运进灾区 110 万斤食品，还运进了急需的炊具，基本解决了重灾区的饮食需要。救灾期间，正逢中国的传统节日——春节，中国人民解放军派出飞机、鞍山市委组织 247 台汽车和 9 架直升机、营口市委组织 55 台汽车，把面粉、肉和蔬菜送到灾区，使灾区人民都吃上了饺子。

1976年

震后除夕

董 哲 摄

2月的辽宁天寒地冻，灾民严重缺乏居住和御寒的房屋、衣物。地震当晚和第二天，沈阳部队就为灾区调运棉大衣72800件、被褥118700床、棉服113000套、棉帽60000顶、棉鞋67200双。中央慰问团和部队及兄弟省市还给灾区调运了15200多顶帐篷，黑龙江省支援100万根木杆。省内也调运了大批的建筑材料。在各级党委和政府的领导下，灾区人民自己动手建起了一批防震、防寒、防火、防雨雪的简易住房，不少群众还睡上了火炕。

在党中央和全国兄弟省市区的大力支援下，在全省人民的共同努力下，灾区很快开始了重建。1980年，地震灾区恢复建设工作基本结束。海城、营口地震灾区人民经过努力，战胜灾害，恢复生产，重建起更加美好的家园。

[新中国成立 75 年]

辽宁辉煌瞬间 29

辽化：国产“的确良”在这里诞生

在 20 世纪 70 年代曾有一种涤纶面料，可以染出鲜亮的色彩，而且结实耐用，风靡全国，被称为“的确良”。那时，“的确良”衬衫可真是稀世之宝。你可知生产“的确良”原料的工厂在哪里？

1972 年，中国的化学纤维产量只有 13.7 万吨，仅占当年国内纺织原料生产总量的 5.5%。国家认识到，要解决老百姓穿得暖、穿得好的问题，就必须引进化学纤维材料。1972 年 1 月，国家计委向周恩来总理呈送了《关于进口成套化纤、化肥技术设备的报告》，决心发展化纤工业全产业链，大手笔地引进建设 4 个大化纤项目，其中一个要建在辽宁省。

辽宁的这个项目建在哪里？根据国家轻工业部提出的选厂条件，辽宁省综合选厂小组先后到营口、锦州、抚顺、沈阳、辽阳等地进行调查，并确定了这 5 个城市都拿出一到两个地区作为厂址待选区。当时辽阳是最没有信心的，因为城市小。1972 年 5 月，国家建委、轻工业部、燃化部、交通部成立的选厂址领导小组来到辽阳，听了汇报并实地考察后，决定就在辽阳建厂。这是怎么回事？原来当时建厂一定是要少占耕地，不占良田。在辽阳的汇报材料里第一条就是：坚持“以农业为基础、工业为主导”的方针，做到节约用地，不占良田，少占耕地。这成为辽阳获选最重要的一个原因。

经周恩来总理和毛泽东主席审定，这个化纤种类最多、投资规模最大的项目最终建在了辽阳市，辽阳石油化纤公司，也就是人们常叫的“辽化”由此诞生。

筹建辽化，第一个问题是引进项目谈判。1972 年下半年，辽化谈判组赴法国参加进口设备谈判。由于缺乏与西方国家谈判的经验，谈谈停停，陆续谈了一年多，历经 130 多次谈判，才达成协议。1974 年 4 月，来自全国各地的 10 万会战大军云集辽化，开启了波澜壮阔的创业征程。建设者们以“毛主席圈定我施工，建设辽化多光荣”和“只要骨头不散架，就要拼命建辽化"的创业精神，在物资匮乏、条件艰苦、技术落后的情况下，克服种种困难，一座现代化的化纤城在辽宁大地上拔地而起。1979 年 1 月，辽化生产了第一批涤纶纤维，由辽阳市纺织厂纺成"上等一级"45 支高支纱并织成涤棉细布，宣告国产"的确良"正式诞生。现场的人们激动地大声欢呼，这是一个难忘的历史时刻，从此改变了我国服装面料纯棉单一化的结构。

经过 3 年的连续试车成功，辽化于 1983 年 1 月 1 日正式移交生产。辽化建成投产后，各种化纤产品大批量问世，以自产原料，经过干燥、纺丝、卷曲、切断等工序生产出来的洁白的纤维，与毛、棉等天然纤维混纺织布，变成人们的服装，每年生产的化纤原料可以纺织成 40 亿米化纤布料，能够保证全国人均每年"七尺布"。也是在这一年，我国正式宣布取消布票，穿衣难的问题得到了彻底解决。

辽化投产之际，我国已经全面进入改革开放和社会主义现代化建设的新时期，时代的大潮推动着辽阳石化不断前行。到 1986 年 6 月，辽化累计向国家上缴利税 28 亿元，收回国家全部投资。1991 年 2 月，辽化二期工程被国家批准立项，列入国家"八五"计划重点项目。1993 年 10 月正式开工建设，1996 年 9 月全面建成投产。辽化大大提高了芳烃、聚酯、涤纶的生产能力，经济规模和装备水平大幅提升，各项经济技术指标均达到 20 世纪 90 年代国际先进水平，成为当时国内化纤行业的排头兵，初步显现出大型石化基地的雏形。但此时的辽化，也同很多国企一样遇到了进一步发展的瓶颈，开始出现连年亏损。2003 年 10 月，《中共中央 国务院关于实施东北地区等老工业基地振兴战略的若干意见》发布。按照中央的决策部署，辽化振奋精神，开始了第三次创业。

2007 年，为进一步优化资源配置，提高核心竞争力，辽阳石油化纤公司与中国石油辽阳石化分公司进行整合，组建了中国石油辽阳石化公司。辽阳石化加强产业结构调整，持续推进从严精细化管理，以建设国家重要的俄罗斯原油加工企业和芳烃生产基地为目标，加快产业发展，提升规模实力，完成了由"大化纤"向"大炼油""大

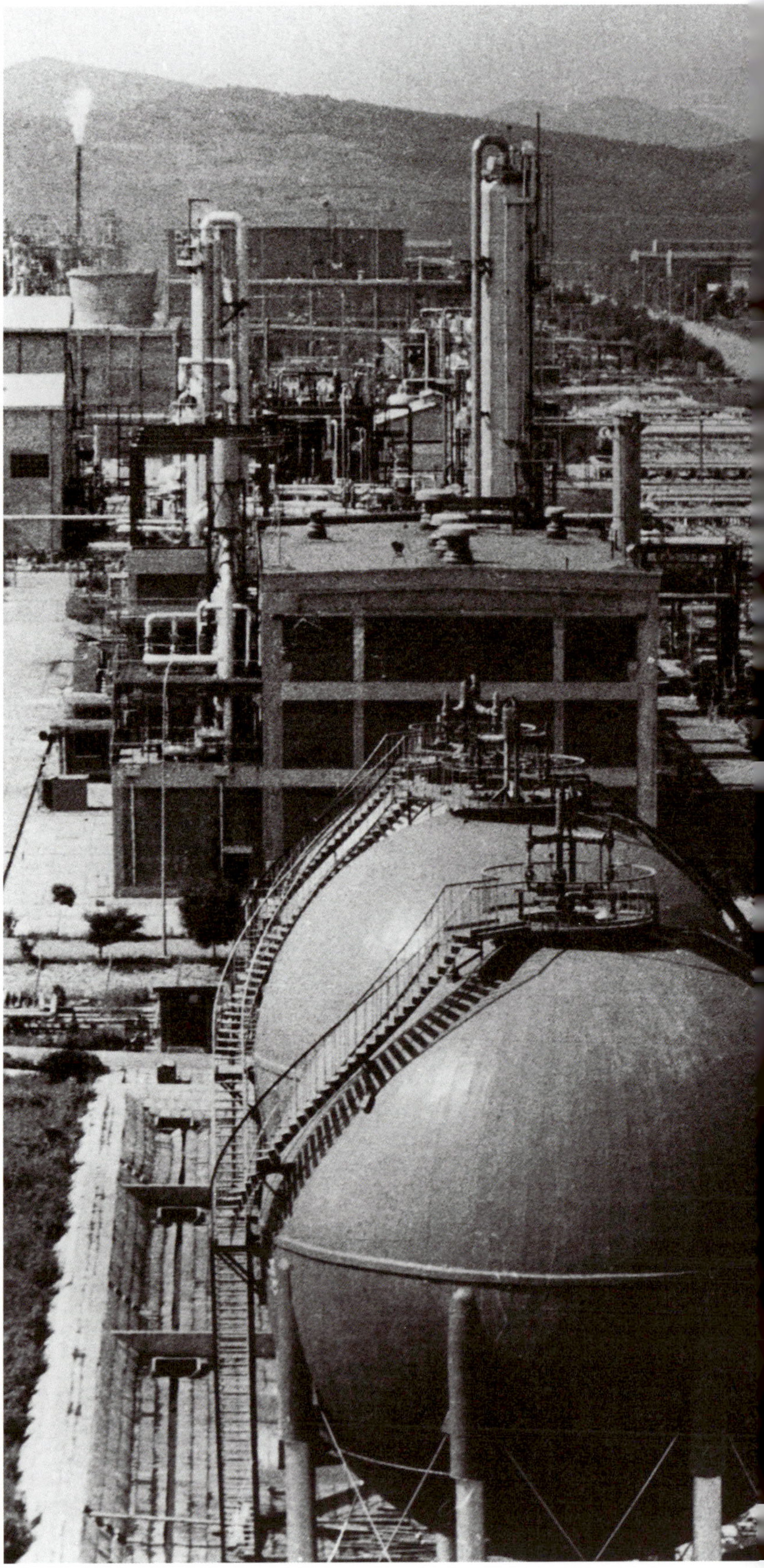

1981年

辽阳石油化纤公司

杜裕民　窦　克　摄

芳烃”的产业转型，产业规模和经济总量实现了跨越式增长。

2018年9月，习近平总书记来到辽阳石化考察。得知企业通过调结构、抓创新，结束了连续12年的亏损，习近平总书记高兴地说：“希望你们再接再厉，一以贯之，砥砺前行，作为共和国的‘种子队’，打出更好的成绩！”几年来，辽阳石化牢记总书记的嘱托，一手抓技术创新，一手抓制度改革，深入推进炼化产业供给侧结构性改革，加大“减油增化”“减油增特”力度，加快新材料、精细化工发展，推动产业向高端、智能、绿色方向转型。经过实验室研发、技术转化和市场应用，一个难题一个难题地攻，不断取得突破，成为国内第一家、全球第三家共聚酯生产企业。辽阳石化生产的PETG共聚酯推向市场后，国际上同类型产品价格每吨下降了1/3，给中国企业提振了士气。

梦幻石化夜

安 然 摄

石化新都

马庆廉

版画　106 cm × 195 cm

1949—2024

辽宁辉煌瞬间 30—辽宁辉煌瞬间 63

[新中国成立 75 年]

辽宁辉煌瞬间30

辽宁从“包”开始的改革起步于农村

提到改革开放，对于我们最为明显的感受莫过于“衣食住行”。以男女双方结婚定情“三大件”为例，现在提到“三大件”，想必大多数年轻人已经不知道谈论的是什么了，但在20世纪80年代初期，“三大件”可是年轻人结婚时不可或缺的珍贵礼物，一般是手表、自行车和收音机。现在或许有人会惊诧，怎么如此便宜的几种工业制品竟然被视如珍宝？其实，在改革开放初期，这“三大件”也并不是所有家庭都能消费得起的。随着改革开放的不断深入，到了20世纪90年代，“三大件”变成了冰箱、彩电、洗衣机；进入21世纪，又升级为住房、汽车、电子信息产品。这就是改革开放带来的变化，这就是改革开放的力量。那么，已经进行了40多年的改革开放，是从哪儿开始的呢？答案：从“承包”开始。

1978年12月，具有历史意义的党的十一届三中全会胜利召开，会议提出把全党的工作重点转移到以社会主义现代化建设为中心上来。全国人民精神振奋，积极投入到轰轰烈烈的改革开放的大潮当中。由于受中国传统经济模式影响较深，改革首先从农村开始，继而蔓延到城市乃至各行各业。辽宁是全国进行农村改革较早的省份之一，改革之路困难而艰辛。

1979年2月，根据《中共中央关于加快农业发展若干问题的决定（草案）》，辽宁制定了《关于农村若干经济政策的补充规定》，明确提出农村可以包产到户，实行联产计酬和生产责任制，改变分配上的平均主义，并允许一部分农民先富起来，这是辽宁农村改革的开始。1980年，辽宁偏远山区和贫困地区试行了家庭联产承包责任制，并普遍收到了较好的效果。随后，家庭联产承包责任制在全省大面积推广开来。

家庭联产承包责任制是农民以家庭为单位，向集体经济组织（主要是村、组）承包土地等生产资料和生产任务的农业生产责任制形式。在农业生产中，农户作为一个相对独立的经济实体承包经营集体的土地和其他大型生产资料（一般做法是将土地等按人口或人劳比例分到农户经营），按照合同规定自主地进行生产和经营。其经营收入除按合同规定上缴一小部分给集体及缴纳国家税金外，全部归于农户。集体作为发包方除进行必要的协调管理和经营某些工副业外，主要是为农户提供生产服务。

以家庭联产承包责任制为核心的农村经济体制改革，冲破了过去长时期“左”的思想束缚，摆脱了人民公社“三级所有，队为基础”的模式，废除了“大锅饭”的分配形式，克服了过分单一、过分集中、过分平均的弊端，调整了生产关系。1983 年，家庭联产承包责任制得到普遍推行。到 1984 年，全省已全部实行了家庭联产承包责任制。同时，取消了人民公社体制，恢复了乡村政权组织。在调整生产关系的同时，从 1979 年起，辽宁几次提高农副产品收购价格，使农民从中得到了较多的实惠。后来，又采取了扩大自留地、划定自留山、延长土地承包期以及农村专业户和农民手工业不纳税等政策，极大地解放了农村生产力，调动了农民的生产积极性。

1985 年，针对过去国家对农产品统得过死、农业结构长期过于单一的弊端，国家决定取消实行了 30 多年的农副产品统购派购办法，改为按国家合同计划收

政策不变放心干

蔡本源　摄

购，对粮、油等大宗农产品采取合同与市场收购的“双轨制”，建立国家与农民的商品关系；对其他农产品完全放开，实行市场调节。从实践结果来看，放开其他农产品市场的改革，取得了异乎寻常的成功，如“两水”（水果、水产）的生产保持连年大幅度增长的局面。过去，辽宁人从北京、天津等地大包小包往回背肉、粮等吃的，成了出关列车上的一道风景，被称为“东北虎下山”。这回，“东北虎”米袋子鼓、菜篮子满，再不用为“吃”发愁。

党的十四大确立了建立社会主义市场经济体制，为农村经济发展注入了新的生机与活力。农业和农村经济在改革方面也出台了许多重大举措，并取得了较大突破。如在基本经营制度和产权制度上，第一次提出了土地制度建设的基本框架（在将土地承包期再延长30年的基础上，建立农地使用权的流转机制），推进适度规模经营和“四荒”地（荒山、荒坡、荒水、荒滩）使用权拍卖；对乡镇集体企业进行了股份制和租赁、拍卖等多种产权组织形式的试点；在粮食购销体制上，放开了粮食价格和购销；在宏观调控方面，出台了支持粮棉大县发展经济和建立高产优质高效农业示范区专项贷款；国家发布了以《中华人民共和国农业法》和《中华人民共和国农业技术推广法》为代表的一大批农业法律法规。在发展方面，辽宁农业和农村经济呈现出全面发展的态势。

辽宁家庭联产承包责任制全面推行后，对全省农民脱贫起到了重要作用，推动了农业生产的快速发展。同时，它也奠定了后续改革的基础，即城市的经济体制改革，使“三大件”逐渐发生质的变化。

丹东农业大棚草莓种植喜获丰收

刘赫廷　摄

[新中国成立 75 年]

辽宁辉煌瞬间 31

一个划时代的开端：从沈阳北行农贸市场开始

进入新时代的中国，店铺林立，商品极大丰富。只要你走进街边任何一家超市或商场，各种各样的商品都会令人目不暇接，只有想不到，没有买不到。然而，你可能无法想象，40 多年前的中国，连一家像样的农贸市场都没有。改革开放前，受传统“重农轻商”的思想影响，加上计划经济的时代烙印较重，中国的商品经济一直没有发展起来。特别是“文化大革命”时期“割资本主义尾巴”，农贸市场全都停办了。改革开放初期，中共辽宁省委、省政府领全国风气之先，于 1979 年 1 月 10 日，在沈阳市果断恢复了皇姑区北行农贸市场，这是改革开放后全国首家恢复的农贸市场，在国内引起强烈震动，成为一个具有划时代意义的开端。

沈阳北行农贸市场位于皇姑区繁华的商业中心长江街上，早期曾是百姓自发形成的、以民间自产商品为主的交易集市。随着岁月的变迁、历史的演变，特别是经过“文化大革命”，市场早已名存实亡。党的十一届三中全会提出“社员自留地、家庭副业和集市贸易是社会主义经济的必要补充部分”后，沈阳市皇姑区按照改革开放的方针，作为改革开放的勇敢尝试，使北行集市“死”而复生，重新开放并逐步扩建发展。

恢复之初的北行农贸市场是个露天市场，经营业户以农民为主，只有十几个人在马路两侧摆地摊，卖的不过是萝卜、大葱、白菜、土豆、瓜子等农民自留地种植的东西，品种少得可怜。1980 年，国家在这里召开了全国农贸市场交流会。1981 年，市场盖起了石棉瓦棚子，当时农村经济改革已经开始，农副产品允许进城出售，北行市场与其他市场一样也都显现出一派繁荣景象。但这样的市场尽管盖起了大棚，终究还是没有摆脱马路市场的痕迹。

随着市场的逐步完善，业户的增多，北行农贸市场建成了占地 1900 平方米的封闭大厅，成为沈阳首家厅室化农贸市场。1984 年，又建起了第二个封闭大厅。1986 年 8 月 5 日，北行农贸市场被沈阳市物价计量信得过评委会评为全市第一个“信誉市场”，北行农贸市场管理所获得了荣誉证书和金字牌匾，这在辽宁集市贸易发展史上还是第一次。

为适应日益繁荣的市场需要，1991年，北行农贸市场建成了占地5000平方米的支柱式现代化拱式大厅。1994年又进行了改造扩建，使市场面积达到8400平方米，业户由原来的几十户发展到1200多户，经营品种由原来的几十种，发展到5000多种，年成交额由初期的7.9万元增加到5.1亿元，已发展成为一个拥有多种经济成分、多种进货渠道的大型专业农贸市场。

2000年6月1日，北行农贸市场搬进了新建的楼房，地上一层和二层均为北行农贸市场，三至八层为北京华联超市。当时市场的建筑面积约有17000平方米，经营21大类5000多个品种的商品。

新的北行农贸市场大厅在正式投入使用十多年后，2012年7月，北京华联超市宣告停止营业。2013年1月4日凌晨起，位于沈阳市皇姑区长江街的北行农贸市场正式关闭。大厅里绝大多数业户已经搬迁至位于皇姑区明廉路8号的塔湾北行农贸市场。

塔湾北行农贸市场，位于沈阳副食集团也就是老百姓俗称的“塔湾肉联厂”院内。该项目投资额为1.4亿元。新市场大厅共两层，营业面积30000平方米，业户使用面积15000平方米，一层水产交易大厅有档口、摊位700多个，以经营鲜活水产品、冰鲜（冰冻）水产品为主。二层综合农副产品交易大厅有档口、摊位700多个，经营高档海珍品（燕、鲍、翅）、猪肉、牛羊肉、熟食、蔬菜、水果、调料、西餐食材、禽类、蛋类、粮油、豆制品、野生菌类、酒类、茶叶等副食品。外档口经营酒店用品、海鲜池配套用品、日杂用品、鲜花等。升级后的北行农贸市场以经营海鲜为主，农副产品为辅，是东北地区经营面积较大、辐射力较强的一站式市场。与原来市场不同的是，新的市场增加了一些高档水产品，价位较高的石斑、苏眉、澳洲龙虾、帝王蟹等海产品在这里都可以买到。

沈阳北行农贸市场的发展，是改革开放后辽宁商贸流通体制发展

的一个缩影。在当时那个对市场经济讳莫如深的年代，在那个对姓“资”姓“社”讨论不休的时期，沈阳率先恢复北行农贸市场，具有极大的引领作用，是一个具有划时代意义的开端。

恢复之初的北行农贸市场是个露天市场

[新中国成立75年]

辽宁辉煌瞬间32

本溪出了“关广梅现象”

辽宁出了不少正面的典型，20世纪60年代，这里涌现了伟大的共产主义战士雷锋、毛主席的好工人尉凤英；20世纪80年代，这里出了个关广梅，她在中共十三大会议期间召开的中外记者招待会上对答如流，一句“改革不可动摇”震撼了世界。

关广梅是谁？“关广梅现象”是什么现象？从改革开放初期一路走来的人一定对这个名字和那场争论记忆犹新。关广梅，辽宁本溪人，20世纪80年代中期因《经济日报》一篇关于她的文章引发了全社会关于租赁企业姓“资”姓“社”的大讨论而闻名，“关广梅现象”应运而生。她也成为当年最炙手可热的改革家，被认为是媒体眼中的改革商业租赁第一人。

关广梅，1950年出生，1971年参加商业工作，一步步从副食商店的营业员、业务员、门市部主任做到业务副经理。自1984年以后，关广梅的人生被改革开放的浪潮改变，她在改革中摸着石头总结出的经营方式取得了巨大成功，甚至超出她自己预料的效果。

关广梅创造了商业改革的诸多第一：1984年，第一个承包商店；1985年，第一个租赁商店；1987年，组建中国第一个租赁商业集团。而事实上，关广梅像大多数改革初期的企业家一样，在没有任何经验和理论借鉴的情况下，他们往往是凭着一种天生的经商头脑和对于市场的敏锐直觉在干事业。1998年，关广梅在接受《中国青年报》记者采访时，回忆自己当初的创业之举，略开玩笑地说：“我经商的手气一直不错。”

1984年，关广梅在本溪市蔬菜公司组织的承包招标中，以当年完成12万元、次年完成14万元、第三年完成16万元的利润指标，夺标承包本溪消防副食商店。1984年，关广梅当上本溪消防副食商店经理的第一年，就实现利润18万元。

1985年年初，关广梅提出租赁经营的设想。4月29日，她与本溪市蔬菜公司签订了租赁经营本溪消防副食商店的合同，在本溪市第一个开始租赁经营。当时，年租金指标定在20万元，合同上明文写着差1万补1万。为了实现租赁指标，关广梅进行了改革领导体制、精简机构、调整劳动组织、扩大经营范围、改变分配制度、调整进货渠道等多项配套改革，制定了45项486条规章制度。这些制度都经职工代表大会通过，成为企业的法规。每个职工都清楚，要按法管理、按章行事。租赁当年，消防副食商店实现利润25.2万元，比上年增长40%。同时，连续两年成为本溪市同行业第一家达到省标的企业。

1986年，关广梅又租赁了长期亏损濒临破产的光明商店和全市最大的副食品商店——东明商场。本溪蔬菜公司光明副食商店自1981年建店起就连年亏损，关广梅租赁后，商店焕然一新。关广梅利用消防副食商店的盈利修复

1987年

关广梅陪同外宾参观东明商场

了光明商店营业网点，重新培训员工，经营一个月就扭亏为盈，到年末盈利3万元。承包本溪东明副食商场时，关广梅大胆提出创“三个一流”，即一流店貌、一流服务、一流效益。至1986年年末，仅经营5个月就盈利33万元，比上年同期增长2倍。1987年伊始，关广梅租赁了5家副食商店，形成了以本溪市东明副食商场为龙头的8家租赁经营群体——东明商业集团。她的租赁、承包、股金相结合的三位一体经营形式为当时的人们提供了新鲜经验，也为国营商业经营形式改革提供了一个新尝试。

然而，改革的阻力和麻烦还是伴随着商场和个人不断提高的经济收益到来了。1986年开始，关广梅个人租赁经营群体与以往计划经济截然不同的崭新的经营机制、领导机制、管理机制、分配方法、思想工作、社会效益的出现，引起了社会各界或是或非的种种关注。“承包经营者和生产工人是什么关系？”“如果个人说了算，工人还能不能说是企业的主人？”“个人承包的模式是不是又回到了资本主义经营方式？”“关广梅，到底是姓‘资’，还是姓‘社’？”

1986年6月，《经济日报》上刊登了长篇通讯《关广梅现象》，文章以“本溪出了个关广梅”开头，既描写了关广梅实行改革过程中取得的种种成绩，更真实地反映了她在改革中面临的阻力和困惑。这篇通讯及随后的多篇深度系列报道，在全国掀起了一场商业企业实行个人承包、租赁和租赁群体的经营方式是社会主义还是资本主义，即所谓姓“资”姓“社”的大讨论。正是这场实质上关系着中国经济改革性质认识的大讨论，标志着中国经济体制改革进入了一个新的时期。

事实上，围绕关广梅的争论凸显了中国经济改革过程中新旧观念的冲突。面对1978年以来中国社会的种种变化，人们多少有些应接不暇。不过，正是在这种博弈中，对中国特色社会主义的普遍认知逐渐确立起来。同时，在政策方面，私营企业主的社会地位正被悄然提升。1987年年初，同样在辽宁，中共阜新市委、市政府决定在全市范围内大面积推行租赁经营，将395户工商企业实行对外租赁，成为全国第一个大面积实行租赁制的城市。

集市

赵大鹏　摄

租赁经营这个在现在看来再普通不过的商业现象，在当时却一石激起千层浪。现在看来，关广梅和由她引发的“关广梅现象”带给中国改革开放的标志性意义已经不言而喻。姓“资”姓“社”的问题，不仅影响着关广梅事业的性质，也影响着改革本身的性质。实践的成功掷地有声，真理的讨论越辩越明，关广梅的租赁事业激励着后人，而由她引起的议题也更坚定了改革的方向。

[新中国成立 75 年]

辽宁辉煌瞬间 33

沈阳的“惊天第一破”

1986 年，美国《时代》周刊报道了中国首家宣告破产倒闭的企业——沈阳防爆器械厂宣告破产的消息，并对这个仅有 72 个人的集体企业的破产发表评论：“一个在西方并不罕见的现象……这一回，这种现象不是发生在底特律或里昂或曼彻斯特，而是发生在中国东北部的沈阳。”并且感叹：“中国的‘铁饭碗’真的要被打碎了！”

饭碗是用来吃饭的，不是用来打碎的。当年所谓的打碎“铁饭碗”，并不是要打碎人们赖以谋生的手段，而是在城市经济体制改革的过程中，要打破一种严重影响经济发展的旧有机制。这种旧有机制就是，亏损企业要么由国家包赔，要么用行政命令让盈利企业吞并它，结果把一个好企业又拖下水，进而造成了“职工吃企业大锅饭，企业吃国家大锅饭”的恶性循环。如果任其维持下去，会对经济发展造成严重的阻碍。20 世纪 80 年代中期的中国，城市经济体制改革已经非常迫切地需要建立起一个有效的优胜劣汰的市场退出机制，在这一点上，辽宁开了全国的先河。沈阳市防爆器械厂，不仅是中华人民共和国成立后第一家正式宣告破产倒闭的企业，也开启了建立运用市场经济规律解决企业生老病死机制的大门。

1985 年年初，沈阳市政府集体经济办公室完成了《关于城市集体所有制工业企业破产倒闭处理试行规定》的起草工作，并于 2 月 9 日在市政府常务会议上正式通过，以沈阳市政府发 1985（24）号文件下发，被人们称之为共和国首部“破产法”。这个文件根据集体经济的性质、特点和沈阳市集体经济体制改革的客观要求，就城市集体所有制工业企业破产倒闭的处理，作了 9 个方面的规定。这标志着沈阳的企业破产试点工作正式拉开了帷幕。3 月 31 日，《辽宁日报》刊登了这一文件内容。

根据文件要求，1985 年 8 月 3 日，沈阳市政府向沈阳市防爆器械厂、沈阳市五金铸造厂、沈阳市第三农机厂 3 家严重亏损、资不抵债的企业发出“破产警戒通告”的黄牌，限期一年整顿，逾期无力复苏者，将正式宣告破产。这 3 家企业中，沈阳市防爆器械厂的情况最糟糕。沈阳市防爆器械厂是一家不足百人的集体所有制企业，因经营不善，连年亏损，截至1984年年底，欠债总额已高达48万元。在宣布破产警戒期间，沈阳市有关部门给予沈阳市防爆器械厂、沈阳市五金铸造厂和沈阳市第三农机厂酌情免税等优惠政策，进行扶持。沈阳市五金铸造厂和沈阳市第三农机厂经营有所转机，延长一年拯救期。虽然沈阳市防爆器械厂由经济效益好的企业在产品协作中让利，但是，该厂终因企业素质差，始终没有搞出定型产品，所欠债务无力偿还，丧失了企业复苏的最后机会。

1986年8月3日，沈阳市迎宾馆北苑会议厅坐满了人，沈阳市工商行政管理局局长当众宣布："根据沈阳市人民政府《关于城市集体所有制工业企业破产倒闭处理试行规定》，沈阳市防爆器械厂于1985年8月3日被正式宣告破产警告，进行整顿拯救，限期一年。但是，一年来虽经企业和各方面努力，终因种种原因，该厂没能扭转困境，所欠债务无力偿还，严重产不抵债。根据企业申请，主管部门同意，经研究决定沈阳市防爆器械厂从即日起破产倒闭，收缴营业执照，取消银行账号。有关企业善后事宜，由'沈阳市防爆器械厂破产监督管理委员会'依照沈政发1985（24）号文件精神全权处理。"短短200余字的通告读了不过

1986年8月25日

沈阳市防爆器械厂宣告破产后，原厂长看着工人们领取救济金证

郑　鸣　摄

3分钟，然而时间却像是停滞了一般。很长的一段时间，会场里没有人说话，在场的每一个人似乎都在反复咀嚼着这个通告里每个句子、每个词语，甚至每个字的含义。

同日，沈阳市人民政府举行了新闻发布会，就沈阳市防爆器械厂破产倒闭后对职工不统包统揽，按规定发给救济金等问题回答了记者提问。沈阳市防爆器械厂破产倒闭后，全厂仅有的5万元固定资产，用以偿还外债。厂里职工作待业处理。待业期间，由政府发给生活救济金。9月25日，沈阳市防爆器械厂被整体拍卖，沈阳市煤气供应公司以20万元的价格买下了这家破产企业的全部厂房、设备、产成品及其他资产，此次拍卖所得按比例偿还给债权人。

沈阳市防爆器械厂是中华人民共和国成立以来第一个破产倒闭的企业。它的破产倒闭，为长期亏损、没有转机的企业敲响了警钟。对于沈阳市防爆器械厂的职工而言，工厂的破产迫使他们战胜困难，另谋生路，原厂长石永阶开办了一家豆腐坊，原职工张希勇成为一名综艺演员……作为新中国第一批下岗工人，沈阳市防爆器械厂职工在下岗后，虽然经历了一段艰难的日子，但是他们努力适应新的变革，逐步走向市场，进行再就业、再创业，开启了一片更加广阔的天地。对于国家而言，沈阳的“惊天第一破”为建立企业破产制度提供了实践样本。1986年12月2日，第六届全国人大常委会第十八次会议通过了《中

1986年9月25日

沈阳市防爆器械厂被整体拍卖

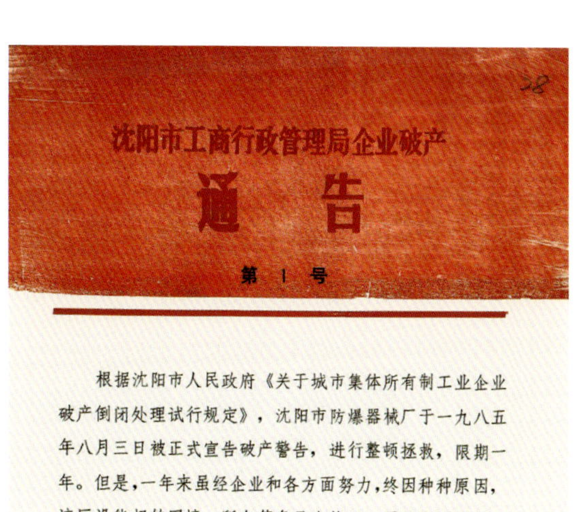

沈阳市工商行政管理局企业破产

通　告

第 1 号

根据沈阳市人民政府《关于城市集体所有制工业企业破产倒闭处理试行规定》，沈阳市防爆器械厂于一九八五年八月三日被正式宣告破产警告，进行整顿拯救，限期一年。但是，一年来虽经企业和各方面努力，终因种种原因，该厂没能扭转困境，所欠债务无力偿还，严重产不抵债。根据企业申请，主管部门同意，经研究决定沈阳市防爆器械厂从即日起破产倒闭，收缴营业执照，取消银行帐号。有关企业善后事宜，由《沈阳市防爆器械厂破产监督管理委员会》依照沈政发1985（24）号文件精神全权处理。

特此通告

一九八六年八月三日

沈阳市工商行政管理局企业破产通告第 1 号

华人民共和国企业破产法（试行）》。20 年后，2006 年 8 月 27 日，第十届全国人大常委会第二十三次会议将“试行”两字去掉，正式通过了《中华人民共和国企业破产法》。历经 20 年探索，企业破产制度得以全面构建，社会保障、产权界定等配套政策也日益完善，破产适用范围从国企扩大到私营、三资企业等各类企业。正如当年美国《时代》周刊看待美国企业破产“并不罕见”一样，企业的生生死死，如今已成为市场竞争中的常态。实践证明，没有破产，就没有新生，唯有优胜劣汰，才能使社会经济之树常盛常青。

[新中国成立75年]

辽宁辉煌瞬间34

全国首家证券交易市场在沈阳“出生”

证券市场是市场经济发展到一定阶段的产物，是为了解决资本供求矛盾和流动性需求而产生的市场。证券市场以证券发行和交易的方式实现了筹资与投资的对接，有效地化解了资本的供求矛盾和资本结构调整的难题。证券的交易也成为一种投资理财的方式，是改革开放带给人们的新的“赚钱”手段。如今的时代，证券交易只需轻点几下手机屏幕，或者在电脑前用鼠标点几下，即可轻松实现买入卖出。但是，在改革开放之初，证券交易是一种新生事物，买入卖出都是以现金挂牌的方式进行的。值得一提的是，新中国成立后，全国最早的证券交易市场不是诞生于北京、上海、广州、深圳这样的地区，而是诞生于老工业基地——沈阳。

1986年8月5日，沈阳市人民政府举行新闻发布会，宣布全国第一家证券交易市场在沈阳市信托投资公司诞生。沈阳市信托投资公司成立于1985年6月20日，是隶属于沈阳市人民政府的全民所有制非银行金融机构。同日，沈阳证券交易市场开始交易，当天上市交易的只有两支债券，即沈阳黎明机械

沈阳市信托投资公司

公司和沈阳工业品贸易中心有奖有息债券。有 500 多人参加交易，成交额 1 万多元。沈阳市信托投资公司首开全国第一家证券交易市场，这是改革开放以来在金融体制改革上的又一重要创新。

1985 年，沈阳市人民政府为了搞活经济、融通资金，解决企业资金不足的问题，积极推进金融体制改革，开放了资金一级市场，即债券发行市场。全市 30 多个企业先后向社会发行债券 2.7 亿多元，取得了较好的投资效果。随着商品经济的发展，这种单一的债券发行市场的局限性很快暴露出来。但由于受债券偿还期的限制，人们无法根据自己的需要横向融通资金，因而渐渐失去了购买债券的积极性，使债券发行市场出现萎缩。为了适应社会主义商品经济发展的需要，一些专家建议，不仅要有资金一级市场，还必须有资金二级市场，即证券交易市场。沈阳市人民政府的各级领导与有关部门认真研究，决定委托沈阳市信托投资公司试办证券交易市场。

开设证券交易市场，是一项新的政策性很强的工作。开办初期，债券的交易形式主要有 4 种：1. 现货现金交易。即交易所每天挂牌公布债券的买价与卖价，按价从持券人手中买进债券，再转手卖给新的购买者，交易所与买卖债券个人进行现货、现金交易。2. 债券抵押。即持券人只是将债券抵押在交易所，按债券面值的 80% 从交易所拿到现金，用于自己的急需，抵押期最长两个月，逾期不赎回者，交易所按买进处理。3. 委托代卖。即卖券人自己提出债券的售价，委托交易所代卖，卖出后，交易所收取卖方 1% 的手续费。4. 鉴证自由交易。即买卖双方个人到交易所提供的固定场所自由议价、自由成交。但必须经过交易所鉴别债券真伪后，加盖戳记，才能视为合法交易。交易所要从中按照交易额收取卖方 1.6% 的鉴证费。

沈阳市信托投资公司作为我国第一家证券交易市场，自 1986 年 8 月 5 日开市以来，即受到世人瞩目，并且很快得到社会各界的认可和肯定。国内外的同行和新闻媒体从多种角度为沈阳市信托投资公司作了大量宣传。

1987年8月17日，中国革命历史博物馆（今中国国家博物馆）征集沈阳市信托投资公司首开证券交易市场的照片、债券票样及有关文章资料，肯定了其在新中国发展史上的作用和意义。1988年4月21日，沈阳市信托投资公司证券交易市场被确定为“全国首批七大城市开放国库券转让市场”之一。1990年12月5日，沈阳市信托投资公司作为国内15家首批成员单位参加了“全国证券交易自动报价系统”。此外，沈阳市信托投资公司还最早成为中国证券公会、沈阳证券和沈阳市投资学会的理事单位。

1994年12月26日，沈阳市信托投资公司新的办公大楼落成，建筑面积达5200多平方米，宽敞明亮的证券交易大厅高9米，营业面积500多平方米。

成立十几年来，沈阳市信托投资公司不断拓展业务领域，相继在沈阳市和上海市设立了4个证券营业部，经营有价证券，如：企业证券、国家重点建设证券、金融证券、国库券、股票等。据不完全统计，从1986年8月至1998年6月，沈阳市信托投资公司证券交易市场累计成交额为115.79亿元，代理发行债券额为25.74亿元。

1998年，连续开了12年的沈阳证券交易市场完成了它的历史使命，宣布关闭。

休闲时光

李新华 摄

辽宁辉煌瞬间 35

朝阳的牛河梁：古国时代第一阶段文化探源

说起中华文明的源头，很多人会想到黄河流域。事实上，据考古研究发现，西辽河流域的文明要远远早于黄河流域。西辽河流域文明和黄河流域文明都属于古国时代，古国时代之后才是我们熟悉的王朝时代。古国时代分为 3 个阶段，西辽河流域文明是第一阶段，在距今 5800 年至 5200 年前后；黄河流域文明是第二阶段，在距今 5200 年至 4300 年前后。所以说，西辽河流域文明要远远早于黄河流域文明，是中华文明的重要发祥地之一。西辽河文明与黄河文明、长江文明并称为中华文明三大源头。而西辽河流域文明的代表，就是位于辽宁朝阳的牛河梁遗址。

牛河梁遗址，位于辽宁省朝阳市所辖的凌源市与建平县交界处，地理坐标：东经 119° 30′，北纬 41° 20′。属新石器时代晚期的红山文化遗址，距今 5500 年至 5000 年。牛河梁遗址是中华文明探源工程成果古国时代第一阶段的代表。

牛河梁遗址于 1981 年被发现，1983 年开始发掘。先后发现了积石冢群、大型祭坛和女神庙，从此揭开了红山文化的面纱。1986 年 7 月 25 日，《光明日报》头版发表消息：“中国文明起源问题找到了新线索，辽西发现五千年前祭坛、女神庙、积石冢群址。”牛河梁红山文化坛、庙、冢等遗址和珍贵玉器的发现，以确凿而丰富的考古资料证明，早在 5000 多年前的红山文化晚期，社会形态就已经发展到原始文明的古国阶段，为中华民族 5000 多年的文明史提供了有力物证，对中国上古时代的社会发展史、传统文化史、思想史、宗教史、建筑史、美术史的研究都产生了重大影响。

牛河梁遗址由坐落在丘陵山岗上的多处相关联的遗址地点构成，截至 2020 年 8 月，共发现 27 处红山文化遗址，已有编号的遗址点共 16 处。其中重要遗址有女神庙、祭坛、积石冢、金字塔，是牛河梁遗址的核心保护区，也是申报世界文化遗产的区域。1988 年 1 月 13 日，牛河梁遗址被中华人民共和国国

女神头像

务院公布为全国重点文物保护单位。2004 年，牛河梁遗址被国家文物局列入全国 100 处重点大遗址保护名单。

牛河梁遗址几处重要的遗址分别是：

女神庙遗址。它是中国迄今发现最早的史前神殿遗址，庙内出土了被誉为“中华民族共祖”的女神头像。

祭坛和积石冢遗址。这处遗址由 6 个单元组成。三号圆形祭坛，在祭坛西侧为一、二号冢，东侧为四、五号冢，北侧是六号冢，因北侧遗迹保存较差，疑似积石冢，所以暂称为冢六，就这样构成了“五冢一坛”的形式。第二地点积石冢内的墓葬已经体现出等级形式，墓葬规格已有高低之分，随葬玉器的多寡与规格也各不相同，可以说已经形成了“一人独尊”“王者之上”的思想理念。陶筒形器是当时极具特色的一种陶祭器，上无盖、下无底，摆放在冢界周围，在祭祀时起到上通天、下通地的作用，也可以理解为祖先的灵魂可以出入自由。第二地点一号冢 4 号墓出土两件玉猪龙，一青一白，背对着头向下摆放，双腿交叉，考古界称之为天地交泰，亦为阴阳之和，代表的是风调雨顺，头下枕着典型玉器玉斜口筒形器。3 件玉器的发现，证实第二地点乃至整个牛河梁遗址群是属于红山文化的大型祭祀遗址。第二地点一号冢 21 号墓是红山文化领域单个墓葬随葬玉器最多的一座墓葬，共随葬 20 件玉器。第二地点二号冢 1 号墓是第二地点的中心大墓，规格最高，四周砌筑石墙，内部四面砌有石阶，墓葬深造于基岩，石棺宽大且齐整，并发现了少量人骨。中国古人把隆起的坟包称为“冢”，因此，考古学家便把用石块堆积起来的红山文化墓葬形式，称之为“积石冢”。

方形和圆形积石冢、祭祀坑。文化堆积区分为上、中、下三层，上层堆积以大石块砌筑的方形或圆形积石冢、坛为主，由 3 个单元组成。第一单元为圆形冢，第二单元为长方形坛式，第三单元为方形冢。有成排的石棺墓，还发现了小型陶塑像。中层以堆积碎石层、祭祀坑和墓葬为主，上部有碎石堆积，碎石中间放置筒形器；下部有石棺墓，南北向。下层以灰坑和地层为主，灰坑有圆形、椭圆形、不规则形，均属生活居住区的灰坑。

“金字塔遗址”。它是一座金字塔式巨型建筑遗址，是牛河梁遗址群中规模最大的单体建筑，海拔高度 564.8 米。整个建筑为正圆丘形的土石结构，中央部分为夯土土丘，土丘外围包砌石。如此巨大的“金字塔”，其性质和内涵如何，是陵墓、祭坛，还是冶炼址，还有待于进一步确定。但它的发现无疑是牛河梁遗址群中最重大的发现之一。从所处位置和建筑规模看应是与女神庙具有同等价值的中心建筑。

积石冢。这处遗址于 1979 年文物普查时被发现，并在同年进行试掘，是随葬玉器丰富的墓葬。2002 年，相关部门又对该地点进行了系统性的发掘，发现了夏家店下层文化遗存与红山文化遗存的叠压关系，有效地解决了红山文化的年代争议问题。十六地点积石冢

群的系统发掘发现了第十六地点积石冢的建造和使用过程。遗址中心的凿石穴内置石棺的中心大墓，是迄今为止发现规模最大的红山文化墓葬，随葬的玉人高度写实，玉凤造型简洁生动，线条优美，是红山文化玉器的精品。2003年，牛河梁遗址第十六地点的发掘被评为年度全国十大考古新发现之一。

牛河梁遗址出土了大量精美的文物，包括玉器、陶器、石器、骨器。牛河梁遗址共出土玉器183件。这些墓葬中出土的玉器，造型、纹饰设计质朴精美，数量多寡不一，表明玉器的功能已不仅是简单的饰品，更是等级、地位、权力的象征。这对后世以玉为礼的观念和制度，形成以玉为信、以玉为美的传统文化，产生了深远影响。

牛河梁遗址具有红山文化的都邑性质，是红山文化最高层次的中心聚落，又是红山文化先民崇拜先祖的圣地，完全具有三代时期圣都的意义。红山文化是中国文化总根系中一个最重要的直根系。以牛河梁规模宏大的坛庙冢遗址群为中心的红山文化是中华5000多年文明的象征，也是中华古文化“直根系”的实证。从某种意义上来说，牛河梁遗址不仅是红山文化的圣都，而且在中华文明发展史上具有神圣的地位。

霜冷长河

王易霓

中国画

177 cm × 452 cm

[新中国成立 75 年]

辽宁辉煌瞬间 36

原来，辽宁这样打开开放之门

1978 年，中国的决策层达成了一条共识，国门必须打开，必须实行对外开放，利用外部资源加快自己的发展。国门打开之后，惠及自己，当然也惠及世界。作为我国最早开放的沿海省份之一，辽宁对外开放的步伐一直走在全国前列。所谓“万事开头难”，那么辽宁对外开放之门是如何打开的呢?

党的十一届三中全会以后，在中央“对内搞活经济，对外实行开放”的方针指引下，辽宁步入了对外开放时期。在开放初期，辽宁同全国其他省份一样，经历了一个在实践中不断解放思想、更新观念的过程。

1979 年，辽宁在香港设立中辽贸易公司。1982 年，中美合资的沈美日用品有限公司在沈阳成立，这是我省也是东北地区第一家中外合资企业，辽宁对外开放的大门悄悄打开。

1983 年，中共辽宁省委、省政府提出“改革、开放、改造、开发”振兴辽宁的战略思想后，又提出“奋发图强、振兴辽宁、服务全国、走向世界”的战略目标。1984 年，中共辽宁省委、省政府提出发展辽东半岛外向型经济、进一步对外开放的设想。同年 7 月，国务院决定对沈阳市和大连市实行计划单列，赋予省级经济管理权限，享有对外经济贸易权。同年 9 月，国务院批准兴建大连经济技术开发区，大连被列入全国 14 个沿海开放城市之一；之后不久，国务院批准营口港对外开放，营口市享有沿海开放城市的部分优惠政策。1985 年，中共中央 1 号、3 号文件明确逐步开放辽东半岛的设想后，同年 2 月，批准锦州市为甲类开放城市；4 月，批准丹东港对外开放；7 月，批准在金县（今大连市金州区）兴办的“三资”企业可以享受相应的优惠待遇；1986 年 2 月，对沈阳市铁西区利用外资、引进技术进行区域性改造作了批复，并给予部分优惠政策；批准把兴城辟为旅游疗养区。这些都有力地推动了辽东半岛的对外开放和外向型经济的发展。

1988 年 1 月 8 日，中共辽宁省委、省政府召开加速辽东半岛外向型经济建设干部大会，动员全省各级领导机关和干部立即行动起来，以更勇敢的姿态参与到国际市场竞争中去。

1988年3月18日，国务院正式批准辽东半岛对外开放。辽东半岛，是中国第二大半岛，位于辽宁省东南部，辽河口与鸭绿江口连线以南，伸入黄海、渤海之间。整个半岛呈东北—西南走向，从北部的本溪连山关至南端的老铁山角，长达340千米，北宽150千米，面积2.94万平方千米，向南渐窄，南端为大连港，是中原与东北交流的必经之路之一，是中原与东北腹地相联系的纽带。半岛南端老铁山隔渤海海峡，和山东半岛遥相呼应，形成渤海和黄海的分界。北部以鸭绿江口和大清河口连线为界，习惯上包括沈丹铁路以西到浑河、大辽河地区。

国务院批准辽东半岛对外开放的范围包括8市17县区，具体为沈阳市、大连市、丹东市、营口市、盘锦市、锦州市、鞍山市、辽阳市，及其所辖的瓦房店市、新金县（今普兰店区）、庄河县（今庄河市）、东沟县（今东港市）、凤城县（今凤城市）、营口县（今大石桥市）、盖县（今盖州市）、盘山县、大洼县（今大洼区）、兴城市、锦县（今凌海市）、锦西市（当时为县级市，后改为地级市葫芦岛市）、绥中县、海城市、辽阳县、灯塔县（今灯塔市）及金县（今大连市金州区），土地面积5.25万平方千米，占全省面积的36%。1989年，开放区人口2591万人，占全省总人口的67%。一个以大连为前沿，以沈阳为腹地，相互配合的辽东半岛外向型经济区形成。

中共辽宁省委、省政府对辽东半岛的对外开放问题高度重视，先后召开几次工作会议，专门研究部署。1988年2月7日至10日，辽宁召开了辽东半岛对外开放第一次工作会议。时任辽宁省省长李长春在会上作了题为《认清形势 大胆探索 加快辽东半岛外向型经济建设的步伐》的报告。提出了以出口创汇为龙头，以大连为重点，5个沿海城市先行，依次向腹地展开，抓好大连经济技术开发区、营口鲅鱼圈出口工业区、沈阳铁西工业区3个窗口，把辽东半岛建设成为出口创汇、进口替代、引进吸收消化国外先进技术和管理经验并向内地转移、培养外向型人才和提供信息4种功能的基地。1988年3月，辽宁省七届人大常委会第二次会议通过了《关于进一步做好辽东半岛对外开放工作的决议》。后又相继召开了3次辽东半岛对外开放工作会议，提出了扩大对外开放的具体措施。全省即着手进行了外贸体制改革的探索，加强了全省对外经贸工作的集中统一领导。同时，组建了辽宁省对外贸易（集团）公司，强化了企业集团的职能。

由于省委、省政府高度重视，重点规划，措施得力，开放区设立由点到线，由线到片，逐渐增多，有力地带动了全省的对外开放，辽宁的大门向世界敞开。

实行对外开放是党的十一届三中全会以来我国的一项基本国策，是强国的必由之路。改革开放初期，在党中央的坚强领导下，中共辽宁省委、省政府坚持实施对外开放的发展战略，不断解放思想，勇于探索，走出了一条具有辽宁特色的开放型经济发展之路。由利用外资的初步尝试，到大连被列入沿海开放城市，继而，国务院批准辽东半岛 8 市 17 县区对外开放，辽宁对外开放的大门逐步打开，有力地推动了辽宁国民经济持续稳定健康发展。

营口港

姚振海　摄

欣欣向荣

马　路 | 张乐帅

马殿财 | 马董明

版画

200 cm × 300 cm

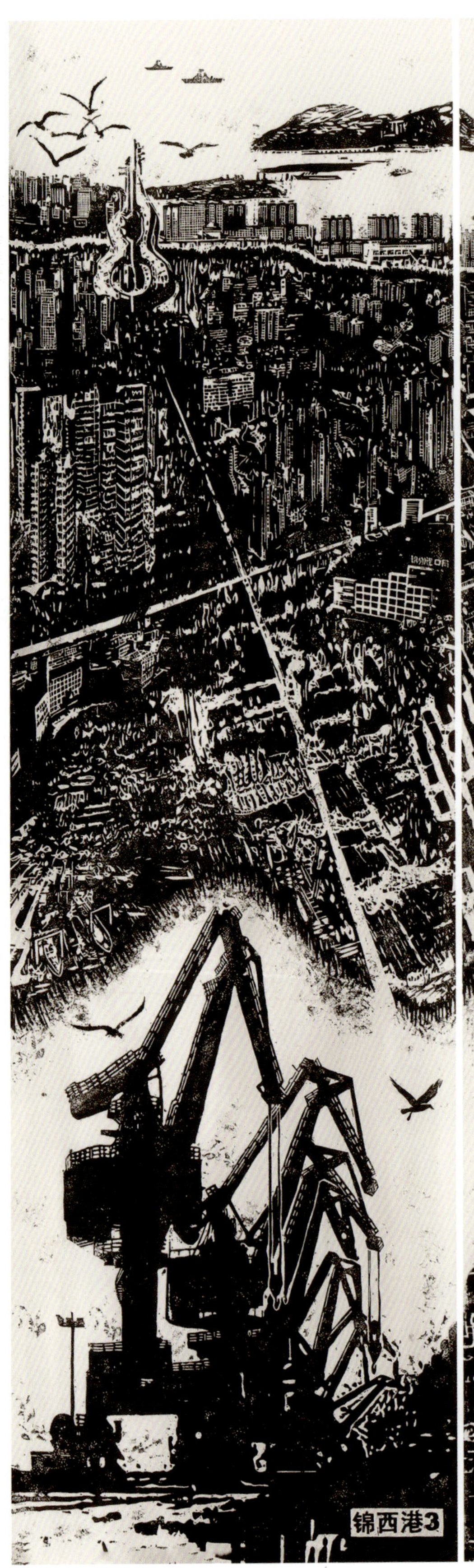

长兴港1

庄河港5

[新中国成立 75 年]

辽宁辉煌瞬间 37

辽宁普及九年义务教育：“少年强则国强”

两千多年前，孔子就提出了“有教无类”的主张。千百年来，中国的教育一直朝着促进教育公平、提升教育质量的方向努力发展。“故今日之责任，不在他人，而全在我少年。少年智则国智，少年富则国富，少年强则国强。”为了达到“少年强”的目标，改革开放后，辽宁教育部门重点开展了“普及九年义务教育”“免除农村义务教育阶段学杂费”等工作。

普及九年义务教育（简称“普九”）工作，是国家“科教兴国”的重要任务。1985 年 5 月，《中共中央关于教育体制改革的决定》颁布后，9 月 5 日，中共辽宁省委、省政府下发了《关于贯彻〈中共中央关于教育体制改革的决定〉的具体意见》，对如何做好普及九年义务教育提出了具体措施。1987 年 7 月，我省制定了全省于 2000 年基本实现普及初中教育的具体规划。实施九年义务教育的过程中，全省先后建立了检查、报告、督导、验收、表彰等制度。

第一批“普九”工作从 1987 年开始实施，到 1990 年年底结束，按照省和市的“普九”规划，验收合格的共有 975 所初中（含乡镇初中 379 所），占全省初中总数的 45%，人口覆盖占全省人口总数的 51%。第二批“普九”工作从 1991 年开始实施，到 1993 年年底结束，共有 636 所初中（含乡镇初中 422 所），占全省初中总数的 29.4%，人口覆盖占全省人口总数的 25.8%。1994 年，辽宁省教委把工作的重点放在全力推进九年义务教育上，特别是加快农村“普九”进程。辽宁省教委组织专门力量，对尚未实现“普九”的地区进行了深入调查和分析，向省政府上报了《关于辽宁省普及九年义务教育的调查报告》，为省领导决策提供了有利的依据。第三批“普九”工作从 1994 年开始实施，到 1996 年年底结束，全省有 89 个县区实现了“普九”，人口覆盖率达 85.6%，标志着全省“普九”工作进入最后的攻坚阶段。为了加快所剩的贫困地区“普九”进程，1997 年 4 月，辽宁省教委在建昌县召开贫困地区“普九”工作现场会，确定了“‘普九’扶贫，攻坚决战”的战略，并集中力量对 10 个县进行指导。省本级财政投入 3540 万元，是

学妹有约

刘志超 摄

历年投入最大的一次。经过省级验收，预定的10个县区按标准实现了“普九”，全省“普九”人口覆盖率达98.5%。全省有13个市整体实现了普及九年义务教育，“普九”工作取得了决定性胜利。这是辽宁省教育发展史上的重大成就。1998年，辽宁省通过了教育部“两基”（基本普及九年义务教育、基本扫除青壮年文盲）验收，提前两年完成到20世纪末基本普及九年义务教育的目标。

进入新世纪，辽宁省政府又发布了《关于实施普及九年义务教育规划的通知》，并下发了相应的评估标准、评估验收实施办法和评估标准验收细则，有力地推动了辽宁省义务教育的水平和质量的全面提高。

免除农村义务教育阶段学生学杂费，是党中央、国务院为建设社会主义新农村，构建和谐社会采取的一项有效措施。2006年，辽宁省提前一年全面实施农村地区学校免除学杂费政策。在得知免除农村义务教育阶段学生学杂费的消息后，一位老师说道："每年到收学费的时候，我都挺发愁，班里有不少孩子来自贫困家庭，根本拿不起学杂费，为了让这些孩子有书读，我每年都得发动班里的学生为这些孩子捐书、捐钱。一两次还可以，总捐也不是长久之计。这下好了，我今后再也不用为学生没有书读而发愁了。"

2006年年初，辽宁省政府把"全面实施农村免费义务教育，进一步改善农村办学条件"作为全年实施的"十大民生工程"之一，决定春季开学开始，按照"一费制"标准，全部免除农村义务教育阶段学生的学杂费。2月，辽宁省政府下发了《辽宁省人民政府关于免除农村义务教育阶段学生学杂费有关问题的通知》。6月，为使农村义务教育经费保障机制改革真正落到实处，省政府专门召开全省农村义务教育经费保障机制改革工作会议，下发了《辽宁省人民政府关于深化农村义务教育经费保障机制改革的实施意见》《辽宁省农村义务教育学生免收学杂费的实施管理办法》等8个配套文件，确保农村义务教育经费保障机制改革的顺利实施。全省260万名农村中小学生享受到了这项政策。享受免除学杂费政策的对象包括：在农村地区（含镇）义务教育阶段公办学校就读的学生，在农垦、林场等所属义务教育阶段学校就读的学生，在县城所在地义务教育阶段公办学校就读的享受最低生活保障政策的贫困家庭学生，在城市市区以及城市郊区所辖农村中小学义务教育阶段公办学校就读的学生。享受城市最低生活保障政策家庭的义务教育阶段学生，与当地农村义务教育阶段中小学生同步享受免除学杂费和免费提供教科书政策。进城务工农民子女在城市义务教育阶段学校就读的，与所在城市义务教育阶段学生享受同等政策。各级财政共补助资金3.85亿元，其中省负担资金2.31亿元，占全省需求总量的60%。各市实际需求与省拨资金的差额部分，由市、县按比例分担。免除农村义务教育阶段学生学杂费政策的实施在全社会引起强烈反响，受到了广泛好评。

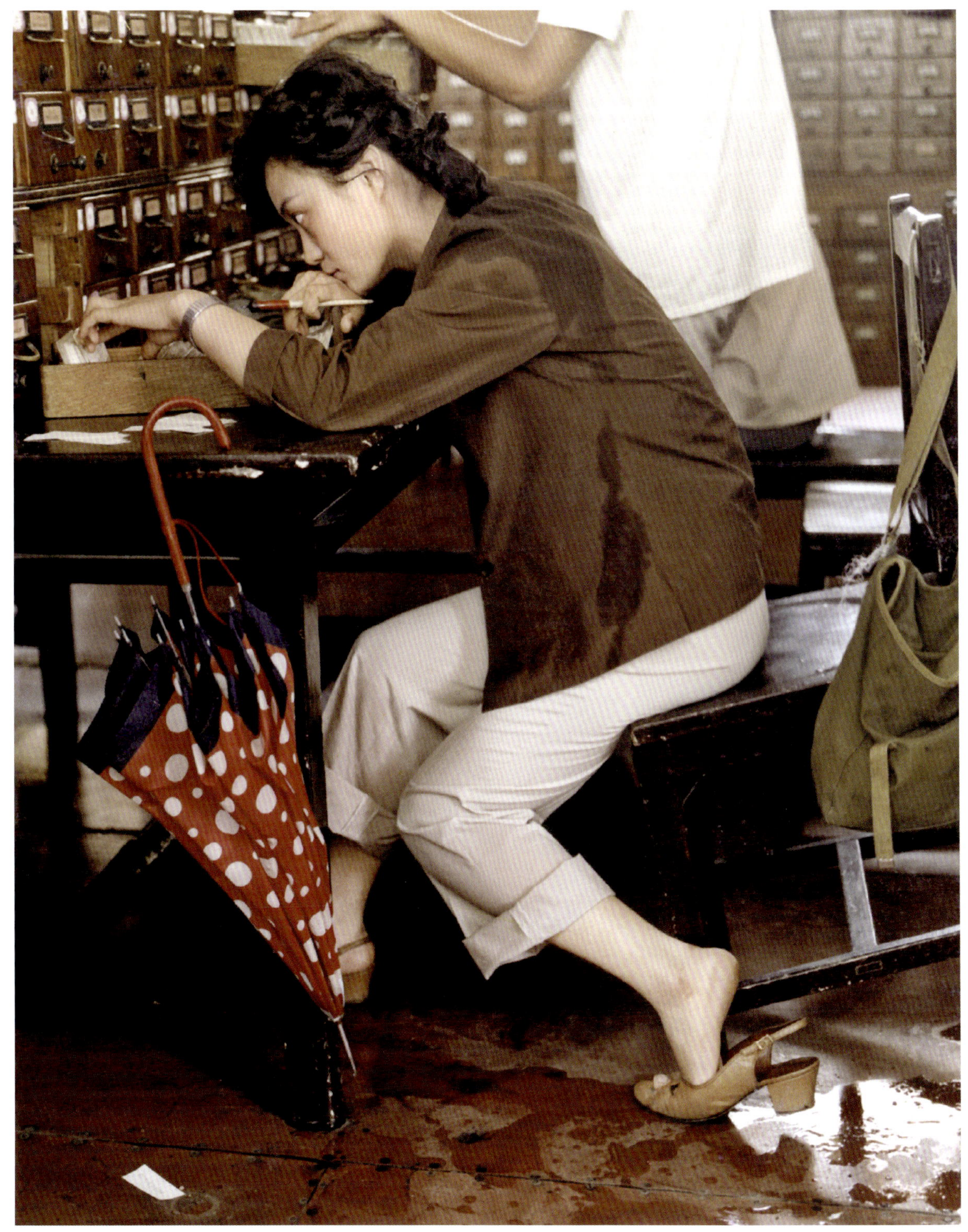

渴求

尚共社　摄

[新中国成立 75 年]

辽宁辉煌瞬间 38

“失踪”的本溪重见天日

1979 年，联合国环境规划署的工作人员为了摸清世界各地的环境状况，对卫星遥测照片进行分析。他们惊奇地发现，辽宁本溪在卫星照片上“失踪”了，大气污染竟然使卫星的“千里眼”失灵了。对此，辽宁省和本溪市高度重视本溪市的环境保护和治理工作，通过实施“蓝天”“碧水”“青山”工程，全面布局，综合施策，最终使“看不见的城市”重见天日，钢城本溪实现了由“黑”到“绿”的华丽转身。

本溪原是一个风光秀丽的旅游胜地，不仅有闻名遐迩的太子河，还有集山、水、洞、泉、湖、林于一体的本溪水洞风景名胜区。本溪水洞可与桂林的七星岩、芦笛岩等媲美，洞中的石笋、石幔、石钟乳令人赞叹不已，乘坐小汽船在洞中漂流绝对令你流连忘返。本溪还被称为“枫叶之都”，深秋时节，漫山遍野的红叶美不胜收……那么，如此美丽的山城本溪为什么会“失踪”呢?

本溪，向来以钢铁、煤炭、水泥而蜚声海内外，是中国重要的原材料基地，为中国经济建设作出了重大贡献。然而，伴随工业发展而至的不利影响——大气污染，本溪市变成了一座卫星上“看不见的城市”。本溪市的大气污染不仅在中国是最严重的，而且在世界上也是罕见的。在本溪市区星罗棋布的420 家工厂中，就有排污企业 200 多家，大大小小、数以千计的烟囱林立。铁厂、焦化厂飞出的“黑龙”，炼钢厂飞出的“黄龙”，水泥厂飞出的“灰龙”，三色“巨龙”在本溪市上空翻腾盘旋，遮天蔽日。更有数万辆机动车日夜排放的尾气，使本来就已严重污染的空气更加恶化。除了烟尘和工业粉尘外，本溪市每年还要排放大量的有毒有害气体，这足以严重损害人体健康。烟尘染黑了天空，染黑了房屋，染黑了树木，也染黑了人们的衣衫。更严重的是，烟尘把人们的胸肺也染黑了。本溪市民呼吸道疾病、肝病、癌症发病率在某一时期呈逐年上升趋势。本溪市民在饱尝环境污染之苦后，曾大声疾呼：“救救本溪！”

为了治理本溪市的大气污染，从1989年到1995年，辽宁省共投资5.4亿元，完成了43个重点治理项目，取得了明显效果。降尘由治理前的53.2吨/（千米^2·月）下降到39.9吨/（千米^2·月），地面水环境质量达到五类水体，于1996年8月通过国务院环委会的验收。此后多年，中共本溪市委、市政府一直把环境问题放在重要地位，常抓不懈、稳步推进。

本溪是山城，在大气污染治理上，比一些平原城市要难。但坚毅的本溪人提出了创建“国家环保模范城市”的目标，启动了对城市大气环境治理的“蓝天工程”。2013年，本溪市投入15亿元，实施了6项蓝天工程项目，减排烟粉尘4610吨、二氧化硫5574吨。环境监测表明，当年本溪环境空气质量一级天数达到115天。在治理大气污染的过程中，作为辽宁省最大的国有企业，本钢集团在“十一五”期间，关停淘汰了两座1070立方米高炉、两座380立方米高炉，以及配套焦炉、烧结机等设施，淘汰落后产能280万吨，相当于关停了20世纪80年代的整个本钢。“十二五”期间，本钢集团继续大力实施重点节能项目，截至2014年，累计实现减排烟粉尘20784吨、二氧化硫22403吨、氮氧化物2066吨。

实施“蓝天工程”以来，本溪环境空气质量逐步得到改善，不少市民发出这样的感叹：现在本溪的天空，再也没有从前那种雾蒙蒙的感觉了。

本溪“碧水工程”的治理力度也有目共睹。过去，由于疏于管理，生活垃圾、工业弃渣、民用和工业污水直排，使太子河变成了一条肮脏的河流，水生生物数量骤减，有的甚至灭绝。为拯救“母亲河”，本溪市从源头入手，开展区域综合防治，在太子河本溪段内消灭了劣五类水体。同时，本溪坚持治污改造与环境建设齐头并进，完成流域两岸的堤防建设，建成6座拦河坝，使太子河的水位整体提高，市区形成约20千米的汇水河段，形成景观水面5平方千米。

同时，本溪将强化生态建设的突破口和着眼点放在“青山工程”上，用“青山工程”引领生态建设，用体制机制激发全民植树造林热情，采取因地制宜、一点一策的治理方式，逐步探索出独具本溪特色的青山生态治理模式。2010年，本溪获得“国家森林城市”称号，成为辽宁省继沈阳之后第二个“国家森林城市”。本溪实现了由“黑色”向“绿色”的华丽转身，打造出青山绿水、宜居之地的城市发展品牌。

如今的本溪，天朗气清，水碧山青，景色宜人

[新中国成立 75 年]

辽宁辉煌瞬间 39

从“神州第一路”沈大开始，高速路越走越长

往返于车流如潮的高速公路，常陶醉于风景如画的四季轮回。笔直宽敞的柏油路，方便快捷的服务区，高速公路在给人们出行带来舒爽畅快的同时，也大大促进了经济的发展。你知道中国内地最早建成的高速公路是哪一条吗？是被誉为“神州第一路”的沈阳至大连高速公路。

沈阳至大连高速公路是国家“七五”时期重点建设项目之一。1984 年 6 月 27 日开工建设，1988 年 10 月实现区段通车，1990 年 8 月 20 日全线建成，9 月 1 日正式通车，是我国内地最早建成的一条高速公路，也是我国公路建设史上的里程碑。沈大高速公路北起沈阳市铁西区建设大路西端，南至大连市甘井子区周水子，全长 375 千米，连接沈阳、辽阳、鞍山、营口、大连五大工业城市，沟通大连港、营口港、鲅鱼圈港，是东北地区一条重要的运输大动脉，它的建设成功表明：中国有能力建设一流的高速公路，中国的公路建设已跨入高速公路时代。

沈大高速公路总投资达 22 亿元，其中 80%是辽宁自筹的。在建设过程中，采用高新技术和先进设备，坚持按国际标准施工，所有工程都是高质量的。当时不但在国内是领先的，在国际上也不落后。沈大高速公路建设共动用土石方 3300 万立方米，铺设高级路面 880 万平方米；建大型公路桥 15 座，特大型跨海公路桥 1 座，互通式立交桥 26 座，公路、铁路立交桥 8 座，跨线桥 90 座。全线路基宽 26 米，分上下行 4 车道，中间有 3 米分隔带，全线封闭为汽车专用公路，设计时速为 100 ~ 120 千米，日通过能力为 5 万辆次。每年仅省油、省时、减少车辆磨损等可以计算的经济效益就达 4 亿元。沈大高速公路的建设，形成了以沈大高速公路为轴的经济开放带，推动了辽东半岛的对外开放和经济发展。它的建成通车，标志着辽东半岛对外开放取得了长足进展。

2002 年 5 月 28 日，沈大高速公路正式开始进行改扩建。总投资 72 亿元的沈大高速公路改扩建工程，北起沈阳金宝台，南至大连后盐，总长 348 千米，路基宽度 42 米，全线采用双

向 8 车道标准，计划行车速度 120 千米 / 时。改扩建后的沈大高速公路实现了分车行驶，昼夜通行能力达到 13 万 ~ 15 万辆次，是改扩建前通行能力的近 3 倍。沈大高速改扩建工程是我国首例里程最长、标准最高的高速公路改扩建工程。2004 年 8 月 29 日，沈大高速公路改扩建工程竣工通车。

沈大高速公路的建成通车，带动了辽宁省高速公路的大规模建设。之后，辽宁在短短几年时间内相继建成了沈（阳）本（溪）高速、沈（阳）铁（岭）高速、沈（阳）抚（顺）高速和沈阳过境绕城高速 4 条高速公路。

党的十五大以后，辽宁加快了高速公路的建设步伐。1998 年 8 月 8 日，沈阳至四平高速公路建成通车。这条高速公路是国家规划建设的北京至哈尔滨高速公路的重要路段，是规划建设的“两纵两横”公路主骨架的重要组成部分，也是辽宁省“一环五射”高速公路网的重要路段。它南起沈阳北郊王家沟，与“八五”期间建成的沈阳过境绕城高速公路相连，经铁岭、开原、昌图，北至省界毛家店，与长春至四平高速公路对接，全长 160 千米。它的建成，实现了辽宁与吉林南北贯通，跨出了省门，形成了省际网络，使东北政治经济中心沈阳和辽北粮仓铁岭以及吉林、黑龙江两省之间的时空距离大大缩短，为加速城乡物资交流，加快辽北地区经济社会发展和脱贫致富，创造了良好的交通条件，更为辽、吉、黑三省的物资贸易和经济交流架起了金色的桥梁。

1997 年 6 月，沈（阳）山（海关）高速公路开工；2000 年 9 月，全线建成通车。沈山高速公路是国家公路网主骨架北京至沈阳高速公路的重要组成部分，是国家“九五”期间重点建设项目，是东北三省以及内蒙古东部地区连接关内各省及北京的重要快速通道，是 20 世纪末 21 世纪初一条跨世纪之路。沈山高速公路东起沈阳市于洪区北李官，与沈大、沈阳过境绕城高速公路连接，途经沈阳、鞍山、盘锦、锦州、葫芦岛 5 个地区，西至省界龙家庄，与河北省宝坻至山海关高速公路对接，全长 361 千米，总投资近 110 亿元。沈山高速公路的建成通车，对改善辽宁的投资环境，扩大对外开放，促进辽宁及东北地区经济和社会发展，推进环渤海经济带的形成以及巩固东北陆地和海上边防，发挥了重要的全局性、基础性、先导性作用。

盘锦至海城高速公路（含营口连接线），西起盘锦市盘山县，连接京沈高速公路，东至鞍山海城市，与沈大高速公路相连接，全长 80 千米。这条高速公路是我省公路网总体规划的重要组成部分，也是辽宁省“九五”期间重点建设项目之一。它直接连接沈大和沈山两条高速公路，以最短、最便捷的时空距离贯通两大交通动脉，是辽南、辽东及辽西与关内各省联系的咽喉要道和捷径。它的建成，推动了盘锦、鞍山、营口地区经济的快速发展，对加强辽西城市群与辽东半岛沿海城市群之间的群体横向联系，发挥区域优势，具有极其重要的意义。同时进一步沟通和拓展港口腹地，改善运输条件，提高服务水平和通行能力，有利于港口物资的集散，更好地实现沿海城市的优势互补，推动环渤海、黄海经济带的形成与发展。

锦州至朝阳高速公路，南起锦州市松山互通立交，北至朝阳市西大营子，与101国道相连接，全长93.337千米。它是辽宁省公路网总体规划的重要组成部分，也是京沈高速公路和国道101线的连接线，是内接辽宁，外连河北、北京、内蒙古的一条重要快速通道。

锦州至阜新高速公路，南起锦州市双羊镇明字屯，连接京沈高速公路，北至阜新市细河区四合镇，与101国道相连，全长117.3千米。它是辽宁省公路网总体规划的重要组成部分，是锦州通往内蒙古东北部地区的重要通道，它的建成把全省重要的对外开放港口锦州港和煤电之城阜新市紧密连接在一起。同时，它又是国道101线和102线的连接线，大大缩短了阜新市与沿海经济发达地区及京、津中心城市的时空距离，促进了相互间经济技术的往来和交流。

2002年8月，丹东至本溪高速公路建成通车。丹本高速公路北起本溪南芬，南到丹东古城镇，全长134千米。它是国家“五纵七横”公路主骨架丹东至拉萨公路的组成部分，也是辽宁“两环五射”高速公路主骨架的重要路段。这条高速公路的建成，使国家规划的丹东至拉萨国道主干线东北境内全线贯通，连接沈阳、本溪、丹东3个地区，对于开发沿线矿产和旅游资源，满足辽东地区经济发展和人民生活需要，改善该地区以及辽宁中心城市的投资环境，促进经济和社会发展具有重要意义。这条高速公路的建成，有力地促进了丹东港的快速发展，拉近了丹东与省内中部城市群的时空距离，从根本上解决了304国道的交通紧张状况，也对巩固边防以及促进与朝、韩两国的经济技术合作和人员往来发挥了重要作用。同时，丹本高速公路建成通车也标志着辽宁在全国率先实现了14个省辖市间全部由高速公路连接，形成了以沈阳为中心，辐射到辽宁各市的高速公路交通网络。

高速公路是现代化公路基础设施的标志，是实现道路运输现代化的重要基础条件。截至2024年6月，辽宁高速公路总里程已达到4400多千米，极大地方便了企业生产和人民生活。

沈大高速公路

[新中国成立75年]

辽宁辉煌瞬间40

“长子”进行第二次创业

相信许多人都记得中华人民共和国成立初期，辽宁曾有的无限风光与辉煌，时至今日，那个年代过来的人依然怀有“共和国工业长子”“共和国装备部”“辽老大”的长子情怀。直到20世纪70年代，辽宁工业总产值仍居全国第二位，仅次于上海。然而，随着江苏、广东、山东、浙江这些在改革开放中出现的一颗颗经济新星的相继升起，曾以雄厚实力睥睨群雄的辽宁，光芒变得黯淡了……辽宁并没有消沉，“进行第二次创业”，一个振聋发聩的口号，一项正在谋划和推进的跨世纪工程，一幕艰辛创业的长剧，在邓小平南方谈话和党的十四大以后拉开了序幕。

1992年年初，邓小平南方谈话发表。其精髓就是，不要纠缠于“姓资”还是“姓社”的问题讨论，“改革开放的判断标准主要看是否有利于发展社会主义社会的生产力，是否有利于增强社会主义国家的综合国力，是否有利于提高人民的生活水平”“计划和市场不是社会主义和资本主义的本质区别”“中国现在要警惕右，但主要是防止‘左’”，等等。自此以后，以“三个有利于”为代表的新的“思想大解放”形成共识，成为20世纪90年代后中国社会主义市场经济发展的重要价值取向和标准，全社会充溢着自由创新的气息。南方谈话，特别是其中深刻阐明的马克思主义精髓论、社会主义本质论、市场经济论等，处处闪烁着马克思主义与时俱进的创造性光辉。南方谈话后不久，1992年10月，党的十四大胜利召开。

为深入贯彻落实邓小平南方谈话和党的十四大精神，辽宁提出了进行“第二次创业”的重大战略决策。

1993年2月27日，时任中共辽宁省委副书记、省长岳岐峰在省第八届人民代表大会第一次会议上所作的政府工作报告中明确提出，当前，摆在全省人民面前的根本任务，就是坚定不移地贯彻党的十四大精神，总结历史的经验教训，选准经济发展的路子，进行“第二次创业”。

所谓“第二次创业”，是相对于在经济恢复时期和第一个五年计划期间，辽宁人民在党的领导下，发扬自力更生、艰苦奋斗的精神，把辽宁建成国家重要的老工业基地的“第一次创业”而言的。其宗旨是在充分发挥和利用辽宁国有大中型企业等原有优势的同时，大力培育诸多新的经济增长点，促进单一计划经济和单一所有制结构尽快向多种经济成分共存共荣的社会主义市场经济转变。在当时的条件下，依靠全省各族人民艰苦奋斗，焕发老工业基地青春，重振辽宁雄风，就是“第二次创业”。

提出“第二次创业”并非一时冲动。多年来，中共辽宁省委、省政府一直在研究辽宁发展的战略思想。辽宁老工业基地是在毛泽东等老一辈无产阶级革命家的亲切关怀下，集中了当时全国的人力、物力、财力，经过几代人的艰苦创业建立起来的，为全国建设和发展作出了巨大贡献，并形成了自己的优势。党的十一届三中全会后，全省各方面发生了翻天覆地的变化，取得了令人瞩目的成就，但由于单一计划经济体制和单一所有制结构的影响，同先进地区的差距越来越大。这个严峻的现实，迫使全省人民不得不进一步深化对省情的认识，跳出辽宁看辽宁，着眼于国内、国际两个市场认识辽宁。通过研究，我们更加深刻地感到，随着全国各地经济的迅速发展，特别是社会主义市场经济体制的逐步确立，辽宁原有的优势，有的减弱了，有的消失了，各地对辽宁的依赖程度也逐渐降低。如果仍然依靠单一计划经济体制下形成的某些优势，满足于单一所有制结构，静止地看待辽宁在全国的经济地位和作用，固守原来的经济发展路子，很难适应改革开放和经济发展的新形势。因此，必须从实际情况出发，借鉴一些经济发展较快的国家和地区的经验，开辟出一条新路。

当时，辽宁提出了“五个大力发展”：大力发展以高产、优质、高效为目标的大农业，大力发展乡镇企业、城区集体经济和小型巨人企业，大力发展高新技术产业和精深加工产品，大力发展第三产业，大力发展“三资”企业和个体、私营、混合型所有制经济，走低投入、高产出、快积累的经济发展路子。“五个大力发展”的提出在辽宁引起了极大的震动。尽管这一思路在经济发达的省份已不新鲜，但对于辽宁来说，却意味着一种历史性的突破。

按照“第二次创业”的思路，中共辽宁省委、省政府研究制定了《90年代加快辽宁经济发展规划纲要》，明确了辽宁20世纪90年代经济发展的奋斗目标和战略措施。

实践表明，“第二次创业”是振兴辽宁经济的正确选择，是关系辽宁全局的战略部署。通过“第二次创业”，辽宁构筑起以高新技术为基础的全新工业体系，从根本上提高了辽宁国民经济整体发展水平，焕发了老工业基地的青春，重振了老工业基地的雄风。

金色大地

张佩义 摄

[新中国成立 75 年]

辽宁辉煌瞬间 41

“东药”万吨 VC，中国第一

1995 年 9 月 18 日，对东北制药总厂万名职工来说，是一个令人欢欣鼓舞的日子。总投资 56158 万元、历时两年多时间安装调试的年产 1 万吨维生素 C 的大型工程项目，生产出第一批合格的 VC 产品。至此，万吨 VC 工程基本上按着原来预定的工期和预算如期竣工，并顺利地一次试车投产成功，在中国医药发展史上铸就了“万吨 VC，中国第一”的辉煌。

东北制药总厂，是一个有着悠久历史的企业。1946 年 9 月 1 日，东北制药总厂的前身——东北卫生技术厂在黑龙江省佳木斯市的松花江畔正式开工生产，首要任务是支援东北解放战争。1948 年 11 月东北全境解放后，在沈阳接收了原日伪的 7 个工厂后，东北制药总厂成立。1949 年年初，东北制药总厂的一部分、原东北卫生技术厂由佳木斯迁至沈阳。作为中国最早的化学制药基地，东北制药总厂曾创造多个纪录：公司以“一白”（葡萄糖）、“一黑”（活性炭）开创了中国化学制药的先河；成功试产了国内第一个工业化生产的合成抗疟药；建成投产了国内第一个化学合成抗生素合霉素车间；首创了丙炔醇法生产磺胺嘧啶，创建了中国唯一的应用列培反应生产丙炔醇的车间；在国内率先投产了吡拉西坦、磷霉素、氨酪酸等产品系列；越过一代、二代，直接研发成功三代头孢产品，填补了国内空白；在中国首次获批生产抗艾滋病药齐多夫定原料药和制剂，结束了抗艾滋病药物完全依赖进口的历史。不仅如此，东北制药总厂还被誉为我国民族制药工业的摇篮，曾援建全国 19 个省市的 52 家医药企业，向外输送干部 1300 多人。更为辉煌的是，东北制药总厂的 VC 生产一直在行业内处于举足轻重的地位。

VC，又称抗坏血酸，是包括人在内的许多生物必需的营养素。历史上，VC 长期缺乏引起的疾病曾是困扰世界数百年的谜题。15 世纪欧洲大航海时代，它引发的坏血病曾是海员们的噩梦，“出海百人去，返航十人归”的惨剧一直持续到 16 世纪下半叶。直到 20 世纪二三十年代，科学家才发现了这些疾病背后的“罪魁祸首”。1937 年，VC 的分离提取获得诺

东北制药集团股份有限公司生产车间

东北制药集团股份有限公司　供稿

贝尔生理学或医学奖，VC 化学构造的揭示和人工合成则分享了同年的诺贝尔化学奖。随着时代的发展，VC 作为常备药品，应用范围日趋广泛。作为这一产业的“后来者”，1958 年，东北制药总厂采用莱氏法启动 30 吨规模 VC 生产线。此后，上海、北京、南京、石家庄、太原、西安等地的制药厂先后跟进，初步满足了国内需求，改变了 VC 依赖进口的状况。

VC，是国家的战略品种，也是东北制药总厂的支柱产品。20世纪50年代，东北制药总厂在国内首次建成年产30吨VC的生产装置，之后相继扩产到100吨、150吨、500吨、1000吨、2700吨。截至1995年，该厂已有近40年生产VC的历史，积累了丰富的生产经验，在生产技术、技术经济指标、管理和人才上有着很强的优势。而且，VC是东北制药总厂传统的出口产品，其质量符合英国和美国相关药典标准，在国际上享有盛誉。

20世纪90年代初，世界VC的年消耗量约7万吨，且需求量以每年6%的速度增长。美国是世界上VC消耗量最大的国家，消耗量每年都超过2万吨。由此可见，VC的国内外市场容量可观，产销之间尚有较大缺口，而且随着VC用途的不断开发和人们生活水平的不断提高，对VC的需求量也与日俱增。1992年，在对国内外市场周密调研的基础上，结合企业实际，东北制药决定上马万吨VC工程。这意味着东北制药将成为国内最大的VC生产厂家，在国际医药界也将成为仅次于瑞士罗氏公司的第二大VC生产厂家。

从设计上来讲，万吨VC工程本着技术先进、投资少、见效快、工期短的原则，充分考虑了现实需要和长远发展。这个项目建成投产后，年增加销售收入10亿元，年增加利税总额4亿元，年增创汇额9600万美元。

如此浩大的工程，建成后将标志着东北制药的又一个崛起。如此宏伟的构想，需要有一支踏实肯干的专家队伍来实施。为此，东北制药人群情振奋，他们在厂内抽调精兵强将，成立了组织严密的工程指挥部，制定了一系列措施，实行项目经理负责制和全员风险抵押制，要求全体工程建设人员本着“团结、拼搏、奉献”的精神，做到“三高一严”，即要有高度的责任感，有高效率，有高质量，有严密组织和要求。只有这样，才能确保工程如期竣工，不超概算，并一次试车成功。

1993 年 4 月 15 日，项目破土动工。1994 年 10 月，万吨 VC 工程在国家、省、市各级领导和部门的鼎力支持下，经国务院批准，国家经贸委以国经贸改〔1994〕571 号文件正式转发，在国家立项。1995 年 6 月 30 日，主体工程的发酵、提取、转化，精制厂房和辅助工程溴冷站、空冷站、变电所的土建和设备安装全部完工。7、8 月间进行了公用系统和生产设备调试。9 月 18 日，生产出了第一批合格的 VC 产品。仅仅运行 3 个月，就已经生产出 VC 800 多吨，各项技术经济指标接近设计要求。

1996 年，东北制药集团股份有限公司在深圳证券交易所上市。2018 年以后，方大集团通过混改成为东北制药上市公司控股股东，为企业输入全新体制机制，全面创新管理模式、商业模式和创效模式，翻开了东北制药完全市场化发展的崭新篇章。2024 年 5 月，辽宁省企业大会召开，东北制药生产的整肠生系列、注射用磷霉素钠、吡拉西坦注射液等产品亮相大会企业产品和技术创新成果展。这些药品都是东北制药的拳头产品，也是辽宁名企的名牌产品。作为我国重要的药品生产与出口基地，东北制药业务已覆盖医药研发、生产、销售全产业链，“原料药 + 制剂”一体化优势显著，产品行销全球。

多年深耕，东北制药已经发展成为中国重要的药品生产与出口基地，是中国最大的单体制剂生产基地之一，是中国麻精药品和抗艾药物生产基地，是国家大宗原料药和医药中间体智能制造示范工厂，拥有国家级企业技术中心和创新药物孵化基地。一个拥有药物研究院、工程设计公司、国际贸易公司、危化品运输公司、药品计量检验公司等全产业链配套，医药商业业务网络覆盖辽宁全部地级市、县并向东北三省延伸，医药电商业务实现线上线下一体化、商业模式创新持续推进的国际一流综合性医药健康产业集团正在中国式现代化辽宁篇章中写下浓墨重彩的一笔……

起航

唐明章　摄

[新中国成立 75 年]

辽宁辉煌瞬间 42

从东北工学院到东北大学

1993 年 4 月 22 日，万余人汇集在辽宁省体育馆，隆重举行东北工学院更名暨恢复东北大学校名庆典。此时，正值东北大学建校 70 周年，在一片鼓乐声中，东北大学原秘书长、代理校长宁恩承与东北大学时任校长蒋仲乐一起，将“东北大学”校牌上的红绸缓缓揭下，在场师生报以长时间热烈的掌声。就在这一刻，众多东北大学老校友几十年的殷切期盼终于变成了现实；就在这一刻，全体“东大”人几十年的艰苦努力终于得到了回报；就在这一刻，张学良的晚年夙愿也终于得偿。这天，由张学良题写的“东北大学”校牌，取代了悬挂 43 年的“东北工学院”校牌，标志着东北大学正式复校。

让我们把时钟拨回到 70 年前。1922 年春，时任奉天省代省长兼财政厅厅长王永江向时任东三省巡阅使、奉天督军兼省长张作霖建议：“联合吉黑两省，创建东北大学，以为百年树人之计。”张作霖听后深表赞同，委派王永江筹办东北大学。同年，成立东北大学筹备委员会，原国立沈阳高等师范学校改办为东北大学理工科，原文学专门学校（原奉天法政学堂）改办为东北大学文法科。

1923 年 4 月 19 日，奉天省公署颁发“东北大学之章”，4 月 26 日正式启用，东北大学宣告成立，王永江为首任校长。10 月 24 日，东北大学正式开学，王永江亲题“知行合一”为东北大学校训。同时，在学校附近另开设东北大学工厂，供学生实习使用，聘请留学德国归来的杨毓桢博士任厂长。刚刚诞生的东北大学，已经开始运用现代教育的方式和手段启迪学生思想，丰富学术文化。经过一年多的建设，东北大学已粗具规模，还建成了当时亚洲最大的体育场。

1928 年 6 月，震惊中外的皇姑屯事件爆发。1928 年 8 月，接替张作霖主持东北军政的爱国将领张学良继任东北大学第三任校长，并提出了“研究高深学术，培养专门人才，应社会之需要，谋求文化之发展”的办学宗旨，先后捐出其父留下的大部分遗产约 180 万银元，用于扩建校舍、高薪礼聘学者、购置国外先进实验设备、资送优秀学生出国。当时，学校设立了理、工、文、法、教育等较为齐全的学科，英、法、美等国家的学者、专家纷至沓来，进驻东北大学讲学与交流。梁思成、林徽因夫妇就是在这时应张学良邀请来到东北大学，着手创建了中国第一个建筑系。

1929 年 7 月 1 日，东北大学第一届毕业典礼举行，张学良向 120 名学生颁发了毕业证书，授予学士学位。各系毕业成绩第一的学生由学校选送去英、

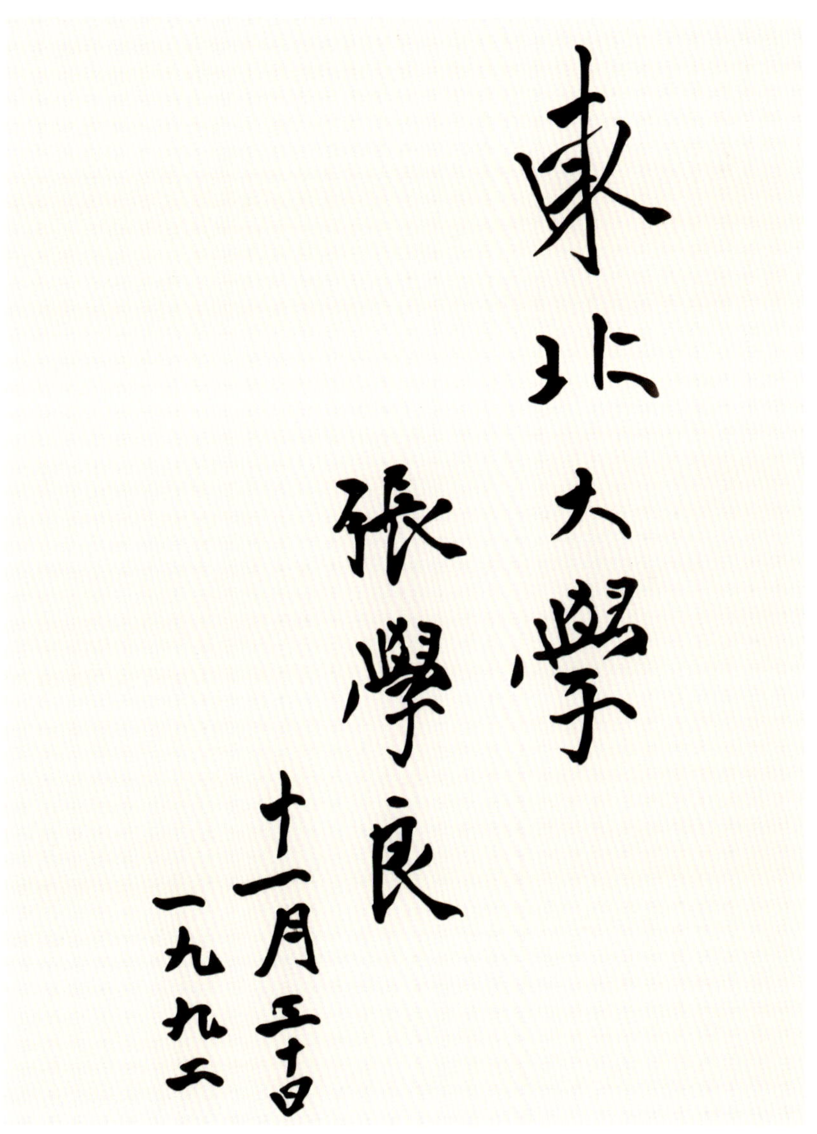

1992 年

张学良题写的“东北大学”手迹

美、德等国留学深造。张学良还重金礼聘，广招良师，章士钊、梁漱溟、罗文干、冯祖荀、刘仙洲、黄侃、刘半农等一批名师先后执教于东北大学。张学良对体育教育也异常重视，增聘体育教员，组织学生代表队参加各类体育比赛。1929年，第十四届华北运动会在东北大学举行，东北大学打破8项全国纪录，夺得男子田径比赛第一名。东北大学足球队、篮球队还远征日本进行比赛，“东大”学子以其强健的体魄驳斥了“东亚病夫”的谬论。1930年秋，东北大学已发展成为设有6个学院24个系8个专修科，在校学生3000人，舍宇壮丽、设备先进、经费充裕、良师荟萃、学风淳穆的国内一流高等学府。

正当学校蓬勃发展之际，1931年九一八事变爆发，日军一夜之间占领沈阳，东北大学成为日本帝国主义侵华破坏的第一所大学。校舍被日军占领，设备、图书损失殆尽，学者严重流失，学生流浪他乡，学校一夜之间变成流亡大学。全校师生悲愤至极，被迫走上流亡之路。10月，东北大学在北平勉强复课。在此期间，东北大学师生积极投身于抗日救亡运动，以大无畏的革命精神，谱写了一曲反对帝国主义、反对分裂主义、主张国家统一富强的爱国主义篇章。

1935年12月9日，在中国共产党的领导下，北平市学生救国联合会组织发动了“一二·九”学生抗日爱国运动。东北大学师生成为“一二·九”抗日爱国运动的先锋队和主力军，并在其后又举行了“一二·一六”示威游行。“一二·九”运动以后，华北局势危在旦夕。“华北之大，已容不下一张平静的书桌”，北平各个大学纷纷外迁，东北大学也被迫迁至其他地方。

1949年1月31日，北平和平解放。同年3月，东北行政委员会决定以东北大学工学院和理学院（部分）为基础建立沈阳工学院。1950年8月，定名为东北工学院，隶属国家冶金工业部，校址设在沈阳南湖。1960年10月，根据《中共中央关于增加全国重点高等学校的决定》，东北工学院被列为全国64所重点大学之一。

20世纪70年代后期，东北工学院开始积极开展与欧美发达国家高等学校的学术交流工作，但在开展国际学术交流时，明明是国家重点大学的东北工学院常常引起别人误解，一些不了解中国情况的国外大学，一听“学院”就以为是专科学校或研究所，导致难以同国外的名牌大学接轨，影响学术交流与合作。为此，时任东北工学院副院长的苏士权向学校提出建议：在适当时机要将“学院”改为“大学”。同时，海内外东北人士特别是原东北大学校友都希望恢复东北大学校名，许多人通过多种方式提出复校要求。在他们的积极呼吁下，1980 年 5 月，东北工学院向中共辽宁省委提出恢复东北大学校名的要求。中共辽宁省委认为，用“东北大学”名字事关东北三省，需要请示中央决定，遂向教育部（后改为国家教委）打了报告。国家教委经过研究，决定批准恢复东北大学校名。1992 年 5 月 25 日，东北工学院正式成立恢复东北大学校名筹备工作委员会，全面负责筹备工作。1993 年 3 月 8 日，国家教委下发《关于同意东北工学院更名为东北大学的通知》，批准恢复东北大学校名。

1993 年 4 月 21 日，时任东北大学校长蒋仲乐披露：张学良已十分高兴地接受了东北大学的聘书，欣然出任复校后的东北大学名誉校长、名誉董事长，从而实现了张学良和广大东北大学校友的夙愿。

东北大学是一所具有爱国主义传统的大学。正式复校后，东北大学是中华人民共和国教育部直属的全国重点大学，由教育部、辽宁省、沈阳市三方重点共建，是国家首批“211 工程”和“985 工程”重点建设高校。

东北大学历经沧桑，为国家培养了大批优秀人才。在东北大学的众多毕业生中，很多人成为学术界的知名人士和党、政、军界要员，为推动经济发展和社会进步作出了卓越贡献。

飞吧，年青的鹰

花利夫　摄

[新中国成立 75 年]

辽宁辉煌瞬间 43

深化改革，辽宁国有企业重现生机

20 世纪 90 年代，为国家建设作出巨大贡献的辽宁，国有企业一度陷入困境或绝境。曾经热火朝天进行建设的大批国有企业或停产或半停产，大批工人或下岗，或待业，或再就业，这是一种怎样的体验？忠诚担当、奋斗自强的辽宁人民在党中央的亲切关怀下，在省委、省政府的坚强领导下，以壮士断腕、凤凰涅槃的决心和勇气，不断深化国企改革，使辽宁国企重现生机，起死回生。

辽宁是全国受计划经济影响较深的省份之一，在从计划经济体制向市场经济体制转轨的过程中，国有企业长期积累的体制性、机制性和结构性矛盾，严重影响了辽宁改革的进程，特别是到 20 世纪 90 年代中期，很多国有企业曾一度陷入困境甚至绝境。从 1995 年到 1997 年，全省国有工业企业已连续 3 年净亏损，国有大中型企业亏损面高达 53%；全省处于停产、半停产的企业 5000 多户，涉及职工百万人以上；全省下岗职工人数超过 120 万人，占全国的 12%。辽宁的国有企业到了生死存亡的关键时刻。辽宁国有企业生产经营的艰难处境，被称为“辽宁现象”。

1997 年下半年，党中央、国务院提出辽宁省国有企业“三年改革与脱困”的重大战略举措。围绕实现国有企业改革与脱困目标，辽宁省制定和出台了几项措施：

一是理清思路，突出重点，把国有企业改革与脱困摆到重要日程。党的十五大之后，中共辽宁省委、省政府在对全省国有企业的现状进行深入调查研究的基础上，提出了发展壮大第一类、扭亏脱困第二类、淘汰重组第三类的工作思路。1997 年 12 月，下发了《辽宁省国有大中型企业三年改革与脱困实施方案》，随即又出台了 15 个配套文件以及分地区、分行业的方案，落实了分年度目标和责任制。党的十五届四中全会之后，又提出了贯彻《中共中央关于国有企业改革和发展若干重大问题的决定》的 26 条实施意见。各级党委和政府都把国有企业改革与脱困列入重要日程，中共辽宁省委、省政府主要领导同志每年都带队到企业进行调研，帮助理清工作思路，解决实际问题。

二是深化改革，强化管理，增强国有企业摆脱困境的内在动力。全省选择百户企业，在实行规范的公司制改革、分离企业办社会职能、建立完善的法人治理结构、深化企业内部 3 项制度改革、推进技术创新和加强企业管理等 6 个方面进行重点规范。对一些资不抵债的企业特别是资源枯竭的矿山，进行了关停并转。1998 年至 1999 年，开展了以质量管理、成本管理、资金管理和现场管理为主要内容的 4 项管理整顿活动。2000 年开展了创建花园式工厂、比价采购和压缩库存 3 项工作，仅比价采购一项，全年就降低成本 28 亿元。

三是调整结构，推动技术进步，提高国有企业的市场竞争力。坚持“两高一深”，即大力发展高新技术产业、加快用高新技术改造传统产业、推进初级产品精深加工的方针，加快工业结构的优化和升级。重点抓了新型汽车、数控机床、工业机器人、数字化医疗设备、计算机及软件等十大高新技术产业化项目，使新型材料、电子信息、汽车等产业得到快速发展，成为新的经济增长点。

四是扩大对外开放，实施嫁接改造，促进国有企业转变经营机制和产品升级。

五是坚持以人为本，充分调动广大干部职工的积极性。全省调整了 215 户国有大中型企业的领导班子，共调整班子成员 704 人，并加强了对企业重大决策的民主监督。

六是转变政府职能，增强服务意识，努力营造国有企业改革与脱困的良好环境。重点抓了减轻企业负担，建立国有资产管理、运营和监督体系、完善社会保障制度等方面的工作。同时，省委、省政府进一步深化国有企业改革，探索建立现代企业制度的新路，坚持“抓大放小”战略，调整和完善所有制结构，坚持“三改一加强”，实施主辅分离、兼并破产、下岗分流、减员增效等。

在党中央、国务院的领导和国家各部门的帮助支持下，经过全省人民的不懈努力和积极奋斗，辽宁在 2000 年年底如期实现了国有企业三年改革与脱困的目标。主要标志是：到 1999 年 10 月，全省国有及国有控股企业扭转了连续 57 个月净亏损的局面，大多数地区和行业实现整体脱困；全省 431 户国有大中型企业中，有 272 户进行了公司制改造；传统产业得到优化和升级，技术水平、

产品质量显著提高，电子信息、新材料等高新技术产业得到较快发展；与 1997 年相比，国有及国有控股工业企业总资产贡献率提高了 1.2 个百分点，全员劳动生产率提高了 1.3 倍。2000 年，全省国有企业实现利润 117 亿元，国有大中型企业亏损面下降到 25%，大多数地区和行业实现整体脱困，辽宁工业经济发展终于走出低谷，胜利完成三年改革脱困任务。

大连重工制造的传输速度为 14400 吨 / 时的取料机悬臂梁

［新中国成立 75 年］

辽宁辉煌瞬间 44

新铁西：工厂都去哪儿啦?

在车水马龙的沈阳建设大路上疾驰，高楼大厦遍地、商铺鳞次栉比，好一派繁荣兴旺的现代都市景象。无法想象，20 多年前的这里，一片片厂房林立、一阵阵机器轰鸣，曾是闻名遐迩的铁西工业区。那么铁西工业区是如何变成了现代新都市，原来的工厂又都去哪儿了呢?

沈阳铁西工业区是国家在“一五”“二五”时期重点建设起来的以机电工业为主体、国有大中型企业为骨干的综合性重化工业基地，并逐步成为工业门类齐全、配套能力较强、技术力量较雄厚的工业区。“六五”期间，沈阳市引进国际先进技术、先进设备，引进外资对铁西工业区进行改造。

1986 年，铁西工业区总体改造项目被国务院批准作为全国重大区域性总体改造工程试点，纳入国家“七五”计划。到“七五”末期，铁西工业区逐步发展为以重大技术装备制造工业为主体、产品配套成套能力较强的国家重要装备制造工业基地，其主要产品及技术代表着国家水平，是国内最大、最密集的城市工业集聚区。

但是，随着社会主义市场经济体制的逐步确立，计划经济时期形成的国有企业的体制性、结构性矛盾日趋显现。作为国有企业非常集中的铁西工业区，遇到了前所未有的困难。特别是 20 世纪 90 年代中后期，铁西工业区 90%的企业处于停产或半停产状态，500 多亿元的国有存量资产闲置；企业债务负担沉重，平均资产负债率高达 90%；城市功能单一，二、三产业比例严重失调；职工生活困难，在 30 万产业大军中有 13 万工人下岗。

在不断深化国有大中型企业改革的历史进程中，2002 年 6 月，中共沈阳市委、市政府决定将铁西区和沈阳经济技术开发区合署办公，组建了享有市级管理权限的铁西新区。铁西新区有人口 102 万，总面积 128 平方千米，其中规划工业用地 88 平方千米。全区有规模以上工业企业 600 多户，产业工人 25 万人。

党中央、国务院关于振兴东北等老工业基地战略决策的实施，为铁西工业区的发展和振兴提供了新的历史机遇。沈阳市按照“全面开放、活化资源、打造环境、产业升级、完善功能、强化管理”的方针，遵循工业发展规律、城市发展规律和市场经济规律的要求，通过系统性、整体性、协调性和彻底性的四大改造，闯出一条铁西工业区改造的全新发展之路。

新组建的铁西新区利用铁西区和沈阳经济技术开发区的土地级差优势，大力实施“东搬西建”战略，搬迁212户企业，筹集150亿元改革成本，彻底解决了企业债务等历史遗留问题，完成了13万名企业下岗职工的并轨和身份转换。同时，完成了机床、鼓风机等一批搬迁企业的新厂区建设、技术改造和产品升级，扩大了企业的规模，提升了企业的竞争力。

2007年1月，中共沈阳市委、市政府再次作出重大决策，将铁西新区与沈阳细河经济区合署办公，资源整合，使铁西工业区总规划面积达到484平方千米。在这片广阔的沃土上，中国先进装备制造业核心区——沈西工业走廊正在迅速崛起。沈西工业走廊占地850平方千米，以沈阳铁西老工业基地为基础，向西南经于洪区、辽中县（今沈阳市辽中区）建设一条工业带。其中，包括原有的铁西老城区和国家级沈阳经济技术开发区，新建的化学工业园、冶金工业园、近海经济区，工业带的末端距营口港仅100千米。沈西工业走廊极大地缩短了沈阳工业产品到港口的运输距离，沿线集合了鞍山、辽阳等城市的工业资源。沿

2009年

沈重厂区搬迁时，工人们告别了走过72年历程的老厂区

杨德文　摄

沈阳铁西工业园新貌

线云强　摄

规划的出海专用公路、铁路可以直通港口，工业走廊内也将建设内陆港，可在内陆港进行审批后，到海港直接装货上船，省去了诸多环节。

拥有巨大的空间优势、区位战略优势、独有的政策优势和雄厚的基础优势，以及世界级技术中心、世界级产品和世界级制造商，铁西新区全面加快“速度铁西”“效益铁西”“创新铁西”“和谐铁西”的建设进程。沈阳机床股份有限公司通过国家并购，直接掌握与世界主流水平同步的大型数控机床的设计和核心制造技术，2007 年，经济规模突破 100 亿元，昂首迈进世界机床制造业的前列。北方重工集团有限公司生产的世界最大直径的全断面掘进盾构机，一举打破了少数国家在这一产品领域的垄断局面。作为中国最大的鼓风机企业，沈阳鼓风机集团股份有限公司的技术实力让全世界的同行刮目相看。

2007 年 6 月，沈阳铁西新区被国家发展和改革委员会、国务院振兴东北地区等老工业基地领导小组办公室授予“老工业基地调整改造暨装备制造业发展示范区”称号。2008 年，沈阳铁西新区被列入改革开放 30 年全国 18 个典型地区之一，荣获联合国全球宜居城区示范奖。2009 年，《沈阳铁西装备制造业聚集区产业发展规划》获得国家发展和改革委员会批准，上升为国家战略。铁西区连获殊荣，被命名为“国家可持续发展实验区”“国家新型工业化产业示范基地”“国家科技进步示范区”“国家首批知识产权强区”“全国义务教育均衡化示范区”，入选“新中国 60 大地标”。

发展无止境，城市向更新。“新时代，新铁西”自有新担当。如今，铁西区正锚定“打造新型工业化示范区的核心区，沈阳经开区力争三年进入国家级经开区第一方阵”的新目标，做强动力引擎，支撑沈阳全面振兴取得新突破。

辽宁辉煌瞬间45

东北大振兴，辽宁这么办!

率直的辽宁人一点儿不回避他们曾经有过的窘迫。辽宁最早实行完备的计划经济体制，最晚退出计划经济。进入 20 世纪 90 年代，原本长期计划经济体制下积累的深层次结构性和体制性矛盾充分显现，辽宁陷入前所未有的困境之中。一批国有企业停产或半停产，众多职工下岗失业，形成了制约老工业基地发展的“东北现象”。

老工业基地的振兴一直是党和政府乃至全国人民关注的一件大事。党的十六大提出了“支持东北地区等老工业基地加快调整和改造，支持以资源开采为主的城市和地区发展接续产业”的战略决策，一股强劲的振兴的“春潮”在辽沈大地涌动。2003 年 10 月 5 日，党中央、国务院从促进区域协调发展、全面建设小康社会的大局出发，吹响了振兴东北地区等老工业基地的进军号角，出台了《中共中央 国务院关于实施东北地区等老工业基地振兴战略的若干意见》（简称“中央 11 号文件”）。以此为标志，振兴辽宁老工业基地的战斗拉开了序幕。

中央 11 号文件下发后，中共辽宁省委、省政府首先以思想发动为先导，开展了“东北大振兴，辽宁怎么办”大讨论及多种形式的主题宣传教育活动，积极引导，扩大宣传，在最短的时间内调动起了全省各部门、各级党委政府上下一心、全心全意谋振兴的大局意识和巨大的工作热情，各级党组织和广大党员干部群众思想更加解放，精神更加振奋，确保了老工业基地振兴有一个良好的开端。

2005 年 1 月，辽宁省政府正式下发《辽宁老工业基地振兴规划》。为了更便于执行，除制定总体规划外，还配套制定了 11 个专项规划，提出了相应的政策和措施。《辽宁老工业基地振兴规划》制定后，全省上下团结一致，奋力拼搏，大胆实践，勇于创新，取得了辉煌的成绩。辽宁抓住东北振兴和沿海开放双重机遇，建设“五点一线”沿海经济带，推进辽宁中部城市群建设，加快辽西北地区发展，实现沿海与腹地的良性互动。不断实现体制机制创新，90% 的地方国有大型工业企业完成了股份制改造，基本完成中小企业改制。基础设施建设成效显著，城乡面貌发生重大变化。民生状况明显改善，发展成果惠及千家万户，基本完成1万平方米以上城市集中连片棚户区改造。政府机构改革和党的建设也取得丰硕成果。到2007年年底，辽宁经济实现又好又快发展，综合实力跃上新台阶，实现地区生产总值超万亿（达11022亿元）、地方财政收入超千亿（达1082亿元），主要经济指标增速全面超过东部平均水平。从2008年起，辽宁进一步实施三大区域发展战略，发展壮大新兴产业，不断深化改革，扩大开放，狠抓基础设施和生态环境建设，大力发展社会事业，实施好重点民生工程，各项工作取得新的进展。

实践证明，党中央、国务院关于实施东北地区等老工业基地振兴战略的重大决策是正确的，以辽宁为代表的东北老工业基地实现全面振兴的前景是广阔的。从2003年党中央、国务院作出实施东北地区等老工业基地振兴战略的重大决策以来，在各方的共同努力下，包括辽宁在内的东北老工业基地振兴取得明显成效和阶段性成果，经济总量迈上新台阶，结构调整扎实推进，国有企业竞争力增强，重大装备研制走在全国前列，粮食综合生产能力显著提高，社会事业蓬勃发展，民生有了明显改善。

党的十八大承前启后、继往开来，以习近平同志为核心的党中央接过历史的接力棒，开启了中国特色社会主义新时代。面对新的发展机遇和挑战，勤劳勇敢、拼搏进取的辽宁人民在党的领导下攻坚克难，砥砺奋进，不断展现新作为，开辟新路径，踏上新征程，续写新篇章，开启了新一轮振兴的征程。

党中央、国务院高度重视辽宁的创业、发展和全面振兴，党的十八大以来，发布了一系列重要文件，对东北的振兴发展作出部署。2014年8月，《国务院关于近期支持东北振兴若干重大政策举措的意见》下发，对巩固扩大东北地区振兴发展成果、努力破解发展难题、依靠内生发展推动东北经济提质增效升级给出了很好的建议、政策和举措。2016年4月，《中共中央 国务院关于全面振兴东北地区等老工业基地的若干意见》公开发布，这是党的十八大以后加快东北地区等老工业基地全面振兴的纲领性、战略性文件，也是开启辽宁新一轮振兴的标志性文件。文件围绕“四个着力”的重点任务，明确了未来10年老工业基地振兴的总体目标、战略定位、主要任务和配套措施，对东北地区明确了“五基地、一支撑带”的发展定位（即建成具有国际竞争力的先进装备制造业基地、重大技术装备战略基地、国家新型原材料基地、现代农业生产基地、重要技术创新与研发基地，成为全国重要的经济支撑带）。之后，针对东北振兴工作，国务院又发布了《关于深入推进实施新一轮东北振兴战略 加快推动东北地区经济企稳向好若干重要举措的意见》，批复了《东北振兴“十三五”规划》，批准了《推进东北地区等老工业基地振兴三年滚动实施方案（2016—2018年）》。国务院办公厅印发了《东北地区与东部地区部分省市对口合作工作方案》，国家知识产权局、国家发展和改革委员会、科技部等9部门联合印发了《关于支持东北老工业基地全面振兴 深入实施东北地区知识产权战略的若干意见》。这些文件、政策的出台和习近平总书记对东北振兴的重要论述充分体现了中央对新一轮东北振兴的高度重视。

2018年9月，习近平总书记到辽宁考察，主持召开深入推进东北振兴座谈会并发表重要讲话。总书记强调，要认真贯彻新时代中国特色社会主义思想和党的十九大精神，落实党中央关于东北振兴的一系列决策部署，坚持新发展理念，解放思想、锐意进取，瞄准方向、保持定力，深化改革、破解矛盾，扬长避短、发挥优势，以新气象新担当新作为推进东北振兴。2022年8月，在党的二十大召开前夕，习近平总书记又来到辽宁考察。总书记强调，要贯彻党中央决策部署，坚持稳中求进工作总基调，统筹疫情防控和经济社会发展工作，统筹发展和安全，完整、准确、全面贯彻新发展理念，坚定不移推动高质量发展，扎实推进共同富裕，加快推进治理体系和治理能力现代化，深入推进全面从严治党，在新时代东北振兴上展现更大担当和作为，奋力开创辽宁振兴发展新局面，以实际行动迎接党的二十大胜利召开。2023年10月，在东北振兴战略实施20周年之际，中央审议通过了《关于进一步推动新时代东北全面振兴取得新突破若干政策措施的意见》，进一步明确了东北在维护国家“五大安全”中的重要使命，明确了高质量发展首要任务和构建新发展格局战略任务。

习近平总书记的重要指示和党中央的决策部署为辽宁老工业基地振兴发展进一步指明了方向，锐意进取、守正创新的辽宁人民在党的领导下，不断解放思想、忠诚担当、创新实干、奋斗自强，加快推动新时代辽宁全面振兴，奋力谱写中国式现代化辽宁新篇章。

№ 0000201

中共辽宁省委办公厅文件

辽委办发〔2003〕38 号

省委办公厅　省政府办公厅
印发《关于开展“东北大振兴，辽宁怎么办”大讨论活动的实施方案》的通知

各市委、市人民政府，省委各部委，省直各单位，各人民团体：

《关于开展“东北大振兴，辽宁怎么办”大讨论活动的实施方案》已经省委、省政府领导同志同意，现印发给你们，请结合本地区、本部门实际，认真贯彻落实。

中共辽宁省委办公厅

辽宁省人民政府办公厅

2003 年 12 月 15 日

（此件公开发表）

— 1 —

2003 年 12 月

省委办公厅、省政府办公厅印发《关于开展“东北大振兴，辽宁怎么办”大讨论活动的实施方案》的通知

老工业基地振兴战略使沈阳这座古老的工业城市焕发了生机

苗树林　摄

[新中国成立 75 年]

辽宁辉煌瞬间 46

辽宁“世界级”的文化家底

2004 年 7 月 1 日，对于辽宁人来讲，是一个载入史册的日子。这一天，作为明清皇宫文化遗产扩展项目——沈阳故宫和明清皇家陵寝扩展项目——盛京三陵（永陵、福陵、昭陵）通过评审，被联合国教科文组织世界遗产委员会正式列入《世界遗产名录》。作为高句丽王城之一的桓仁五女山山城也于同日被列入《世界遗产名录》。至此，辽宁世界文化遗产地已达 6 处，辽宁人在自己家门口就可以参观“世界文化遗产”。

世界文化遗产，是一项由联合国支持、联合国教育科学文化组织负责执行的国际公约建制，以保存对全世界人类都具有杰出普遍性价值的自然或文化处所为目的的文化遗产。世界文化遗产是文化的保护与传承的最高等级，世界文化遗产属于世界遗产范畴。1972 年，联合国教科文组织在世界文化遗产总部巴黎通过了《保护世界文化和自然遗产公约》，成立了联合国教科文组织世界遗产委员会，其宗旨在于促进各国和各国人民之间的合作，为合理保护和恢复全人类共同的遗产作出积极的贡献。我国是在 1985 年 12 月 12 日成为《保护世界文化与自然遗产公约》缔约国的。

2002 年 11 月 18 日，我国唯一的水上长城——九门口长城通过了联合国教科文组织的验收，正式成为世界文化遗产。这是东北地区第一个获得“世界文化遗产”殊荣的文物遗址。九门口长城位于葫芦岛市绥中县，因其城桥下有 9 个泄水城门而得名。水势自西向东直入渤海，气势磅礴、场面壮观，是自然景观和人文景观的完美结合，因而享有“水上长城”的美誉。九门口长城始建于北齐，现有九门口长城扩建于明初洪武十四年（1381 年），全长 1704 米，城桥长 97.4 米。1984 年 9 月，由 12 家新闻单位提出号召，在全省百万群众中开展赞助活动，集资修复九门口长城。从 1986 年到 1989 年，历时 4 年时间，共修复敌楼 4 座，墙体 840 米。1998 年 9 月，又利用世界银行贷款 20 万美元，仿古维修九门口北段。历时两年，修复 215 米。2001 年，有关部门争取省、国家文物部门投资 70 万元，用半年时间修复了“一片石”。同时，对周边环境进行治理，恢复青山原貌。九门口长城南端起于危峰绝壁间，与自山海关方向而来的长城相接。自此，长城沿山脊向北一直延伸到当地的九江河南岸，在宽达百米的九江河上，筑起了规模巨大的过河城桥，以此继续向北逶迤于群山之间。“城在水上走，水在城中流”，便是人们对九门口长城的形象描述。

2004年7月1日，在苏州召开的第二十八届世界遗产大会上，辽宁的“一宫三陵”和五女山山城遗址项目申请列入《世界遗产名录》。晚7点30分，辽宁“一宫三陵”项目正式进入项目推介阶段，其中沈阳故宫和盛京三陵分两次进行审议。晚7点50分，大会执行主席宣布：明清皇宫扩展项目——沈阳故宫通过评审，被正式列入《世界遗产名录》。晚8点，盛京三陵也被宣布通过评审，被正式列入《世界遗产名录》。此次辽宁“一宫三陵”成功入选世界文化遗产，非常顺利，毫无争议，评审全票通过，这在以往其他国家的项目审议中是从来没有过的。

沈阳故宫不仅是目前中国仅存的少数民族王朝的宫殿，也是除北京故宫外唯一保存完好的古代帝王宫殿建筑群。沈阳故宫始建于1625年，建成于1636年，占地6万多平方米，是后金定都沈阳至清迁都北京前（1625—1644年）的帝王宫殿，也是清迁都北京后皇帝到东北地区巡幸和祭祀祖先陵寝时的行宫。沈阳故宫的建筑布局可分东、中、西三路，有古建筑114座，500多间，是一处有着丰富历史文化内涵的古代遗址。沈阳故宫建筑群自成体系，特色鲜明，见证了努尔哈赤与皇太极父子20年的历史，展现了一部轰轰烈烈、跌宕起伏的清朝开国史。

盛京三陵是指早期的清朝皇家陵寝——永陵、福陵和昭陵。

永陵，原名兴京陵，位于抚顺市新宾满族自治县永陵镇西北的启运山南麓，建于明万历二十六年（1598年）。康熙、乾隆以后，屡加重修。清顺治十六年（1659年）改称永陵。葬有清太祖努尔哈赤的六世祖、曾祖、祖父、父亲、伯父、叔父以及他们的嫡配。

福陵，又称东陵，位于沈阳市东郊浑河北岸的天柱山上，是清朝第一代皇帝太祖努尔哈赤和皇后叶赫那拉氏的陵墓。建于1629年，1651年基本建成。福陵前临浑河，后倚天柱山，地势由南至北渐高，峰峦耸秀，古树参天，红墙黄瓦的建筑群掩映于苍松翠柏之中，显得格外巍峨庄严。

福陵

线云强　摄

昭陵，又称北陵，位于沈阳市北郊，是清朝第二代皇帝太宗皇太极和皇后博尔济吉特氏的陵墓。建于 1643 年，竣工于 1651 年。在建筑形制上与福陵基本相同，其规模大于福陵，为清初“关外三陵”之首。

与“一宫三陵”一起申遗成功的还有位于本溪市桓仁满族自治县的五女山山城。五女山位于桓仁满族自治县境内东北约 8.5 千米的浑江西北岸，五女山山城就位于海拔 804 米的五女山上。公元前 37 年，夫余国王子朱蒙因宫廷之争逃亡至此，在山上建立了高句丽第一都城，史称纥升骨城。近年来，考古专家在山上发现了大量的古代遗迹和遗物。年代最早的遗物是新石器时代晚期的陶器，距今已有 4500 多年历史。发现的遗物还有战国晚期的石剑、石凿、陶壶以及一

些辽金时期的生活、生产工具和兵器。五女山山城平面形似一只单靴，面积约60万平方米，分山上、山下两部分。山上部分是该山的主峰，西南部地势比较平坦，周围峭壁如削，相对独立于周围山势，是古代人类活动的主要区域，城内遗迹大都分布在这里，主要有大型建筑址、兵营遗址、哨所遗址、居住址、蓄水池、瞭望台等。辽宁省文物考古研究所等对五女山山城进行了4次考古发掘，出土大量文物。五女山山城作为高句丽早期都城和中期“圣城”，对于研究高句丽早、中期历史具有极为重要的意义。

辽宁的“一宫三陵”和九门口长城、高句丽王城——五女山山城，对于研究明、清王朝和高句丽早期国家形态具有重要的历史价值。

遗产

徐坚良

综合材料

180 cm × 200 cm × 4

[新中国成立 75 年]

辽宁辉煌瞬间 47

辽宁棚户区改造，终得广厦千万间

“莫地沟，穷人沟，遍地是小偷；莫地沟，胡子沟，进沟先翻兜；有女不嫁莫地沟。”这句顺口溜儿，说的是辽宁省抚顺市东洲区的莫地沟棚户区。2004 年以前，在辽宁，像莫地沟这样的棚户区有相当大的比重，主要集中在抚顺、本溪、阜新等资源型城市。许多把青春年华奉献给了共和国建设事业的产业工人，在中华人民共和国成立初期那个激情燃烧的岁月里，“先生产、后生活”是他们不悔的选择。然而，当改革开放的春风吹遍神州大地时，他们依然住着中华人民共和国初期的土泥房、简易房，甚至是部分日伪时期的劳工房，绝大多数居民吃饭取暖靠烧煤。每当北方的严冬来临，他们的困苦更是可想而知。中共辽宁省委、省政府心系百姓，把棚户区群众最困难、最直接、最迫切需要解决的居住问题作为头等大事来办。短短两年时间，拆迁棚户区 1212 万平方米，建设回迁楼 6300 多栋，30 多万户家庭喜迁新居，惠及 120 万人。“安得广厦千万间，大庇天下寒士俱欢颜”在辽宁变成了美好的现实。

多年来，中共辽宁省委、省政府一直关心着棚户区的群众。在党中央、国务院的亲切关怀和大力支持下，辽宁省从 1987 年开始持续对棚户区进行改造。但由于受资金等条件的制约，当时主要实行市场化运作模式，改造的棚户区都是地段较好、商业开发价值较高的地方。而大片的、处于城市偏远地段的棚户区仍像城市里的伤疤一样存在着，少有人问津。这些棚户区的居民，70% 为下岗人员，50% 是城市低保人员。棚户区案件多发，秩序混乱，与改革开放、振兴发展形成强烈的反差。2004 年，党中央实施东北地区等老工业基地振兴重大战略决策进入第二个年头，经历改革阵痛的辽宁开始步入快速发展的轨道，棚户区改造再次被提上地方党委、政府的重要议事日程。辽宁省委、省政府牢记以人为本的发展理念和立党为公、执政为民的根本要求，想棚户区群众之所想，急棚户区群众之所急，下决心改变这里的落后面貌，果断地作出了改造集中连片棚户区的决策，郑重承诺：“就是砸锅卖铁，也要让你们搬出棚户区，住上新楼房！”于是，棚户区改造作为“一号民生工程”，集全省之力，全面动员，科学布局，一场极为壮观的民生工程攻坚战打响了。

2004年12月，中共辽宁省委九届八次全会和全省经济工作会议提出，从2005年开始，用两到三年的时间，基本完成全省城市5万平方米以上集中连片棚户区改造任务，改造范围包括11个地级市（不含沈阳、大连、鞍山），拆迁总量为848万平方米，受益居民为27.5万户、84.4万人。2005年3月16日，中共辽宁省委、省政府下发了《全省城市集中连片棚户区改造实施方案》，打响了棚改攻坚战。在棚改过程中，辽宁采取了“市场化运作，政府兜底”的资金筹措新模式。在党中央、国务院的关怀下，在国家有关部门的指导、支持下，在中共辽宁省委、省政府的正确领导下，经过全省上下的共同努力，辽宁省城市集中连片棚户区改造工作提前到2006年年底基本完成。经过两年多的不懈努力，列入省计划的11个市共完成投资近150亿元（其中省财力13.35亿元，开发银行贷款51亿元，国家补助12.2亿元，各市自筹等69亿元），共拆除棚户区住宅面积983.7万平方米，新建回迁房1332万平方米，改善了29.3万户、89.9万人的住房条件，提前一年超额完成了计划。另外，沈阳、大连、鞍山3个市共改造了棚户区228.4万平方米，受益居民为5.2万户、30.1万人。14个市共改造城市集中连片棚户区1212万平方米，改善了34.5万户、120万人的住房条件，使棚户区居民的人均住房建筑面积由不足10平方米提高到18平方米。

2007年，辽宁省又启动了5万平方米以下、1万平方米以上城市连片棚户区改造。到2007年年底，基本完成1万平方米以上城市集中连片棚户区改造任务，1512万平方米低矮破旧的棚户区被2400万平方米的新楼房取代，42万户、143万人喜迁新居。

与此同时，在国家的大力支持下，中央下放煤矿棚户区改造工作进展顺利。到2007年年底，全省7个采煤沉陷区治理工作基本完成。

在各级党委和政府的领导下，广大建设者以高度负责的精神和惊人的速度完成了拆迁、建设和治理等多方面的工作，将昔日的棚户区变成了高楼林立、花香草绿、设施齐全的居民小区。不仅如此，还通过降低物业费、实行自助式管理以及预留部分商业房的经营收入等方式，解决特困户的困难，并保障他们的劳动权利。世代蛰居在棚户区里的人们，实现了安居的夙愿，品尝到了改革开放的甘甜。幸福的笑容在昔日愁苦的脸上荡漾，感恩的话语在激动的心底流淌。抚顺市莫地沟棚户区一位老工人在住进新楼房后感慨地说："我一生中经历了两件大事：第一次是土改，我分得了土地，当家做了主人。第二次是棚改，我享受到了改革开放的成果，住进了宽敞明亮的新楼房。我打心眼儿里感谢党，拥护改革开放的好政策。"

辽宁省实施的棚户区改造工程，使全省经济社会发生了深刻的变化。辽宁的棚户区改造是一个物质成果，它点燃了人民群众对美好新生活的期望；辽宁的棚户区改造是一个精神收获，它让广大党员干部受到了教育和激励。辽宁的棚改实践表明，发展是人民群众的根本利益所在，只有通过发展，才能使历史遗留问题最终得到解决，才能使改革开放的成果惠及全体人民，必须将改革开放进行到底。辽宁的棚改实践也再次表明，中国共产党是我们战胜一切困难、创造幸福生活的主心骨和领路人，社会主义制度具有无比的优越性，只有跟定中国共产党，坚持走中国特色社会主义道路，我们伟大的祖国才能繁荣昌盛，各族人民才能走上共同富裕之路。

棚户区改造 >>

韦　儒

油画

100 cm × 200 cm × 3

[新中国成立 75 年]

辽宁辉煌瞬间 48

黑土地上的欢喜：农业税退出历史舞台

2006 年 2 月 22 日，国家邮政局发行了一张面值 80 分的纪念邮票，名字叫作《全面取消农业税》，以庆祝从 2006 年 1 月 1 日起废止《中华人民共和国农业税条例》这项改革，这也标志着中国延续 2600 多年的“皇粮国税”正式退出历史舞台。但你知道吗？促成这一决策的出台还凝聚着我省已故的全国人大代表毛丰美的心血。1998 年，在九届全国人大一次会议上，辽宁省凤城市大梨树村党支部书记毛丰美最早提出了取消农业税的议案，其后，更是年年写取消农业税的议案。他的呼吁成为有识之士的共识，最终在全国范围内取消了农业税。

农业税，是国家对一切从事农业生产、有农业收入的单位和个人征收的一个税种，在中国数千年的农业社会中扮演着重要角色。农业税在我国有着两千多年的历史，最早起源于春秋时鲁国的“初税亩”，并被历朝历代沿袭，是朝廷财政的基石。虽有过“一条鞭法”“摊丁入亩”，甚至永不加赋税的改革，但农业税依然是农民身上的沉重负担。中华人民共和国成立后，农业税在相当长的时期内一直是国家财政的重要来源。为以农促工，1958 年，我国出台了《中华人民共和国农业税条例》，后来执行的农业税实际上包括农业税、农业特产税和牧业税。作为国家的重要税种，农业税为我国建立完整的工业体系和国民经济体系发挥了重要作用。农民作为纳税人，为此作出了巨大的历史性贡献。

20 世纪 90 年代，随着农村经济社会事业的发展，基层财力的支出缺口不断增大，农民负担日趋加重，农民中流传着“头税轻，二税重，三税是个无底洞”的说法。为了降低农民负担，一些有识之士开始提出取消农业税。

当历史的车轮驶进 21 世纪，中国开始了以减轻农民负担为中心，取消“三提五统”等税外收费、改革农业税收为主要内容的农村税费改革。而随着国家财政实力的不断增强，财政收入稳定增长的机制已经基本形成。中华人民共和国成立初期，农业税占全国财政收入的 41%。到 2004 年，农业税占全国财政收入不到 1%。而到 2005 年，全国农业税收入减少到 15 亿元，取消农业税的时机已经成熟。

在进行农村税费改革方面，辽宁按照党中央的决策部署，一步一个脚印地稳步前行。2004 年，全省降低农业税税率 3 个百分点，取消了除烟叶外的农业特产税，在阜新、朝阳两市开展了取消农业税试点。全省减轻农民税费负担近 10 亿元，人均减负率达到 50% 以上，全省各级财政安排落实农村税费改革专项资金近 20 亿元。全年，因降低农业税 3 个百分点，辽宁比上年税收总量 12 亿元减少 5 亿元，取消了除烟叶外的农业特产税，比上年税收总量 3.3 亿元减少 3 亿元，两项总计减少 8 亿元，全省农民人均减税 36.4 元，农民成了最大受益者。此外，我省还通过粮食直补、良种补贴、农机补贴使全省农民人均收入增加 34.3 元。通过这“三补二减”政策性转移收入，全省农民等于人均增收 70.7 元。2004 年，大连市在全省率先“自费”取消了农业税。

2005 年 1 月 21 日，辽宁省农村工作会议召开。会上宣布，自 2005 年 1 月 1 日起，在全省范围内全部取消农业税，农民“种田交税”的历史被画上了句号。4 月 5 日，省政府下发《辽宁省人民政府关于做好免征农业税工作的通知》，要求各有关部门要相互配合，精心组织实施，确保这一政策不折不扣地落实到基层和农户。各地要按照省政府对深化农村税费改革试点的工作部署，积极探索、推进乡镇政府转变职能，强化基层政权组织对农村社会的服务功能，促进农村经济社会的全面发展。

2005 年，我省全部免征农业税及其附加后，当年农民减负 5.4 亿元，人均减负 25 元。各级财政共安排转移支付资金 13.6 亿元，其中，当年新增 5.4 亿元。取消农业税后，省里安排的转移支付资金主要用于保障县乡基层政权以及农村义务教育、计划生育、农村优抚对象和五保户供养等方面的资金需要。

全省取消农业税这件事宣告了以工促农、以城带乡时代的到来，标志着我省在解决三农问题方面的成熟度上有了一个质的飞跃，对全省广大农业、农村干部和农民是一个极大的鼓舞，这说明反哺农业、回报农民已成为我省新时期解决三农问题的基本方针。

从全国角度来看，全面取消农业税，标志着在我国延续了2600多年的农业税从此退出历史舞台，让农民吃上定心丸，极大地提高了农民生产的积极性。2006年全面取消农业税后，与农村税费改革前的1999年相比，全国农民每年减负总额超过1000亿元，人均减负120元左右。

婆婆的幸福生活

朱恩宝　摄

辽宁辉煌瞬间 49

地铁时代，沈阳的年轻态

20 世纪 90 年代，如果你去北京，一定会有两个感受：一个感受是北京交通实在太堵了，堵得天昏地暗，让人发疯；另一个感受是北京地铁实在太酷了，酷到四通八达，无处不至。作为工业基地走出来的辽宁人，你一定会想：辽宁何时才能拥有地铁，让人们的出行变得快捷顺畅？或许，你并未察觉，当辽宁萌生了地铁梦，当沈阳紧紧拥抱一个未来城市交通的蓝图，地铁时代便悄然而至……

沈阳，是一片古老而又年轻的土地，沈阳人从来没有停止过追逐梦想的脚步。在追寻城市速度的各种梦想中，沈阳人更执着于自己的地铁梦。

地铁，现代都市生活的一个强劲音符；地铁，速度与人流结合的文化景观。

在不同的年代里，沈阳这座古老的城市，始终没有间断探寻自己的地铁梦。中华人民共和国成立后，沈阳多次开工兴建地铁，并与人民防空工程相互结合起来。1965 年，沈阳在东陵区赵家沟建设斜井，因“文化大革命”而停工，后“文化大革命”期间再度开工，短期后因不明原因停工。1974 年，沈阳开工修建设计线路为“赵家沟—陶瓷厂—冶金局—沈阳东站—大西菜行—市委—交通银行—太原街—铁西广场”的地铁线路，1982 年，因建筑作业难度大、缺乏设备和资金等问题，被下令停工封井。1990 年，沈阳再次筹建轨道交通。1993 年，沈阳地铁工程可行性研究报告获得国务院批准，但没有开工修建。1995 年 12 月，《国务院办公厅关于暂停审批城市地下快速轨道交通项目的通知》发布，国家计委暂停审批可行性研究报告和开工。1999 年 12 月，沈阳地铁 1 号线一期工程项目建议书上报原国家计委。2003 年 9 月，沈阳市按照国务院有关精神，编制了《沈阳市快速轨道交通建设规划》并上报国家发展改革委。2004 年 10 月，辽宁省政府正式上报《关于报请国务院批准沈阳市快速轨道交通建设规划的请示》。2005 年 8 月，《沈阳市快速轨道交通建设规划》获得国务院的批准。根据该规划，2005年至2012年，沈阳将先期建设沈阳地铁1号线、沈阳地铁2号线一期工程，即两条线路的中间段，形成十字形轨道交通骨架，建设里程40.85千米。2005年9月，沈阳完成地铁全线初步设计。2005年11月，沈阳正式启动地铁工程建设。2006年5月，沈阳地铁1号线西延线（十三号街站至张士站）获批。2006年11月，沈阳地铁2号线正式动工。

2008年，根据沈阳市城市发展战略，针对城市功能和布局的变化，沈阳市开展了新一轮轨道交通线网规划修编工作，新的线网由四横、四纵、两“L”、一弦线11条线路和1条旅游专线组成，线路总长414千米。2009年9月，沈阳地铁1号线西段（十三号街站至铁西广场站）通车，允许地铁内部职工通勤乘坐。2010年7月，沈阳地铁1号线开始空载试运行。2010年9月，沈阳地铁1号线在十三号街车辆段举行通车仪式，开始载客试运营。2010年10月，沈阳地铁1号线开始售票运营，普通储值票正式发售。2011年12月，沈阳地铁2号线举行通车仪式，开始载客试运营。2012年1月，沈阳地铁2号线开始售票运营。从此，人们的出行方式与时俱进，在节约时间成本和开辟新的生活方式中走进了地铁时代。

2012年6月，国家发展改革委批复了沈阳市（2012—2018年）线网建设规划，包括地铁4号线一期、9号线和10号线一期，线路全长118千米，建设时间为2012年至2020年。2015年7月，沈阳地铁线网总体规划第三版修编完成，规划显示：沈阳地铁远景轨道线网由四横、五纵、两“L”、两弦线组成，中心城区内长610千米。线网呈“L”放射形，核心区线网密集，外围区轴向放射。其中：四横（东西方向），1、3、5、7号线；五纵（南北方向），2、4、6、8、12号线；两“L”，9、10号线；两弦线，11、13号线。除此之外，规划中还包括4条旅游专线和3条市域快线。

2013年3月，沈阳地铁9号线、10号线正式开工建设。2015年11月，沈阳地铁4号线开工建设。2018年12月21日，国家发展改革委印发《关于沈阳市城市轨道交通第三期建设规划（2019—2024年）的批复》，包括沈阳地铁3号线一期、沈阳地铁6号线一期、

已经开通的沈阳地铁1号线

沈阳地铁1号线东延线和沈阳地铁2号线南延线工程等4条线路工程项目。不久，这4条线路全部开始开工建设。2019年5月，沈阳地铁9号线一期开始载客试运营。2020年4月，沈阳地铁10号线开通试运营。2023年5月，沈阳地铁2号线南延线和沈阳地铁4号线一期开始试运营。

截至2023年年底，沈阳地铁已开通运营了5条线路，分别是1号线、2号线、4号线、9号线和10号线，运营里程165千米，车站122座，换乘站11座。

地铁出行方便、舒适、快捷，受到人们的青睐

地铁的出现犹如一场革命，给城市的发展和人民的生活带来了巨大的变革。如今，地铁更成为一个城市现代化水平的重要标志。面对日益拥堵的交通状况，地铁出行更方便快捷，有效地改善了人们的出行条件，极大地缓解了城市交通压力。同时，地铁还有利于降低中心城区的人口密度，促进副城和近郊的发展，加快城市总体规划的实施。同时，地铁建设还将催生“地铁经济”，拉动地方经济发展。未来，这条“地下游龙”将一飞冲天，在经济社会发展中发挥越来越重要的作用。

辽宁辉煌瞬间50

“蛟龙”探海，辽宁智慧打开海底大门

北京时间2012年6月27日5:05，马里亚纳海沟。随着总指挥一声“各就各位”，“蛟龙”号载人潜水器开始了7000米级海试的第五次下潜。潜水器5:18入水，5:29下潜，5:34建立水声通信，8:39抛掉第一组压载铁，8:44第二次越过7000米深度线，8:45第一次坐底，深度7009米，11:47达到最大下潜深度7062米，创造了世界同类作业型潜水器的最大下潜深度纪录。此次下潜，取得3个水样、2个沉积物样、1个生物样品，进行了测深侧扫等试验，下潜任务取得圆满成功。此次下潜，上演了现实版中国古代神话“蛟龙探海”，中国古人“下五洋捉鳖”的理想已经成为现实。

“蛟龙”号载人潜水器，是中国首台自行设计、自主集成研制的作业型深海载人潜水器。深海载人潜水器的作用是运载科学家、工程技术人员和各种电子装置、特种设备，快速、精确地到达各种深海复杂环境，进行高效勘探、科学考察和近海底作业，是和平开发和利用深海资源的重要技术手段。除此之外，深海载人潜水器的作用还包括深海探矿、海底高精度地形测量、可疑物探测与捕获、深海生物考察等功能。“蛟龙”号深海载人潜水器体型娇小，空重不超过22吨，但最大荷载却是240千克，其最大速度是每小时25海里，巡航每小时1海里，设计最大下潜深度为7000米，是目前世界上下潜能力最强的作业型载人潜水器。“蛟龙”号可在占世界海洋面积99.8%的广阔海域中使用，对于中国开发利用深海的资源有着重要的意义。

作为中国第一艘深海载人潜水器，“蛟龙”号的诞生，凝聚了无数科研工作者的心血。“蛟龙”号在水下7000米的深度要完成各种“水下捕猎”任务，其控制系统，也就是它的“大脑”，尤为重要。“蛟龙”号“大脑”的生产厂家是中国科学院沈阳自动化研究所，正是因为有了辽宁智慧的植入，才使得“蛟龙”号能够在浩瀚的深海中大显神通。

中国科学院沈阳自动化研究所成立于1958年，先后经历了辽宁电子技术研究所自动化（903）专业、中国科学院辽宁

分院自动化研究所、中国科学院东北工业自动化研究所等阶段。1984 年，依托沈阳自动化研究所建设的国家机器人示范工程正式启动。1989 年，建立了中国科学院机器人学开放实验室。1996 年，依托机器人示范工程建立机器人技术国家工程研究中心。1997 年，中国科学院开展研究所分类定位试点工作，沈阳自动化研究所成为全院首批获得批准进行分类定位的单位之一，定位为先进制造与自动化领域高技术研究与开发基地型研究所。2000 年，建立了沈阳新松机器人自动化股份有限公司，工业机器人产业化迈出实际步伐。以新松公司注册独立运行为标志，研究所投资的高技术公司开始与研究所主体分离，并市场化运营。2007 年，依托于沈阳自动化研究所的机器人学国家重点实验室获得科技部批准，实验室各项建设逐步展开。从研究方向上看，1958 年至 1978 年，研究所主要研究方向为自动化技术、计算机应用、光电跟踪系统、数控技术等；1979 年至 1998 年，主要研发领域是以机器人技术为主导方向，发展自动控制技术、高精度电视跟踪技术、工程自动化总体技术；2000 年以后，主要研究方向是机器人、智能制造与光电信息技术。成立几十年来，沈阳自动化研究所在自动化科学与工程领域不断探索，为国民经济、社会发展和国家安全作出了突出贡献，获得国家、中国科学院、各部委及地方奖励 300 多项。作为中国机器人事业的摇篮，沈阳自动化研究所在中国机器人事业发展史上创造了 20 多个“第一”，引领了中国机器人技术的

2013 年

刘开周指导研究生操作水下七功能机械手

周荣生　摄

研究发展，成功孵化了沈阳新松机器人自动化股份有限公司、沈阳芯源微电子设备股份有限公司等10多家高技术企业。1999年成为中国科学院知识创新工程首批试点单位以来，沈阳自动化研究所着眼于国民经济和国家安全重大战略需求，凝练研究方向，在机器人与智能制造领域着重开展创新研究，在机器人学、工业机器人、水下机器人、空间机器人及自动化、特种机器人、先进光电技术与系统、无线传感与通信技术、机器人化工艺装备及智能产线等研究与开发方面取得了大批成果，形成技术领先优势。2014年，沈阳自动化研究所深入贯彻“率先行动”计划，组建了中国科学院机器人与智能制造创新研究院，围绕产业链，打通创新链，形成了“科学研究、工程应用、检测评估、标准制定”四位一体的发展格局。

在中国科学院沈阳自动化研究所的潜心研究下，我国第一台自行设计、自主集成研制的载人潜水器“蛟龙”号控制系统达到了国际先进水平，许多技术均超越世界顶级水准。2010年8月26日，“蛟龙”号3000米级海试取得成功，实现了我国深海装备技术的跨越式发展。2012年6月，“蛟龙”号集中进行了6次海试深潜。6月15日，第一次海试，主要是复核“蛟龙”号5000米级海试后的功能和性能，下潜深度6671米，超过2011年的5188米。6月19日，第二次海试，进行近底航行和作业，下潜深度6965米。6月22日，第三次海试，重复验证“蛟龙”号在6000米级深度的功能与性能。6月24日，第四次海试，“蛟龙”号下潜深度成功突破7000米，达7020米，创造了我国载人深潜的新纪录。6月27日，第五次海试，深潜至7062米，再创纪录。6月30日，第六次海试，深潜最大深度为7035米。至此，“蛟龙”号完成全部海试任务，接着转入试验性应用阶段。此后不久，由国家深海基地管理中心牵头，开展了国家重点研发计划——深海关键技术与装备专项“蛟龙号载人潜水器科学应用与性能优化”项目，“蛟龙”号的水下作业效率及安全性大幅提升。至2024年5月，“蛟龙”号已完成下潜46潜次，利用多种常规环境调查装备开展生物环境调查工作。

深海，是人类未来发展的蓝色空间。中国第一艘深海载人潜水器——“蛟龙”号，为中国打开了进入海底的大门。随着“蛟龙探海”等国家重大工程的逐步推进，中国科技在深海事业上迎来一个又一个“第一”，作为其“大脑”的生产者，中国科学院沈阳自动化研究所与有荣焉。

蛟龙探海，我心澎湃，大洋深处，纵横龙的气概；蛟龙探海，谁是主宰，大洋深处，绽放龙的豪迈……

“蛟龙”号载人潜水器在太平洋海试的情景

中国科学院沈阳自动化研究所　供稿

大国重器，我们造

“上天有神舟，下海有蛟龙，入地有盾构。”中国制造盾构机作为与“神舟”“蛟龙”齐名的国之重器被广泛应用于地铁、铁路、公路、市政等隧道工程。从2006年第一台盾构机“金星1号”出厂，到如今发展成为世界最大的盾构机研制企业，被称为“新中国机械工业摇篮”的北方重工集团有限公司从没让我们失望，一直是我们辽宁的骄傲。

北方重工集团有限公司是在沈阳重型机械集团有限责任公司（以下简称“沈重”）和沈阳矿山机械（集团）有限责任公司（以下简称“沈矿”）合并重组的基础上组建的国有独资公司。组成北方重工的两大基础公司都是有着悠久历史的老企业。沈重前身沈阳重型机器厂始建于1937年。沈矿始建于1921年。东北解放后，两个工厂逐步发展，1953年8月，两厂分别定名为沈阳重型厂和沈阳矿山机器厂。改革开放后，两厂进一步发展壮大，1996年，两个工厂由工厂制转为公司制，建立了沈阳重型机械集团有限责任公司和沈阳矿山机械（集团）有限责任公司。2006年12月，沈重与沈矿重组为“沈阳北方重工集团有限公司”，并于2007年1月在沈阳经济技术开发区注册登记。2007年4月，经国家工商行政管理总局核准正式更名为“北方重工集团有限公司”。

北方重工占地面积约101万平方米，员工总数约1万人。主导产品有隧道工程装备、电力装备、建材装备、冶金装备、矿山装备、港口装备、环保装备、锻造装备、石油压裂装备、煤炭机械、传动机械等共计500多个品种、7000多种规格。公司拥有200多项专利和专有技术、200多台（套）新产品填补国家空白、111项产品或技术获国家各级科技奖励。公司是国家级高新技术企业，拥有2个国家级技术中心、1个国家重点实验室、1个工程设计院、13个专业产品设计所、3个工艺研究所，有各类大型加工设备5000多台（套）。产品远销世界30多个国家和地区。公司通过了ISO9001质量管理体系、ISO14001环境管理体系、GB/T28001职业健康安全管理体系和ISO10012测量管理体系四项“一体化”认证。公司实施自

沈阳制造的盾构机

主创新、国际化发展、人才强企三大战略，进行了产品结构、市场结构、组织流程结构和人力资源结构四大调整，推进了市场身份的转型和服务领域的转型，进行了技术升级、市场升级、管理升级、人才升级，以重大装备、高端成套为主攻方向，努力把企业打造成为具有核心竞争力的国际化知名公司。

北方重工集团有限公司拥有完整的设计、试验、检测和计量手段，有炼钢、铸造、锻造、热处理、焊接、机械加工及装配等现代化加工装备和完整的生产制造体系。公司拥有各类生产设备 5000 多台（套），主要生产设备 2000 多台（套）。厂区拥有现代化生产厂房 19 座，总建筑面积 60.5 万平方米，其中 36 米 ×288 米 ×21 米四联跨双层吊车，起重能力 500 吨，各种配套设施齐全的现代装配车间 2 座，24 米 ×144 米恒温车间 1 座。

北方重工在所涉及的十几个产品领域内具备系统集成、设备成套和工程总包能力，包括全断面掘进机、新型干法水泥成套装备、冶金矿山成套装备、散料装卸和输送成套装备、环保成套装备、特种轧制成套装备、煤炭综采综掘成套装备、人造板成套装备等。其中，隧道工程装备（盾构机）是现代社会应用较多的拳头产品。

盾构机号称“地下航母”，是目前世界上较为先进的隧道专用施工机械。它集机械、电子、液压传感、信息技术于一体，具有开挖掘进、岩渣输送、洞壁砌筑等功能，可实现一次性开挖成洞，是具有高技术附加值的重大技术装备产品，国际上只有德、美、日等少数国家的几个企业有能力生产，且造价高昂。而在2006年以前，“中国制造”在大型盾构机领域还是一片空白。

2005年，处于转型期的沈重集团瞄准了大型盾构机这个高端产品，而当时德国、日本的盾构机占据了95%的市场份额。沈重集团的第一个任务就是装配制造开掘武汉长江隧道关键设备的大型盾构机，且生产期只有短短3个月时间。这个庞然大物直径11.38米、长60米、重1200吨，足有几层楼高，由上万个零部件组成，而装配精度高到主驱动装置的齿轮间啮合不能超过一根头发丝的误差。当时，法国人只带来了厚厚的图纸，在没有国内外现成装配工艺经验和操作方法可借鉴的情况下，一切从零起步。沈重的技术团队用半个月时间苦苦琢磨，吃透图纸，理清了工艺思路。随即把团队的骨干召集起来，讲解图纸，设计装配方案，将任务细化分解。2006年，沈重装配的首台盾构机成功出厂，工人们欢呼雀跃，高兴不已。后来，这台盾构机经受了长江江底高水压、大断面和极其复杂的地质条件考验，在60米深的长江江底运行了475天，为长江隧道成功贯通立下汗马功劳。而沈重也率先实现了国产大型盾构机在隧道工程设备招标采购中零的突破，一举打破了国外厂商的市场垄断，成为国内研发和装配制造盾构机的龙头企业。

2007年，重组后的北方重工并购了法国NFM公司，法国NFM公司拥有世界上最先进的盾构机技术，保持着掘进直径最大、工作压力最高、单洞掘进长度最长和月掘进速度最快等四项世界纪录。北方重工利用这一强大技术优势，加速完成中国沈阳和法国里昂两个世界级盾构机研发设计和制造基地建设，实现盾构机核心技术的融合转移和再提升，能够设计制造土压平衡盾构机、泥水平衡盾构机和硬岩掘进机等世界上全部三种主要形式的盾构机，成为世界最大的盾构机研制企业。

2009年11月23日上午，由北方重工集团制造的“沈阳一号”盾构机在地铁2

2006 年

沈重装配的第一台盾构机出厂，工人们欢呼雀跃

号线世纪广场站至下深沟站区间始发。这是第一台由沈阳装备制造企业生产、沈阳本地施工队伍使用的盾构机，对沈阳地铁产业来讲，它的意义非同凡响。在沈阳本土的建设工程中，沈阳人自己生产的“大国重器”大显神威，发挥了巨大作用。

2019 年，北方重工集团有限公司顺利完成司法重整，辽宁方大集团实业有限公司正式成为北方重工第一大股东，北方重工以昂扬的姿态在老工业基地全面振兴的道路上不断阔步前行。

辽宁辉煌瞬间52

沈阳为中国制造装上“中国芯”

2011年10月28日，国家能源局组织了关于神华宁夏煤业集团400万吨/年煤炭间接液化项目关键设备国产化工作会议，会议决定10万等级空分装置及其配套的压缩机组作为国产化重点。压缩机组是为整个煤化工工艺流程提供动力的“心脏设备”。当时，国家在建和待核准的煤化工项目中，需要大量10万等级空分压缩机组，然而，其核心技术长期被少数外国公司所垄断。我国大型空分装置压缩机组全部依赖进口，因此，该机组的国产化不仅可以为国家和用户节省大量投资，更关系到国民经济安全，实现此类机组的国产化迫在眉睫！

使命光荣，任重责艰。在这关键时刻，沈阳鼓风机集团（以下简称“沈鼓”）承担了重任。2015年8月23日，沈阳鼓风机集团自主研发的我国首套10万 Nm^3/h 等级空分装置用压缩机组顺利通过出厂验收。这标志着我国高端制造业再获重大突破，煤炭深加工核心装备跻身世界先进行列，中国制造装上了“中国芯”。

沈阳鼓风机集团是中国装备制造业的战略型、领军型企业，占地70万平方米，现有员工5000余人。担负着为国家石油、化工、电力、天然气、冶金、军工等领域提供重大核心设备和成套解决方案的任务，其生存与发展关系到国家经济安全、战略安全，被党和国家领导人誉为“国家砝码”。

沈阳鼓风机集团的前身始建于1934年，当时主要从事矿山机械制造。1952年，国家投资170万元进行扩建改造，成为全国第一个风机专业制造厂。1963年，更名为沈阳鼓风机厂。改革开放后，沈阳鼓风机厂焕发了青春，其生产的产品填补了国内多项空白。1999年，成立了沈阳鼓风机股份有限公司，模拟“三资”企业管理工作开始启动，进行了大规模的机构调整。2003年，沈阳鼓风机厂整体转制为沈阳鼓风机（集团）有限公司，完成了工商注册，彻底结束了沈鼓的工厂制历史。2004年，根据国家振兴东北老工业基地的战略部署，沈阳市委、市政府，及铁西新区区委、区政府对沈阳装备制造业进行战略结构调整，以沈阳鼓风机（集团）有限公司为主，重组沈阳水泵股份有限公司、沈阳气体压缩机股份有限公司，同时，进行重大技术改造，在沈阳经济技术开发区建设占地70万平方米的新沈鼓集团。2008年，更名为沈阳鼓风机集团有限公司，全年实现工业总产值80亿元。2010年，全年工业总产值首次突破百亿大关。多年来，沈阳鼓风机集团坚持技术创新、管理创新、人才体制创新和文化创新的理念，不断实现重大装备国产化的新突破。目前，沈阳鼓风机已具备150万吨乙烯压缩机组、千万吨炼油装置、10.5万空分、大型PTA、大型LNG、大型MTO、大型长输管线压缩机、150吨大推力往复压缩机，以及CAP1400核主泵、核二级泵、核三级泵、国防海军装备用泵等重大技术装备研发制造能力，大型离心压缩机总体设计制造技术已达到国际先进水平。

2012年，国家能源局批准沈阳鼓风机集团承担国家“大型透平压缩机组研发（实验）中心建设项目”，投入7亿元资金在营口基地建设国内唯一、世界领先的10万千瓦试车台位。该试验台可以按照用户现场实际运行参数要求，将包括空压机和增压机的压缩机组主机、汽轮机、辅机、控制系统等全部设备联动进行试验。这既是对用户的庄严承诺，也是提升国内压缩机组试验能力和国际竞争力的需要。沈阳鼓风机集团以雄厚的设计制造和试验技术优势、可靠的技术方案，赢得了用户和国家的信任，承担了研制10万空分机组这一艰巨而光荣的任务。沈阳鼓风机集团与杭氧集团、杭汽轮集团合作，组成了联合攻关团队，携手实现超大型空分装置“中国芯”的跳动。

为了满足装置大流量、大压比、高效率的要求，空压机采用全新的“轴流＋离心”共轴结构，增压机采用多轴多级齿轮组装式，无论是机组的空气动力设计、强度和稳定性分析、整体设计优化，还是关键零部件加工制造工艺，空压机、增压机全负荷方案等，都凝结着沈鼓人和联合研发团队的智慧、心血和不懈的努力。

沈阳鼓风机集团拥有国内最先进的加工装备和工艺技术，保证了所有关键零部件的加工精度和质量。全新的设计结构、超大型的机组制造和装配、特型部件的稳固吊装、一系列高难度的制造和装配过程，代表着中国透平压缩机制造业的最高水平。大型龙门铣、五坐标加工中心、焊接机器人等200多台（套）大型高、精、稀设备，五坐标测量仪、超声波探伤仪等400多台（套）先进检测设备，为产品的加工制造提供了坚实保障。

试验台建设和机组试验技术难度高，工作量巨大，为了完成压缩机组的各项试验，沈鼓人攻克了所有试验设备及管路装配、蒸汽供给系统打靶、双控制系统组态、水电气及蒸汽等全系统运行操作等难关，具备全面试验能力的试车台为机组的试验提供了可靠保障。2015 年 7 月 23 日至 8 月 3 日，由沈阳鼓风机集团、杭汽轮集团、杭氧集团研发团队自主研发的 10 万空分机组先后 3 次成功进行了全负荷性能试验，各项性能指标均满足设计要求并优于国际标准，达到了国际先进水平。通过以上试验，包括锅炉及其蒸汽供给系统、循环水系统、控制和监测系统等 9 大系统在内的沈鼓营口大型产品制造试验基地经受住了全面考验。这标志着沈阳鼓风机集团已经完全具备 10 万等级空分装置压缩机组的设计、制造、试验能力，也为超大型乙烯、LNG、管道输送等装置用压缩机的研制和试验打下了坚实基础。

由沈阳鼓风机集团等研发团队研发的 10 万空分机组全负荷试验成功，郑重宣告 10 万空分装置第一次用上了“中国芯”，圆了中国制造业长久以来的“中国梦”。此前，沈阳鼓风机集团曾先后为国家提供了百万吨乙烯、千万吨炼油、天然气管线输送、大型 LNG 等装置用压缩机组，150 吨大推力往复式压缩机组、1000 兆瓦三代核电站用泵等数百套国产化首台（套）设备。沈阳鼓风机集团和联合研发团队承载着国家和民族的期望，为“中国装备、装备中国、装备世界”，实现中华民族伟大复兴的“中国梦”而矢志不渝，树立起了属于中国人的一座又一座丰碑！

跨越

周荣生 摄

[新中国成立 75 年]

辽宁辉煌瞬间 53

中国首艘航空母舰：我的名字叫"辽宁"

2013 年 11 月，中国海军在南海展开为期 47 天的海上综合演练，这是自冷战结束以来，除美国海军外，西太平洋地区最大的单国海上兵力集结演练。其间，以中国首艘航空母舰为主编组了大型远洋航空母舰战斗群，战斗群编列近 20 艘各类舰艇，标志着中国航空母舰开始具备海上编队战斗群能力。中国第一艘服役的航空母舰（代号：001 型航空母舰，舷号：16），是中国人民解放军海军隶属下的一艘可以搭载固定翼飞机的航空母舰。令辽宁人感到骄傲和自豪的是，这艘航空母舰叫作"辽宁舰"！

辽宁舰前身是苏联海军的库兹涅佐夫元帅级航空母舰次舰"瓦良格"号，20 世纪 80 年代中后期"瓦良格"号于乌克兰建造，1991 年苏联解体，建造工程中断，完成度 68%。1999 年，中国购买了"瓦良格"号，于 2002 年 3 月 3 日抵达大连港。2005 年 4 月 26 日，"瓦良格"号被拖进大连造船厂的干船坞，开始由中国人民解放军更改安装及继续建造。2012 年 9 月 25 日，中国第一艘航空母舰在中国船舶重工集团公司大连造船厂正式交付海军，被命名为"中国人民解放军海军辽宁舰"。

航空母舰是一个复杂的作战系统。作为大型水面舰艇，交付科研、试验、训练使用后，不仅舰上各类装置、电子系统、武器系统等需要调试，军舰内部各个系统之间需要磨合，与编队中其他舰艇的协同需要训练，舰载机飞行员训练、舰机协同等都需要较长时间完成。即便是美国海军这样十分成熟的航母使用者，一艘新航母形成战斗力也需要 2 到 3 年时间，对于从没有接触过航母的中国海军来说，这个过程会更长。2011 年 8 月 10 日，中国航母平台进行首次出海航行试验。2011 年 11 月 29 日，第二次出海试验，该次出海航母甲板上已经标注了飞机起降区域和起飞标志线。航母舰载机歼-15 也飞赴航母测试海域，进行适应性训练。此后，至 2012 年 8 月，辽宁舰共进行了 10 次出海试验。

辽宁舰体积大、功能全、部署周期长，有 3000 多个舱室，

我国航母舰载机歼-15在辽宁舰上

卢 刚 摄

可容纳1000多人生活在舱室里，有"海上城市"之称，飞行甲板以下有十多层，进入第三层，感觉像迷宫一样，到处都是通道、舱室，整个航母内部的通道加起来总长度有数十千米，可想而知航母内部构造是多么复杂。

辽宁舰出海，一项重要科目便是舰载机的起降试验训练。2012年11月23日，我国航母舰载机歼-15成功起降辽宁舰。11月25日，圆满完成舰载机试飞任务的辽宁舰回港。随后，参与这次试飞任务的工作人员陆续离舰。人群中，歼-15舰载机工程总指挥罗阳显得有些憔悴，就在离舰登车后，他突发心脏病，在送医抢救3个多小时后，不幸于25日12时48分离世。中共中央总书记、中央军委主席习近平26日作出重要指示，"罗阳同志不幸因公殉职，我谨致以沉痛的哀悼，并向他的家人表示深切的慰问。罗阳同志秉持航空报国的志向，为我国航空事业发展作出了突出贡献，他的英年早逝是党和国家的一个重大损失。要很好地总结和宣传罗阳同志的先进事迹，广大党员、干部要学习罗阳同志的优秀品质和可贵精神"。

辽宁号

郑　梵

油画

200 cm × 200 cm × 2

罗阳是我们辽宁人的骄傲。他是沈阳人，研究员级高级工程师，歼-15舰载机工程总指挥，中航工业沈阳飞机工业（集团）有限公司董事长、总经理、党委副书记。罗阳的一生是航空报国的一生，他将自己工作30多年来的全部精力和智慧都奉献给了祖国的航空事业，直至生命最后一刻，始终践行着航空报国的伟大宗旨。罗阳同志以敬业诚信、鞠躬尽瘁、死而后已的拼搏奋斗精神，组织实现了多项国家重点工程快速研制成功的杰出成果；他以追求卓越的治企理念，实现了管理创新的升华，改变了沈飞的面貌，被誉为“用生命托起战机的航空英模”。

正因为有了一个个像罗阳这样心怀航空报国梦想的奉献者，才成就了辽宁舰扬帆万里、守卫祖国海防的英雄壮举。

之前，世界上共有美、英、法、俄等9个国家拥有航母，在联合国安理会5个常任理事国中，中国是唯一没有航母的国家。中国从改造、恢复一艘废旧的航母起步，从无到有，实现了中国航母“零”的突破。

辽宁辉煌瞬间 54

辽宁速度渴望与蓝天白云为伴

常听长辈们说，改革开放前，百姓出行的主要工具是自行车，出远门或坐汽车，或坐火车，坐飞机几乎是天方夜谭。而现在，冲上云霄、与蓝天白云为伴已经变得再普通不过了。截至 2024 年 6 月，辽宁境内已经建成了沈阳桃仙国际机场、大连周水子国际机场、大连长海大长山岛机场、鞍山腾鳌机场、丹东浪头机场、锦州锦州湾机场、营口兰旗机场、朝阳机场 8 个民航机场。除了这 8 个民航机场外，大连金州湾国际机场正在建设中。各地通过扩修机场、更新飞机、开辟新线等措施千方百计挖掘运输潜力，运输生产实现快速增长，为人们的生产生活提供了更便捷的服务。

沈阳桃仙国际机场从 1986 年 11 月 5 日开工建设，至 1989 年 4 月正式通航。机场位于沈阳市南郊浑南区桃仙街道，距市区 18.5 千米，是多市共用机场。在以沈阳为中心的 150 千米的半径内，有鞍山、抚顺、本溪、阜新、盘锦、丹东、辽阳和铁岭等 8 座拥有百万以上人口的城市，构成以沈阳为核心的拥有 2400 万人口的城市群，机场与各市均有高速公路相连接。沈阳桃仙国际机场属于省会干线机场，是东北地区重要的对外窗口和区域性枢纽机场。沈阳桃仙国际机场是国家一类民用机场，占地面积约 382 万平方米，东西长 4059 米，南北宽 1513 米，建有 T1、T2、T3 三座航站楼。1989 年 4 月 16 日，T1 航站楼投入使用，建筑面积 1.62 万平方米，设计年旅客吞吐量 90 万人次；2001 年 12 月 1 日，T2 航站楼投入使用，建筑面积 6.68 万平方米，设计年旅客吞吐量 606 万人次，高峰小时旅客吞吐能力 2760 人次；2013 年 8 月 15 日，T3 航站楼投入使用，建筑面积 24.83 万平方米，设计年旅客吞吐量 1750 万人次。

大连周水子国际机场是国家一级民用国际机场，是我国东北地区四大机场之一，是辽宁省南翼的一个重要空港。大连周水子国际机场一直以自身空港优势不断促进区域经济的发展，吸引了 30 多家中外航空公司运营。大连周水子国际机场占地面积 345 万平方米，跑道长 3300 米，航站楼 15.2 万平方米，停机坪 80 万平方米，停机位 80 个，廊桥 20 条，安全检查通道 42 条，值机柜台 92 个。装备有先进的航管、通信及导航设施，各种地面服务设施齐全，符合 4E 级 I 类国际机场标准。每年旅客吞吐量达 1000 多万人次。

大连长海大长山岛机场是位于大连市长海县大长山岛东南杨家村的一个民用机场，三面环海。机场距长海县政府 9 千米，距长海客运码头 10 千米，距新港码头 20 千米。长海机场于 1988 年 11 月通航，是中国第一个县级民用机场。1996 年，机场关闭停航。2007 年 8 月，复航改造工程全面启动，总投资 3600 万元。2008 年 1 月，机场通过验收和开放使用审查。2008 年 2 月，长海机场在停航 12 年后正式复航。该机场占地面积 30 万平方米，飞机跑道长 860 米、宽 30 米，滑行道长 75 米、宽 15 米，停机坪长 69 米、宽 39 米。机场建有候机楼和导航台，建筑面积 1660 平方米。

鞍山腾鳌机场位于鞍山市西南 11.8 千米处，距离市中心 13.4 千米，拥有 1 条跑道和 2 个停机位，飞行区等级为 4C 级，可供波音 737-800、空客 320 同类及以下机型起降，属于利用空军机场开展民航包机运输飞行业务的机场。机场航站区总建筑面积 2607.13 平方米，飞机跑道长 2600 米、宽 50 米，平行滑行道长 2500 米、宽 25 米，停机坪长 247 米、宽 90 米，机场围界 9.8 千米。

丹东浪头机场位于丹东市振兴区浪头镇，距市中心 13.7 千米，建成于 1985 年，系军民合用机场，前身为中国民航丹东站。自 1985 年 4 月 29 日首航以来，机场规模不断扩大。2014 年 4 月 17 日，改扩建后的丹东浪头机场新航站楼正式启用。机场占地总面积 36 万平方米，机场跑道长 2600 米、宽 45 米。机场有 5 条联络道，其中 3 条民用、2 条军用，还有 1 条滑行道。目前，可供波音 737、空客 320 同类及以下机型起降。候机楼面积 2 万平方米，设有值机柜台 12 个，安检通道 8 条，高峰流量每小时可接纳旅客 893 人次。货物年吞吐量可达 4197.79 吨。机坪总面积 3.96 万平方米，机位类型为 C 类，可同时停放 6 架中型客机。

锦州锦州湾机场位于锦州市太和区，距锦州站 25 千米，是辽西地区的枢纽机场。机场于 2015 年 12 月正式通航，拥有 1 条跑道和 6 个停机位，航站楼面积 1 万平方米。飞行区等级为 4C 级，跑道长 2500 米，可供波音 737-800、空客 321 同类及以下机型起降。航站区按满足年旅客吞吐量 55 万人次、货邮吞吐量 3750 吨的目标设计，中远期按 4D 级标准预留发展空间。

沈阳桃仙国际机场鸟瞰图

营口兰旗机场位于营口市西市区兰旗村附近，距离中心城区约 17 千米，距高铁营口东站 15 千米，距沈海高速（G15）营口南进出站仅 9 千米，是辽东湾地区枢纽机场、环渤海地区重要机场、东北地区主要民用机场之一，2016 年 2 月 3 日正式通航。营口兰旗机场为国内 4C 支线机场，跑道长 2500 米、宽 45 米。航站区按满足旅客年吞吐量 75 万人次、货邮年吞吐量 4130 吨的目标设计。机场航站楼面积共 2 万多平方米，开放 8000 多平方米。机场有 6 个 C 类站坪机位，配套建成通信、导航、气象、供电、供水、供油、消防救援等辅助生产、生活设施，可满足波音 737 和空客 320 同类及以下机型起降。

朝阳机场始建于 1933 年，分别于 1985 年、1991 年和 2008 年进行了 3 次改扩建，拥有 1 条跑道、2 个民航机位和 6 个通用机位、4C 级飞行区，可供空客 319、波音 737-700 同类及以下机型起降。作为通用航空基地，2015 年，朝阳机场保障通用飞机起降 10 万多架次，与东华通航、飞龙通航、珠海通航、东方通航为主的几家通用航空公司建立了比较稳定的合作关系。同时，还为中国民航

大学朝阳飞行学院的训练飞行，以及包括人工增雨、探矿、摄影、抢险救灾在内的通用飞行保驾护航。

大连金州湾国际机场，位于大连市金州湾东部海域，东南距大连周水子国际机场约 18 千米，南距大连市中心约 23 千米，为 4F 级国际机场、区域航空枢纽。2022 年 10 月 19 日，大连新机场获国务院、中央军委联合批复立项。2024 年 6 月 15 日，大连金州湾国际机场正式开工。大连金州湾国际机场航站楼面积为 50 万平方米，民航站坪设 198 个机位，北跑道长 3600 米、宽 45 米，南跑道长 3400 米、宽 45 米，可满足旅客年吞吐量 4300 万人次、货邮年吞吐量 55 万吨、飞机起降 32.8 万架次的使用需求。

现代社会，民航出行已经成为家常便饭，包机与自驾私人飞机出行也屡见不鲜，随着经济的发展和科技的进步，人们的生活已越来越便捷，越来越丰富多彩。

[新中国成立 75 年]

辽宁辉煌瞬间 55

东软的“耀世”“汉武”彰显中国智造

2018 年 8 月 11 日，东软集团孕育的东软医疗迎来了 20 周年华诞庆典，全球首台与医生智慧连接的超高端 CT—— 256 层宽体能谱 CT（NeuViz Glory CT，中文名：耀世）、全球首款悬吊双中心七轴智能血管机（NeuAngio 30C DSA，中文名：汉武）重磅发布，再一次刷新了中国智造的历史。

东软来自大学，从一个在大学校园教室里开始创业的梦想发展成为中国最大的 IT 解决方案与服务提供商。1988 年年初，东北工学院（今东北大学）教授刘积仁博士与两名青年教师以 3 万元科研经费、3 台 286 计算机创建了“计算机系计算机软件与网络工程研究室”，这便是东软的前身。1990 年，“东北工学院计算机软件研究与开发中心”成立，并提出“架设软件研究与应用的桥梁”的口号。1991 年，“东北工学院开放软件（OPENSOFT）系统开发公司”成立，并与日本 ALPINE 株式会社合资成立“沈阳东工阿尔派音软件研究所（有限公司）”，这标志着东软正式成立。1992 年，“东北工学院开放软件系统开发公司”进行股份制改造，成立“东北工学院开放软件系统股份有限公司”。1993 年，“东北工学院开放软件系统股份有限公司”与“沈阳东工阿尔派音软件研究所”合并，成立“沈阳东大阿尔派软件股份有限公司”，“东北工学院计算机软件研究与开发中心”更名为“东北大学软件中心”，该中心成为中国第一个“计算机软件国家工程研究中心”。1995 年，“东北大学计算机影像工程技术研究中心”并入东软，东软开始进入 CT 等医疗系统领域。1996 年，“东北大学软件集团有限公司”成立，同年 6 月 18 日，东大阿尔派软件股份有限公司股票在上海证券交易所上市，东大阿尔派软件股份有限公司成为中国首家上市的软件公司。1998 年，“东大阿尔派数字医疗系统股份有限公司”（即“东软医疗”）正式成立，成为中国大型高端医疗设备的推动者之一。

20 世纪 90 年代，中国人口基数大，对 CT 的需求量巨大。当时，国内 CT 市场完全被美、日、德几个跨国公司占据，进口新品 CT 价格昂贵，维护成本也非常高，国内只有少数大规模的医院才有实力购买，大部分医院使用的是国外已经淘汰的二手 CT。正因如此，中国政府曾在上海组织 40 多个科研机构联合攻关，投入上亿元资金研制国产 CT，但因为 CT 的核心技术和系统软件等关键问题得不到解决而最终夭折。而此时，位于沈阳的东北工学院郑全录和李甲递两位老师竟然奇迹般地把已经“趴窝”的洋 CT 复活了。此举让业界大为震惊，也让东北大学校领导萌生了搞国产 CT 项目的想法。1994 年，郑全录带领项目组突破重重难关，研制出中国第一台国产 CT 样机，并通过了当时国家有关部门的鉴定，使得中国成为继美国、德国、日本之后，第四个能制造 CT 的国家。而在国产 CT 进入产业化的道路上又遇到诸多困难，当时的东大阿尔派（现在的东软集团）慧眼识珠，决定接手国产 CT 的产业化项目。在东软的大力支持下，1997 年 1 月，中国第一台可以临床应用的国产 CT 产品研制成功。东软这台 CT 不同于以往跨国公司生产的 CT 机，因为，东软创新性地以 PC 机代替阵列处理机，以软件来修正成像的伪影，这不但突破了跨国公司对 CT 核心技术的封锁，而且还引领了国际 CT 新的变革和技术潮流，同时也大大降低了 CT 的生产成本和运营成本。

2000 年 1 月，螺旋 CT 在东软医疗问世，并投入市场，同时研发成功了 DR（直接数字平板 X 线成像系统）。2001 年 3 月，国产三维彩超研制成功。2003 年 7 月，东软螺旋 CT、磁共振出口美国，开创了中国大型医疗设备出口美国的新纪元。2004 年 3 月，东软医疗研制成功双层螺旋 CT。2009 年 8 月，东软医疗发布了 16 层 CT、超导磁共振，同时发布了直线加速器等具有里程碑意义的产品。2012 年和 2015 年，东软医疗又相继研制出 64 层和 128 层螺旋 CT，并出口南亚、北非、欧洲等国际市场。2018 年，东软医疗在 20 周年华诞庆典上，又发布了 256 层宽体能谱 CT 与全球首款悬吊双中心七轴智能血管机。

CT 扫描，剂量越低辐射越小，耀世 CT 实现了 60 kV 低剂量扫描，这是东软医疗的全球首创；0.259 秒的扫描速度，是目前单源全身 CT 中最快的转速；256 层 /360° 高清成像、8 cm 能谱覆盖，也是全球领先水平；从扫描、成像、诊断到服务的全域人工智能应用，以及从临床需求角度出发的系列高级功能，以全新视角重新定义了超高端 CT。在关爱被检者方面，尤其是婴幼儿成像上，耀世 CT 有着非常好的应用。东软医疗的产品，具备了真正与世界品牌产品竞争的能力，也代表了我们中国人的智慧、中国人的制造水平。

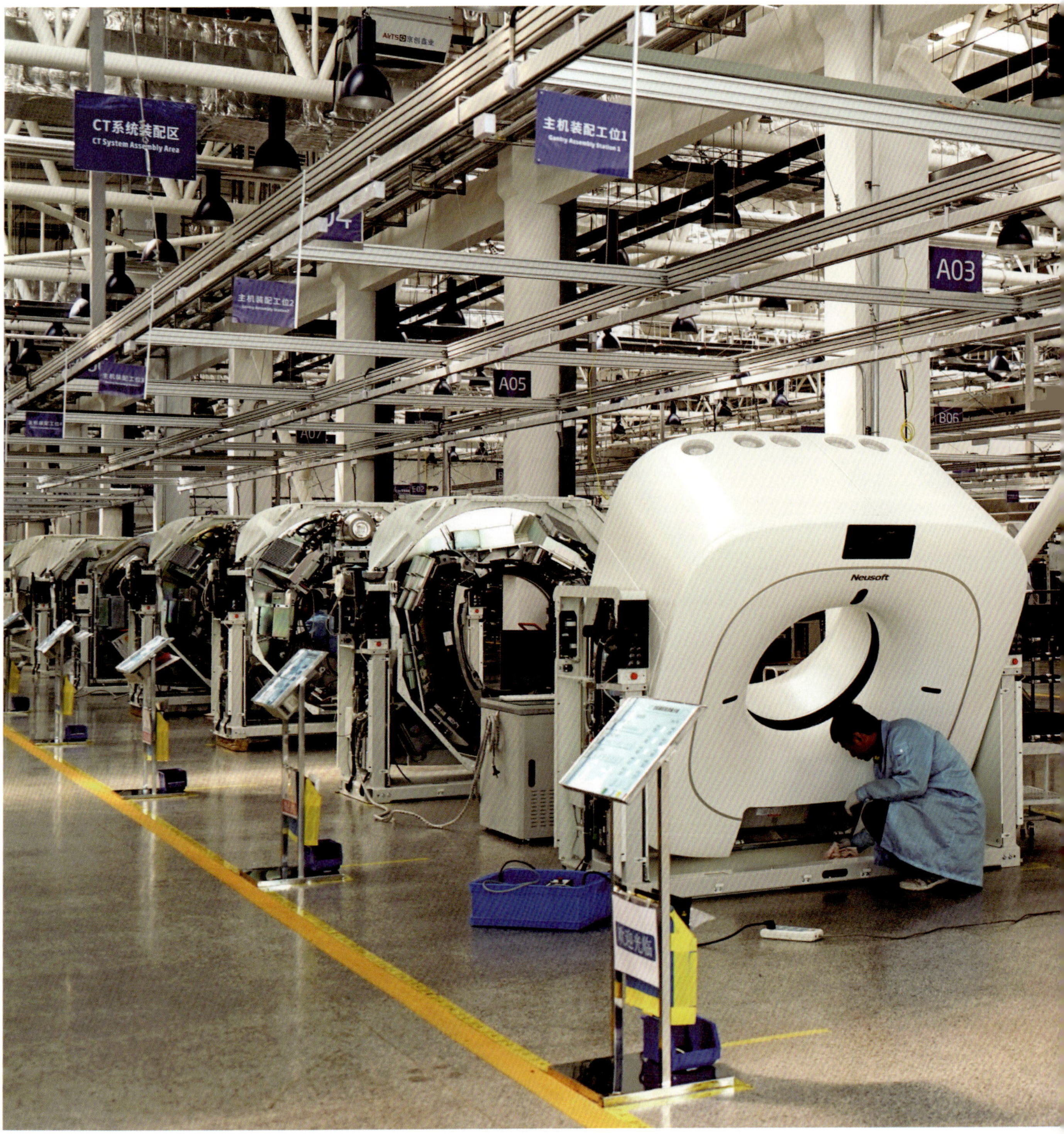
CT系统装配区
CT System Assembly Area
主机装配工位1
主机装配工位2
A03
A05
B06
Neusoft

全球首款悬吊双中心七轴智能血管机——“汉武”独创的双中心悬吊运动方式，将手术室空间的利用率发挥到了极致；选用的第三代数字平板探测器配合超高清影像链，满足了全科室的介入应用需求；与此同时，它的全面临床软件应用方案，创新微剂量智能算法，实现了影像质量与射线剂量的最佳平衡。

除了 CT 外，东软医疗在磁共振、X 线、PET/CT、US、IVD、RT、影像云等更多领域同样取得了令人瞩目的成绩。

今天，我们已进入大数据、人工智能时代，作为中国大型医疗设备的领导者，东软医疗必将进一步奋发进取，开拓创新，在中国智造的道路上继续领跑。

东软医疗领跑中国 CT 医疗设备行业

辽宁辉煌瞬间56

辽宁自贸试验区引领振兴

2017年4月10日上午，中国（辽宁）自由贸易试验区沈阳片区、大连片区、营口片区在沈阳创新天地、大连金普新区、营口高新技术产业开发区同时举行揭牌仪式，这标志着备受社会各界关注的辽宁自贸试验区3个片区正式运行。

很多人都想了解，什么是自由贸易区？我们会从自由贸易区里得到什么好处？简单说，建立自由贸易区，商品的税率将会大大降低，特别是对于一些海关要缴纳高额税的商品，就会以较低的价格进入我国市场，我们可以不用花高价就能买到外国产品了。

2016年8月，党中央、国务院决定，在辽宁省、浙江省、河南省、湖北省、重庆市、四川省、陕西省新设立7个自贸试验区。这代表着自贸试验区建设进入了试点探索的新航程。新设立的7个自贸试验区，将继续依托现有经国务院批准的新区、园区，继续紧扣制度创新这一核心，进一步对接高标准国际经贸规则，在更广领域、更大范围形成各具特色、各有侧重的试点格局，推动改革开放向纵深领域发展。

中国（辽宁）自由贸易试验区，简称“辽宁自由贸易区”或“辽宁自贸区”，是中国政府设立在辽宁的区域性自由贸易园区，位于辽宁境内，属中国自由贸易区范畴。在辽宁省设立自贸区的主要任务是落实中央关于加快市场取向体制机制改革，推动结构调整的要求，着力打造提升东北老工业基地发展整体竞争力和对外开放水平的新引擎。

中国（辽宁）自由贸易试验区的实施范围为119.89平方千米，涵盖大连、沈阳和营口3个片区。

中国（辽宁）自由贸易试验区大连片区位于国家级新区——大连金普新区范围内，是辽宁自由贸易试验区的主体区域，规划面积59.96平方千米，其中在大连经济技术开发区内的面积28平方千米，在大连保税区内的面积31.96平方千米，是引领东北全面振兴的重要增长极，是面向东北亚开放合作的战略高地，是“一带一路”的重要节点和国际联运的重要枢纽。片区地处东北亚地理中心位置，对内是东北地区海陆联运中心，通过哈大运输大通道和东北东部铁路连通整个东北地区；对外是东北亚国际航线的要冲，是我国东北地区走向世界的海空门户，是与东北亚国家经贸往来和开放合作的重要枢纽，是“一带一路”倡议的重要节点，承担东北地区 70% 以上的外贸货物海运和 90% 以上的外贸集装箱运输。片区目前初步形成了高端装备制造业集群、整车及核心零部件产业集群、电子信息产业集群、生物医药产业集群、港航物流产业集群和国际商贸产业集群。片区科教技术人才优势明显，是东北地区重要的技术创新中心和科研成果转化基地，产业基础雄厚。片区生态环境优美，自然禀赋良好。大连是国家环境保护模范城市、国家森林城市，空气质量指数二级以上天数达 300 天，城市水源地和近海海域功能区水质达标率达 100%，森林覆盖率达 41.5%，林木绿化率达 50%。大连片区重点发展港航物流、金融商贸、先进装备制造、高新技术、航运服务、循环经济六大主导产业，其中在开发区区块的小窑湾区域重点发展现代金融、总部经济、研发中心、专业服务等现代服务业，建设我国区域性金融中心和金融业对外开放试验示范窗口、重要的商贸服务、专业服务、社会服务等生产性服务业中心；双 D 港区域重点发展先进装备制造、高新技术、文化创意、科技服务、IT 产业等，建设我国重要的科技创新中心；保税区区块重点发展港航物流、国际商贸、航运金融等现代服务业以及汽车及零部件、新能源、出口加工等临港产业，建设东北亚重要国际航运中心、国际物流中心、国际贸易中心的核心功能区。区内的海关特殊监管区域重点探索以贸易便利化为主要内容的制度创新，开展保税加工、保税物流、保税服务等业务。

中国（辽宁）自由贸易试验区沈阳片区规划面积为 29.97 平方千米，其中浑南区 22.63 平方千米（包含桃仙机场 2.08 平方千米），苏家屯区 7.34 平方千米。该区域依托国家全面创新改革试验区、国家自主创新示范区、国家级高新技术产业开发区、国家级产城融合示范区，政策叠加优势明显；集聚了东北地区最有影响的空港——桃仙国际机场、最重要的高铁站——沈阳南站和最大铁路货运编组站——苏家屯站，枢纽功能完备；汇聚了智能制造、航空装备、信息技术等高端制造产业集群和便捷的商贸物流服务体系，产业基础雄厚。沈阳片区的功能定位是重点发展装备制造、汽车及零部件、航空装备等先进制造业和金融、科技、物流等现代服务业，提升国家新型工业化示范城市、东北地区科技创新中心发展水平，建设具有国际竞争力的先进装备制造业基地。

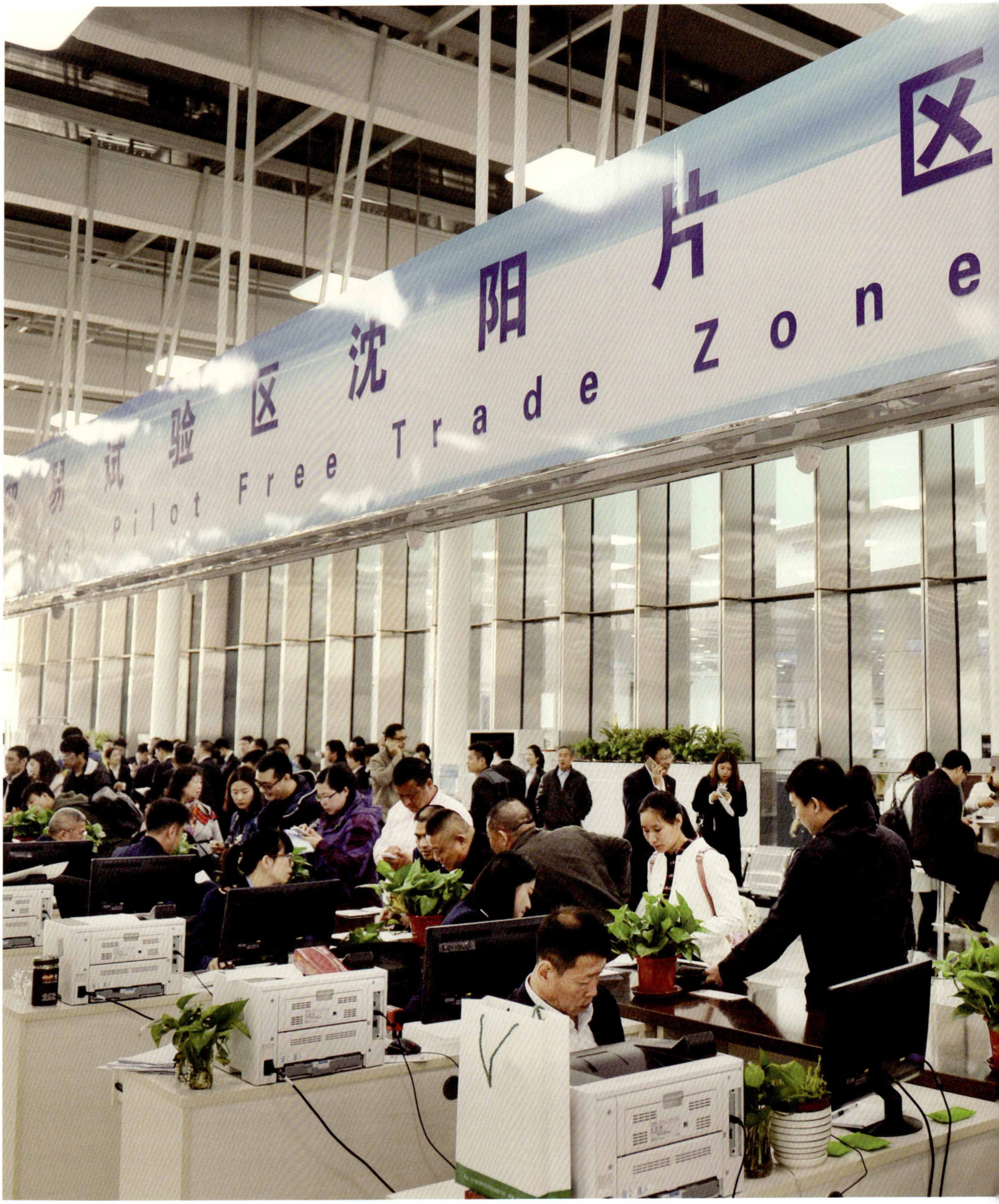
试验区沈阳片区
Pilot Free Trade Zone

中国（辽宁）自由贸易试验区营口片区位于营口主城区西部，实施范围约30平方千米。依托于国家级高新技术产业开发区开发建设，分为五大功能区块，分别是规划面积6.44平方千米的旅游休闲产业集聚区、规划面积4.84平方千米的科技研发及新兴产业集聚区、规划面积6.74平方千米的制造业转型升级示范区、规划面积5.81平方千米的现代物流商贸产业集聚区、规划面积6.17平方千米的平台经济和总部经济集聚区。营口片区围绕港口核心战略资源和营满欧大陆桥，构建国际海铁联运大通道的重要枢纽，带动区域性物流中心建设，形成了中国北方重要航运枢纽和东北亚区域物流中心。重点发展商贸物流、跨境电商、金融等现代服务业和新一代信息技术、高端装备制造等战略性新兴产业以及节能环保等新材料产业，努力构建辽宁对外开放和制度创新的新高地、城市转型产业升级的新标杆。

自2017年4月挂牌至2018年4月30日，一年时间里，中国（辽宁）自由贸易试验区共新增注册企业26878家，注册资本3954.23亿元。截至2024年4月，中国（辽宁）自由贸易试验区新增注册企业突破10万户，注册资本突破2万亿元，累计使用外资49.9亿美元，实现税收年均增长10.5%，固定资产投资年均增长12.9%，在加快对外开放、促进经济发展等方面发挥了重要作用。

中国（辽宁）自由贸易试验区沈阳片区服务大厅

[新中国成立75年]

辽宁辉煌瞬间57

阜新：矸石山上的新赛道

赛车的轰鸣让人心驰神往，扬起的泥土使人激情澎湃……这些，并不只在巴音布鲁克才能实现。在辽宁阜新，一座原本污染严重的矸石山上建起的百年赛道一样可以让众多车手一展身手，超越巅峰！

阜新，本是一座因煤而生的城市。然而，随着资源逐渐枯竭，加上采煤沉陷、环境污染等一系列问题，实现城市转型迫在眉睫。“中国阜新百年国际赛道城”项目，是阜新在探索资源枯竭型城市转型工作方面进行的有益尝试。阜新市新邱区一座采煤废弃的矸石山，治理困难，污染严重，当地党委、政府因地制宜，充分利用环境特点和地形优势，以汽车越野赛事为触媒，创新露天矿坑治理模式，将生态环境修复和产业转型有机结合，全力打造“赛道中的城市、城市中的赛道”，规划建设中国阜新百年国际赛道城，让发动机轰鸣与城市共鸣，为实现绿色发展，决胜转型振兴注入新动能。

资源型城市是指生产和发展与资源开发有密切关系的城市。辽宁省地级市资源型城市有鞍山、抚顺、本溪、阜新、盘锦等，此外，还有北票、南票、调兵山和大石桥等县级市（区）资源型城市和地区。辽宁的资源型城市主要有煤炭型、黑色金属型、石油与天然气型、有色金属型和非金属矿产与建材型等5种。煤炭资源型城市以抚顺、本溪、阜新三市为代表，历史上分别有“煤都”“煤铁之城”和“煤电之城”的美誉，朝阳北票市和葫芦岛南票区煤炭开发史均在100年以上，资源开发已是尾声。鞍山市是举世闻名的“钢都”，有色金属矿山鼎盛时期采矿能力达314万吨。20世纪70年代开发建设的辽河油田是我国第三大油田，以油田开发为依托形成了盘锦市这座新兴的石油城。在20世纪50年代至80年代的30多年时间里，辽宁的资源型城市如群星般璀璨闪耀，令世人瞩目。

资源总有枯竭的一天。从20世纪80年代中期以后，资源型城市问题逐渐暴露。以阜新为例，资源开采过程中和资源枯竭后暴露出城市功能严重缺失、产业结构过于单一、社会矛盾日益突出、环境污染十分严重等一系列问题，这些问题其实也不同程度地存在于辽宁其他资源型城市中，且已成为影响资源型城市经济发展、社会进步和居民生活改善的难点，严重制约了辽宁老工业基地的全面振兴。党中央、国务院高度重视解决以资源开采为主的城市和地区发展接续产业的问题，因此，2001 年，阜新市被国务院确立为全国第一个资源枯竭型城市经济转型试点市，自此，阜新在全国众多资源型城市中率先开始探索转型。

此后，盘锦市、抚顺市、北票市、葫芦岛市杨家杖子开发区、葫芦岛市南票区、辽阳市弓长岭区等先后被列入国家重点支持的亟需转型的资源枯竭型城市和地区。

既然资源不再“可靠”，那就必须转型。辽宁省委、省政府按照党中央、国务院的部署，举全省之力，开始了资源枯竭型城市的经济转型之路，并把此项工作作为全省经济工作的主要任务之一。在省委、省政府的高度重视以及各有关部门的大力支持下，以阜新为代表的资源枯竭型城市和地区充分发挥自力更生、艰苦奋斗、发愤图强的精神，努力求发展谋出路，经济转型工作逐步展开，并相继取得了突破性进展。特别是阜新市，经济转型成效显著。在国家和辽宁省的高度重视和大力支持下，阜新市从实际出发，把实现可持续发展作为经济转型的战略选择，采取了“稳煤强电”、建设“三大产业基地”、培育壮大“六个优势特色产业”等一系列有力措施，历经不懈努力，彻底打破了单一的煤电经济结构，接续替代产业框架基本形成，经济转型取得阶段性成果。

转型带来的不仅是经济结构的变化，更带来了人们观念上的更新。盘锦作为辽宁省第二个国家级资源型城市经济转型试点城市，坚持“向海发展、全面转型、以港强市”的总体要求，制定了“结构调整、外向牵动、油地融合”的转型发展战略。盘锦虽然位于辽河入海口处，但这座城市多年来却是“靠海不见海、不知海、不用海”，“转身向海”发展海洋经济，成为盘锦城市转型的一个重要内容，取得了显著成效。

在阜新、盘锦经济转型取得显著成果的同时，抚顺、鞍山和本溪等具有较好自然条件和经济基础的资源型城市也探索出了新的发展模式，取得了明显效果。

推进以阜新为试点的资源枯竭型城市转型，既为辽宁提供了新的发展机遇，也向全省提出了如何规避资源枯竭、环境破坏带来的严重影响，实现经济社会可持续发展的重大历史课题。基于此，辽宁省委、省政府以推进资源枯竭型城市转型工作为突破口，遵循生态领域和循环经济理念，抓住环境保护、生态建设、循环经济三大重点和水资源优化配置、国土绿化、污染防治3个关键环节，坚定地实施可持续发展战略，加快了经济增长方式转变，实现了资源的可持续利用，推进了生态文化建设，促进了经济社会协调发展。

赛车在阜新百年赛道上轰鸣

[新中国成立75年]

辽宁辉煌瞬间58

新领军者年会，从瑞士达沃斯到中国大连

仲夏的大连湾之滨，万物竞秀，宾客云集，世界目光再次聚焦中国。2024年6月25日至27日，世界经济论坛第十五届新领军者年会（又称“夏季达沃斯论坛”）在大连举行。3天，约200场会议，来自100多个国家和地区的约1700名各界代表齐聚一堂，为应对世界变局共谋发展之道。从2007年夏季达沃斯“牵手”大连后，每隔两年就在大连举办一次论坛。从白雪皑皑的瑞士小镇，到别具魅力的滨海之城，被喻为“世界经济风向标”的达沃斯论坛传递出创新、开放、合作的强音，释放出各方携手共建开放型世界经济的信号。

达沃斯，瑞士山区的一个小镇。1971年，瑞士日内瓦商学院教授克劳斯·施瓦布在这里创建了以“共同讨论、分享经验”为主要形式，探讨世界经济社会发展前沿话题的“欧洲管理论坛”。后来，因为这个论坛在全球的影响力不断扩大，于1976年改为会员制。1987年，“欧洲管理论坛”更名为“世界经济论坛”。论坛的年会每年1月底至2月初在瑞士小镇达沃斯召开，“达沃斯”因此闻名于世。所以，“世界经济论坛”也被称为“达沃斯论坛”。

达沃斯论坛的影响力，首先是作为一个世界级思想交流平台的作用和对全球舆论的影响。论坛自成立以来，借助包括年会在内的各种会议形式，成为各国政要、企业领袖、国际组织领导人、专家学者就各种世界重大问题交换意见的重要平台。更重要的是，达沃斯年会讨论的都是全球性热点问题或趋势性问题，对全球舆论具有重要影响。世界经济论坛的影响力还表现在其遍布全球的会员和关系网络。世界经济论坛是会员制组织，其会员来自全球各地区的1100多家大型跨国公司，其中有全球500强中的绝大部分公司。除企业界外，论坛还与世界各国的政界、学界、媒体高层建立了广泛的关系网络。

1979年，中国以改革开放的新姿态刚刚打开国门，就引起了世界经济论坛的广泛关注，世界经济论坛邀请中国作为正式成员加入论坛。加入论坛后，国人一直希望世界经济论坛有

朝一日能在中国举办。2007 年，世界经济论坛终于来到中国，大连荣幸成为中国第一个承办地。9 月 6 日至 8 日，来自世界 90 多个国家和地区的 1700 多位政界、商界、学术界、新闻界的领袖和精英云集大连。达沃斯为中国“量身定制”了“世界经济论坛新领军者年会（夏季达沃斯年会）”，而这届年会的名字更为直截了当：从达沃斯到大连——新领军者年会。年会继续把“变化中的力量平衡”作为主题，内容涉及全球商业环境、中国经济发展、企业全球化以及能源等重要话题。这是世界经济论坛首次举行针对成长型企业的“新领军者年会”，既反映了世界对快速成长的企业和地区的高度关注，也表达了国际社会对建立世界经济新秩序的迫切要求，具有很强的针对性和重要的现实意义。大连之所以能够从多个竞争城市中脱颖而出，得到世界经济论坛的青睐，正如施瓦布所说的，大连不仅是中国的一座规范城市，更是中国的一座在创新、环境保护等方面创立了国际标准的城市，是一座很有发展潜力和在世界经济舞台上很负责任的城市，是举办夏季达沃斯的理想城市。大连为世界各地、各地区未来的领军企业提供了一个很好的交流平台。

这次会议之所以定名为“从达沃斯到大连——新领军者年会”，是因为大连有着得天独厚的自然条件和良好的投资环境，但很多世界大公司并不了解。借助新领军者年会这个平台，大连向世界展示了一个充满经济活力、科学发展、和谐发展的大连，其国际知名度陡然提升。世界经济论坛官方网站上有一个专门介绍大连市情的片子。首届年会前夕，该片每周点击率在 5000 次以上，随着会议的召开，其点击率更是直线攀升。而更多世界级企业家由于来大连参加年会，亲身感受到了大连的潜力与增长性，将大连的种种优势深植脑海，从而产生了投资大连的热情与渴望。

日本最大半导体设备制造商东京电子有限公司社长兼首席执行官佐藤洁就表示，同大连的合作将由过去的单向交流转向全方位合作；韩国产业银行总裁金昌录也说，将抓住机遇，在大连开展更多业务；世界 500 强企业之一的威达信集团公司亚洲区主席席伯伦则认为，成功承办新领军者年会使得全球众多经济界人士对大连这座新领军城市有了更多的了解，这必将促使他们下决心在大连投资兴业……

每一届大连夏季达沃斯的举办，在提高大连的国际地位、扩大大连的国际影响等方面都起到了重要作用。更重要的是，通过夏季达沃斯论坛，中国能更好地倾听世界的声音，同时世界也在关注着中国的发展，论坛逐渐成为探讨中国经济转型、中国如何借鉴国外经验的一个重要平台。历届夏季达沃斯均注重对经济增长方式转型问题的探讨，为中国的发展提供了参考。世界经济论坛创始人施瓦布说："世界经济论坛是一个桥梁，如果想要搭建一座好的东西方桥梁，这座桥需要两个支柱：一个支柱在达沃斯，另一个支柱落在东方大国——中国。"

2024年6月25日至27日

夏季达沃斯论坛会场——大连国际会议中心

[新中国成立75年]

辽宁辉煌瞬间59

沈阳有一家机器人“统治”的工厂

2010年6月，华晨宝马铁西工厂开工建设。这是继2003年华晨宝马大东工厂建成投入使用以后，华晨宝马在沈阳建设的第二家工厂。华晨宝马铁西工厂仅用时18个月，首期工程即告完工，首辆宝马汽车成功下线。2012年5月24日，铁西工厂开业典礼隆重举行。这座占地面积超过2平方千米的汽车工厂拥有现代化汽车制造的完整四大工艺，很多工序和生产环节都是由机器人操作完成的，特别是车身车间，采用全集成自动化技术，自动化率高达95%，机器人“统治”了整个工厂。

华晨宝马汽车有限公司成立于2003年5月，是宝马集团和华晨集团共同设立的合资企业。业务涵盖宝马品牌汽车在中国的研发、采购、生产、销售和售后服务。华晨宝马聚焦高质量发展，致力于成为可持续高档个人出行服务提供商，并引领中国汽车行业整个价值链的可持续发展。华晨宝马在辽宁省沈阳市建有先进的生产基地，在北京和上海设有分公司，还有一家子公司——领悦数字信息技术有限公司，设有北京和南京办公室。

华晨宝马沈阳生产基地是宝马集团全球规模最大的生产基地，拥有生产整车的工厂、生产发动机及动力电池的动力总成工厂以及研发中心。自2010年以来，累计投资近1000亿元人民币，年产能达到83万辆，全球每生产3辆BMW车型，就有一辆来自沈阳。华晨宝马沈阳生产基地遵循宝马集团最先进的iFACTORY生产战略，致力于在精益、绿色、数字化3个方面树立未来汽车制造的新标杆，赋能制造业升级，为沈阳、辽宁，乃至中国的新质生产力发展作出积极贡献。

华晨宝马在沈阳的生产工厂都拥有完整的生产工艺、尖端生产设备并采用大数据、数字模拟和物联网等创新生产技术，将“工业4.0”科技应用和“中国制造2025”相结合，充分体现了精准、高效、节能、环保的理念。以铁西工厂为例，冲压车间、车身车间、涂装车间、总装车间处处体现机器人“统治”工厂的霸气与完美。

冲压车间拥有全球领先的6序伺服高速冲压机（最高冲程可达17次/分钟，最大冲压力可达2500吨），开卷线（最高冲程达60次/分钟，最大冲压力可达1250吨），自动化光学监测站（测量精度达28微米），5轴精密铣床（铣削精度达10微米）等先进的生产设施，具有高效率、高精度、低能耗、低噪音的特点。通过落料、拉延、修边、翻边、整型、冲孔等工序，按时按需为车身车间提供高品质的钢或铝制件。冲压作为整车制造工艺的第一步，秉承驱动高效生产、创造无瑕品质的愿景，对上序把关，为下序负责，始终提供优质、完美、零缺陷的产品和服务。

车身车间秉承宝马集团先进的整车制造技术，致力于打造高效、智能的现代化生产车间，为客户提供安全、优质的“白车身”。车间拥有全球领先的车身材料、连接技术以及自动化生产、质量检验系统。多达16种连接技术应用于车身焊接，其中包括业内先进的激光焊、球焊、铆焊等。针对不同的功能需求采用不同的连接技术，保证焊接强度的同时，焊缝也更加美观。同时，车间拥有完善、智能的测量系统，包括三坐标测量、激光雷达测量、在线测量等，为每一台“白车身”提供可靠的质量分析数据，提前发现潜在的质量问题，配合高效的问题解决流程，为客户打造高质量的“白车身”。

涂装车间通常都是汽车工厂能耗最高的车间，铁西工厂由于采用了先进的技术和工艺流程，涂装车间的水资源消耗、挥发性有机化合物和污水排放都得到显著降低，相比10年前的行业平均水平降低三分之一以上。RoDip旋转浸涂设备令车身可以进行旋转运动，从而大幅降低设备占用空间，减少能源和化学制剂的消耗，降低污染物排放。此外，集成喷涂工艺采用了创新的底涂技术，完全省却了原先的中漆和烘干工序。

总装车间操作工位大多采用了高度符合人体工程学的先进设备，员工能够以舒适的姿势进行装配工作，从而实现更高的生产效率和产品质量。总装线采用全自动设计，操作工可以专注于安装工作，而不用随着车辆一起移动。C形钳工位的翻转角度可自由调节，目的就是让不同身高的工人都能以最省力舒适的姿态进行工作。在可持续发展方面，总装车间也有许多亮点，比如转毂测试工位的能量回收系统，可将回收的动能转化为电能进行再利用，车辆清洗和淋雨测试工位的水循环利用率高达90%。

汽车制造流程复杂，科学的物流至关重要。所要运输的材料必须在恰当的时机以恰当的顺序到达恰当的地点，这需要高度精准和灵活的物流系统。铁西工厂物流车间的数字化、智能化创新理念也日益成熟，如：自动导引车、灵活的场内流转器具、物流数据库等技术的应用。更值得铁西工厂骄傲的是，铁路已经按照既定规划直接修进了工厂，承担物料、配件和整车的运输工作，极大地提升了工厂的物流效率，物流车间坚持可持续发展，以“零碳”为目标，打造“绿色物流”。

2017年年初，经辽宁省旅游景区质量等级评定委员会组织评定，铁西工厂正式获批为国家AAAA级旅游景区。这是国内汽车行业首家及唯一获此殊荣的汽车生产制造厂，成为国内工业旅游项目的典范。

华晨宝马铁西工厂车身车间

LEONI
SICK

[新中国成立75年]

辽宁辉煌瞬间60

彰武治沙：七十多年寸步不退的坚守

这里，曾经风沙肆虐，寸草不生；这里，曾经荒无人烟，鸟兽倦生；这里，风沙刮起时，曾经让人看不清眼前人；这里，一夜风沙后，曾经沙子堵得推不开门……这里，位于科尔沁沙地南缘；这里，是辽宁彰武。如今的这里，一片片林带犹如不可逾越的绿色卫士，锁住了风沙肆虐的脚步。而这一切，源自一代又一代治沙人寸步不退的坚守。

阜新市彰武县，地处辽宁省西北部，科尔沁沙地南缘，位于内蒙古高原与辽河平原之间的农牧交错带，是辽宁的“风口”和“沙窝子”，是辽宁最大的风沙区。这里，一年365天中有240天在刮风，漫天黄沙只需两小时就能掠过辽河平原。新中国成立之初，彰武24个乡镇有23个属于沙区，沙化面积达524.2万亩，占全县总面积的96%。“一年一场风，从春刮到冬。”这是以前对彰武县章古台镇风沙的描述。每逢冬春两季，这里沙尘滚滚，遮天蔽日，流沙吞噬农田、牧场，埋没房屋，阻塞交通。肆虐的风沙不仅给当地的生态环境带来毁灭性的灾难，同时在每一季季风的作用下，土地沙化还以惊人速度向东南扩展，直接威胁着辽西北乃至辽宁中部城市群的生态环境及国土安全，严重制约了地区经济社会的发展。

1951年，东北人民政府制订了东北西部防护林带建设计划，成立了沙荒造林局，在章古台设立了苗圃。1952年4月，我国第一个防沙治沙研究所——辽宁省固沙造林研究所（简称“固沙所”，今辽宁省沙地治理与利用研究所）在彰武县章古台成立。曾担任过冀东解放区区委书记、新中国成立后任义县县长的刘斌，将全家从县城搬到了荒凉的章古台，成为新中国成立后第一代治沙人。

1955年8月，固沙所科研人员远赴呼伦贝尔沙地中的原始森林，找到了我国仅存的原始沙地樟子松林，并引来5000棵樟子松树苗，仅用两年时间就完成了选种、育苗、试种，营建了国内最早的樟子松人工固沙林，将这种原本生长在寒温带的树种硬生生南移8纬度，落户地处温带的彰武，创造了中国沙地造林奇迹。

1957年，固沙所探索出“以灌木固沙为主，人工沙障为辅，顺风推进，前挡后拉，分批治理”的综合固沙方法，被誉为中国三大治沙方法之一，黄柳、胡枝子、锦鸡儿等固沙灌木填补了中国灌木治沙史的空白。

1961年9月，大学毕业的朱德华来到偏僻的章古台，一待就是40多年。他和他的科研团队用了18年时间，从数万个数据中摸清了风沙经过农田防护林的规律，并因地施策建设了旱田、水田、牧场等各类防风林带。防护林如同绿色长城，让章古台不足万亩的轮荒地，变出了5万多亩的固耕田。

1991年夏，三北防护林多处树龄最大的樟子松出现群团状枯死，呈现流行性爆发趋势。面对保住千万亩樟子松的重任，扎根彰武33年、把青春献给治沙造林事业的宋晓东，从1992年开始钻研樟子松人工林衰退治理近20年，经历了无数次试验失败后，终于找到衰退原因和生态控制技术，保住了三北防护林千万亩樟子松。

1996年，国家有关部门建议彰武县阿尔乡镇北甸子村整体移民。老书记董福财听后坚决不同意，他带着村民一起防风固沙，一定要把村子保住。为给全村打个样，他贷款1万元，包下200亩荒沙坡植树固沙。不仅自己干，他还硬是把11个亲戚拉来一起干。从坡下起步到逐步上移，从湿沙挖坑到见土下苗……经过努力，董福财硬是琢磨出一套白沙上种树的法子。在董福财的带动下，全村人一起跟着董福财植树固沙。从董福财一个人、一家人，到12户四五十人，再到全村300多人，北甸子村人硬是在沙坨子上植树2.6万亩，建起了一道15千米长、3千米宽的松林防护带，北甸子村不仅没消失，还将辽宁省抵御风沙的防线向北推进了13千米。经过20多年的努力，北甸子村终于由沙海荒漠变成一片绿洲。

在彰武治沙的70多年时间，一个个像董福财这样的个体聚合迸发出惊人的力量，他们不屈不挠地与风沙搏斗，靠着手中的铁锹、马车等简陋的工具，在一棵树、一棵树不停地栽种中，让风沙肆虐的脚步退缩。“植树造林是造福子孙后代的事，只要还能迈得开步，我还要干下去。”年逾七旬的四合城镇刘家

侯贵在彰武县四合城镇林地中巡视

龙 雷 摄

村党员侯贵一脸坚定地说。20 多年来，他倾其所有，坚守清贫生活，走遍 2400 多亩的沙丘荒地，种下 20 多万棵树木。全国劳动模范李东魁，一匹老马、一个水壶，1987 年到章古台林场阿尔乡护林点当护林员，在没水没电的环境里看护 8500 亩樟子松林，每天至少巡山 13 小时，一干就是 34 年，无一次森林火灾。妻子病了、房子漏雨，甚至女儿的婚礼，他都顾不上。李东魁说："树起来了，咱给守住了，值！"全国绿化劳动模范杨海青，将草籽撒在羊蹄子印里，千余亩沙丘再披新绿；"绿色长城奖章"获得者、扎根基层数十年的乡镇女干部马辉，带领群众栽植防护林 46 千米、1000 万多棵……从董福财到侯贵，再到李东魁，治沙路上英雄辈出；从一个人，到一村人，再到全县人，治沙造林已经不是一个人的事，而是 42 万彰武人刻在骨子里的事，人人都是治沙人。

李东魁在彰武县阿尔乡镇林地中巡查

杨 青 摄

70 多年来，面对肆虐的风沙，彰武人民寸步不退、誓守治沙，以愚公移山般的勇毅，硬是在荒漠上干出了一片新绿洲。一代代彰武治沙人矢志不移、永不退缩、默默无闻、甘于奉献，为三北防护林建设作出了突出贡献，为辽宁乃至全国生态环境改善筑起一道绿色屏障。他们在与漫漫狂沙的战斗中，谱写了“绿了章古台，白了少年头”的大漠风流。

漫天飞舞的黄沙远去，绿色常驻田园。松涛阵阵风徐徐，鸟鸣鱼翔稻花香。这是一曲人与自然和谐共处的华美乐章，更是一曲以信仰之光点亮奋斗之力，凝聚力量、砥砺前行的英雄赞歌。

蒙乡欢歌

宋绍伟 摄

[新中国成立 75 年]

辽宁辉煌瞬间 61

三条奔向欧洲的大通道，从辽宁出发

2017 年 5 月 10 日上午 10 时 12 分，东北地区第一班“辽蒙欧”中线中欧班列从盘锦港发车，开往白俄罗斯首都明斯克。这是盘锦港继开通“辽满欧”东线中欧班列后，又一条连通中欧的集装箱班列，也标志着辽宁“辽满欧”“辽蒙欧”“辽海欧”3 条大通道全部实现运营，辽宁的货物将乘着火车、乘着轮船去往欧洲。

“一带一路”是“丝绸之路经济带”和“21 世纪海上丝绸之路”的简称。它将充分依靠中国与有关国家既有的双多边机制，借助既有的、行之有效的区域合作平台，旨在借用古代丝绸之路的历史符号，高举和平发展的旗帜，积极发展与沿线国家的经济合作伙伴关系，共同打造政治互信、经济融合、文化包容的利益共同体、命运共同体和责任共同体。2015 年 3 月 28 日，国家发展改革委、外交部、商务部联合发布了《推动共建丝绸之路经济带和 21 世纪海上丝绸之路的愿景与行动》，标志着“一带一路”建设正式启动。为积极融入“一带一路”建设，辽宁加快构建了“辽满欧”“辽蒙欧”“辽海欧”3 条综合交通运输大通道。

其实，在此之前，辽宁已经打开了奔向欧洲的大通道。“辽满欧”大通道于 2008 年开通，以大连港和营口港为起点，途经俄罗斯，最终抵达欧洲，已基本实现常态化运营。

2016 年 7 月 19 日 10 时 58 分，随着一声长鸣，一列满载 120 辆长城哈弗高端商品车的 60 个 40 英尺集装箱铁路班列，缓缓驶出大连港铁路中心站，发往莫斯科，标志着大连港正式开通“辽满欧”商品车过境班列，此举进一步推动了“一带一路”倡议的实施。“辽满欧”商品车过境班列途经满洲里发往莫斯科，全程 8600 千米，运输时间约 12 天。此次出口的 120 辆长城哈弗高端商品车从河北运输至大连港，在大连港装车后依托“辽满欧”过境班列直接运输到莫斯科。与以往海陆运输相比，出口商品车通过“辽满欧”过境班列，运输效率得到极大提升，运输时间比海运节省 30 多天，大大缩短了车辆的在途时间。作为东北地区唯一被纳入国家“一带一路”总体规划的港口，2016 年大连港“辽满欧”国际班列频频发出，为韩国三星电子量身定制大连—俄罗斯卡卢加的“三星”班列，正式开启中韩俄国际物流大通道；为服务中白工业园项目建设开通大连—白俄罗斯明斯克国际班列线路；为中航林业进口木材定制俄罗斯新西伯利亚—大连的“中航互联快线”回程国际班列线路，2016 年上半年，大连港发运过境班列 10 多列，近 1200 标箱。

2017 年 5 月 10 日，东北地区第一班“辽蒙欧”中线中欧班列满载布料、服装、阀门、渔具等 45 个 40 英尺营口港自有集装箱，从盘锦港金帛湾站始发，经二连浩特口岸出境，途经蒙古国、俄罗斯，终点是白俄罗斯首都明斯克的科里亚季奇车站，全程运输时间为 16 天。“辽蒙欧”中线班列是东北各港口与城市中首次开行的经二连浩特口岸出境的中欧班列线路，是盘锦港继“辽满欧”东线中欧班列“盘锦港—俄罗斯”后，开始向中线通道的新拓展，初步形成了盘锦港国际集装箱多式联运多点发力、双渠道运营的组织模式。“辽满欧”大通道横跨中国辽宁、吉林、黑龙江、内蒙古，俄罗斯，欧洲等国内外众多地区，向南连接华东、华北以及东南沿海各港口城市，向西到达俄罗斯、白俄罗斯、波兰、斯洛伐克、匈牙利、奥地利、德国等国，辐射范围广、发展潜力大。在辽宁加快构建综合交通运输体系，以交通运输转型升级推动融入国家“一带一路”的倡议背景下，积极推进“辽满欧”大通道建设，有利于逐步理顺各种运输方式协调管理机制，形成高效运行、相互衔接、统筹发展的综合交通运输新格局；有利于沿线地区进一步发挥各自比较优势和竞争优势，促进区域要素有序流动、市场深度融合；有利于振兴东北老工业基地战略的实施，增强我省经济社会发展活力和动力；有利于促进东北内陆地区和沿边地区对外开放，提升东北地区贸易投资自由化、便利化水平。“辽蒙欧”中欧班列作为驰骋在“一带一路”上的“接班人”，正承载着“中国梦”，风驰电掣地穿梭在欧亚大陆，续写着古老丝绸之路繁荣发展新传奇。

“辽海欧”大通道是由辽宁港口始发，取道北极东北航道，最终到达欧洲各港口的海上运输大通道。北极东北航道被誉为“亚欧间最经济的航道”，全长 2936 海里。该航道的开通，形成了大西洋至太平

2017年5月10日

东北首班“辽蒙欧”中欧班列从盘锦港顺利发出，标志着辽宁“一带一路”建设迈出新步伐

洋新的轴心航线，亚欧远洋航线的行驶里程减少约5000海里，运输成本降低约30%，为辽宁乃至东北地区开辟了一条通往欧洲的最为便捷、经济、高效的海上通道，更促进了辽宁与欧美地区的贸易往来。

2013年8月，辽宁为充分开发利用北极东北航道，全力推进中远集团、大连港集团、鞍钢集团等企业实施战略合作，并促成了“辽海欧”大通道第一条航线实现首航。2013年8月9日，“永盛”轮从大连港启程，至白令海峡向西航行，到达挪威，再前往欧洲各港口，9月11日抵达目的港鹿特丹，全程航行33天，与传统苏伊士航线相比缩短12至15天，实现了中国商船在北极东北航道的首次航行。“辽海欧”大通道的开通，使亚欧远洋航线里程由1.3万海里减少到8000海里，航程缩短约38%，为东北乃至全国开辟了一条通往欧洲的便捷、经济、高效的海上运输通道。

2018年6月30日，国际运输大通道“辽海欧”开通第二条北极航线。本次承担运输任务的是“天佑”号货轮。“天佑”轮是中远海运特运公司与上海船厂签约建造的3艘冰级3.6万吨多用途船的第三艘，全船装货面积达1.4万平方米，散装货舱容积为3.1万立方米，可覆盖各类特种货物。此次航行从营口港出发，装载8600吨铁板桩，经日本海、白令海、白令海峡，进入北极东北航道，最终到达俄罗斯圣彼得堡、瑞典海讷桑德、荷兰阿姆斯特丹三地，比传统航道节省14天时间，单次航行比以往节约燃油和运行成本近200万元。

“辽满欧”“辽蒙欧”“辽海欧”3条国际运输大通道全部实现运营，对推进东北老工业基地全面振兴、发展外向型经济发挥了重要作用。

辽宁辉煌瞬间 62

沈阳新松机器人“炫舞”平昌冬奥会

2018 年 2 月 25 日，在韩国平昌冬奥会闭幕式上，“北京八分钟”精彩上演。8 分钟的表演中展示了众多中国元素，演出精彩绝伦，充满现代感和科技感。表演高潮来自 24 个搭载“冰屏”的机器人和 26 位轮滑舞蹈演员的联袂演出，传统又富有底蕴的中华文化与人工智能的完美融合，为世人展示了一个快速发展、科技担当、海纳百川的当代中国。而让辽宁人感到骄傲的是，这 24 个机器人均来自沈阳新松机器人自动化股份有限公司。新松机器人“炫舞”平昌，震撼世界。

新松机器人自动化股份有限公司隶属于中国科学院，是一家以机器人技术为核心，致力于全智能产品及服务的高科技上市企业，是中国机器人产业前 10 名的核心牵头企业，国家机器人产业化基地，其产品实现了智能制造领域全行业覆盖。新松公司成立于 2000 年，在全球设立了八大研发机构，本部位于沈阳，在上海设有国际总部，沈阳、上海、杭州、青岛、天津建有产业园区。同时，积极布局国际市场，在韩国、新加坡、泰国以及中国香港等地设立了多家控股子公司。公司现拥有 4000 多人的研发创新团队，形成了集自主核心技术、核心零部件、核心产品及行业系统解决方案于一体的全产业价值链。

作为中国机器人产业的重要领导者和贡献者，新松已创造了百余项行业“第一”。新松拥有自主知识产权的工业机器人、移动机器人、特种机器人、洁净机器人、协作机器人、医疗服务机器人六大系列百类产品，以及焊接自动化、装配自动化、物流自动化三大应用技术方向，同时面向国家主导产业及战略性新兴产业，持续孵化汽车工业、电子工业、半导体、新能源、智慧城市、智慧康养等“N+”个具有高度竞争力和良好成长性的优势战略业务，构建了健康科学可持续的产业体系。产品累计出口全球 40 多个国家和地区，为全球 4000 多家国际企业提供产业升级服务。

在平昌冬奥会上，新松公司移动机器人实现了世界首次从室内到室外的表演，首次实现了多机联动，首次实现了 GPS

导航、激光导航、视觉导航等多导航形式，与舞蹈演员完美配合，创造了世界机器人史上多个“第一”，显示了中国产品技术处于全球领先地位，代表了中国在世界舞台上强大的科技实力。

“哪怕其中的一台机器人有一秒的延迟或动作偏差，都将导致整个演出的失败。”参与该机器人研发和组装的技术人员介绍。在平昌冬奥会闭幕式表演现场，新松机器人生产的移动机器人需要与舞蹈演员完成一系列曼妙而复杂的舞美动作，不允许移动机器人有一丝一毫的误差。90 秒的换场准备时间，16 套复杂的机器人动作规划，移动机器人与舞蹈演员的精准互动……如此规模的人机表演、如此复杂的舞台表演在全球尚属首次。“冰屏”作为“人工智能”的主角，突破了以往工业机器人动作比较简单、比较直线化的问题，完美呈现出中国科技发展的新形象。在这次表演中，机器人要做出非常复杂而有艺术特点的动作，包括行进中的旋转、行进中的扭曲，最大的难题是运动姿态的多样性和与演员表演、演出音乐、地面投影、场地灯光等的高度统一。以往，传统生产的移动机器人侧重于效率、精度和速度，这就决定了机器人的运转路径多以直线、圆弧为主，机器人的加减速度规划曲线呈现的也是一个规则的梯形。而表演机器人仅靠直线和圆弧转弯的动作是远远不够的，需要完整地呈现出舞美创意，需要能像芭蕾舞演员一样一边旋转，一边画出完美的弧形，而且还需多台机器人的协调运转。

此外，室外演出的移动机器人还面临着复杂的自然环境。冬奥会闭幕式期间恰逢平昌地区大风降温天气，加上活动场地并非水平状态，这给机器人的正常运行增加了很多不确定因素。而“冰屏”的“眼睛”——激光导航系统对现场也有更加严苛的应用条件：机器人距离舞台周围的环境参照直线距离近百米，演出场地人流多，如何让机器人看得见、看得准、走得美则是新松技术团队面临的重要问题，稍有偏差就有可能迷失表演的方向。由于闭幕式现场有部分国家政要出席，现场屏蔽了绝大部分的无线网频段，其中包含机器人通常使用的若干频段。

针对可能出现的种种特殊情况，新松的移动机器人团队专门制订了各种可能出现问题的解决方案。他们研制了全新的导航控制算法，以确保所有移动机器人在演员移动频繁、场地光照复杂的情况下仍然能够精准定位和运动。此外，技术人员迅速升级机器人通信系统，以确保所有机器人可以正常接收指令。为了避免机器人“感冒”，他们增大电池容量，对电池进行加热，所有电控部件几乎都进行了加温处理。

新松机器人“炫舞”平昌冬奥会

李 钢 摄

其实，最初的“北京八分钟表演”创意中并没有机器人的参与。半年前，张艺谋导演团队通过一个偶然的机会找到新松公司了解情况，随后确定了由新松移动机器人参与平昌冬奥会表演的全新方案。“能在短短的4个月时间完成这么多的技术突破，除了团队的创造力和责任感，更多的是为国争光的这一无上荣誉的激励。”移动机器人项目负责人张雷说，新松机器人的每一次创新和技术攻关，都代表着中国机器人向世界科技前沿发起的新的冲击。无数个不眠之夜，年轻的新松技术研发团队从项目规划到技术研发，

从技术攻关到第一台原型机下线，再到全部演出设备联调，圆满完成了“北京八分钟”的“人工智能”精彩亮相。

扬帆蓝海，勇立潮头。新松紧抓全球新一轮科技革命和产业变革契机，发挥人工智能的“头雁”效应，以大数据、超级计算、5G 网络、脑科学等新一代尖端科技赋能机器人产业蝶变式发展，打造集创新链、产业链、金融链、人才链于一体的生态体系，勇闯科技前沿“无人区”。新松承大国重器之志，迎智慧时代之势，全力拥抱每一个行业、每一个人！

辽宁辉煌瞬间63

“辽宁好人”郭明义接过“雷锋的枪”

“接过雷锋的枪，雷锋是我们的好榜样。接过雷锋的枪，千万个雷锋在成长。”这是20世纪60年代耳熟能详的歌曲，雷锋的事迹、雷锋的精神、雷锋的品格伴随着这歌声，在祖国大地广为传颂。跨越半个多世纪的风风雨雨，我们是否接过“雷锋的枪”？雷锋是否为我们提供了精神营养？雷锋是否让我们充满向上的力量？答案是肯定的。无数人在用自己的行动向世人证明，千万个雷锋在成长。在众多的学雷锋标兵中，影响较大的是被称作“当代雷锋”的郭明义和以“郭明义”名字命名的爱心团队。

郭明义，曾任鞍山钢铁集团矿业公司齐大山铁矿生产技术室采场公路管理员，他时时处处发挥先锋模范作用，曾获部队学雷锋标兵、鞍钢劳动模范、鞍山市特等劳动模范、辽宁省特级劳动模范、全国无偿献血奉献奖金奖、中央企业优秀共产党员、全国“五一劳动奖章”等荣誉。2010年，郭明义当选“感动中国”年度人物，颁奖词这样写道：他总看别人，还需要什么；他总问自己，还能多做些什么。他舍出的每一枚硬币、每一滴血都滚烫火热。他越平凡，越发不凡；越简单，越彰显简单的伟大。

在长期参与社会公益事业的过程中，郭明义感到，面对那么多需要帮助的人，一个人的力量是有限的，为了发动更多的人参加社会公益活动，他萌生了成立爱心团队的想法，并得到了组织的认可和支持。从2006年开始，在郭明义的倡导下，“希望工程”爱心联队、红十字志愿者急救队等爱心组织先后成立。2009年7月29日，鞍钢集团矿业公司召开向郭明义同志学习活动动员大会，在会上为郭明义爱心团队授旗，标志着郭明义爱心团队正式成立。郭明义爱心团队下设“希望工程”爱心联队、无偿献血志愿者应急服务大队、造血干细胞捐献志愿者大队、遗体（器官）捐献志愿者俱乐部、慈善义工大队、红十字志愿者急救队和红十字志愿者服务队七支大队。其后，爱心团队开展丰富多彩的活动，迅速发展壮大。仅在鞍钢，加入爱心团队的干部职工就从最初的200多人，迅速地发展到8000多人。

此后，在郭明义的感召、激励和引领下，爱心团队的广大志愿者积极投身捐资助学、无偿献血、捐献造血干细胞、捐献遗体（器官）、慈善义工、红十字志愿服务等社会公益领域，致力于服务帮助弱势群体，给无数困难家庭、困难学生送去帮助和希望，以实际行动倡导无私奉献精神，引领社会文明风尚，为推进社会主义核心价值体系建设、构建社会主义和谐社会作出了积极贡献，逐渐成为具有全国影响力的志愿者团队品牌。

2009 年 9 月，郭明义爱心团队组织开展了“希望工程”大型捐资助学活动，近 700 名来自鞍钢集团矿业公司郭明义爱心团队的志愿者，现场资助了 600 多名特困生，捐款总额近 20 万元。2010 年 4 月，爱心团队志愿者捐款 3 万元，资助了远在新疆喀什塔什库尔干塔吉克自治县城乡寄宿制小学的少数民族学生。此后不久，又捐款 8 万元，在新疆援建了一所希望小学。2010 年 11 月，郭明义爱心团队开展了为重庆贫困山区孩子捐助校舍的活动，来自鞍钢的 2000 多名志愿者，捐款 50 万元，帮助郭明义同志资助的重庆市黔江区水田乡石郎村困难学生张猛所在学校建起了学生宿舍，解决了周围百里山区孩子上学难的问题。

2006 年，为了挽救两名工友的患白血病的孩子，郭明义爱心团队开展了第一次造血干细胞血液样本采集活动，400 多人捐献了血液样本，成为郭明义爱心团队首批造血干细胞捐献志愿者。此后，又先后开展了 10 多次捐献造血干细胞血液样本采集活动。2010 年 8 月，鞍钢集团矿业公司职工严会春出生刚 10 个月的女儿患上了白血病。郭明义爱心团队发出挽救孩子生命的倡议，700 多名爱心团队的志愿者捐献了造血干细胞血液样本；5000 多名来自鞍钢职工的爱心团队志愿者捐款近 20 万元；2010 年 12 月，通过郭明义事迹报告会了解情况的中国神华集团的党员捐款 10 万元，中国通用技术集团的团员青年捐款 7 万多元。大家的帮助为孩子成功完成造血干细胞移植手术提供了资金保证，使孩子重获新生。

2010 年 6 月 25 日，郭明义爱心团队遗体（器官）捐献志愿者俱乐部正式成立，当天，就有 200 多人加入俱乐部，成为捐献志愿者。此后，许多受到感召的社会爱心人士和得到爱心团队帮助的困难群众陆续加入其中。目前，志愿者人数不断增加，成为国内人数最多的遗体（器官）捐献志愿者俱乐部。

2010 年春节前夕，郭明义爱心团队无偿献血应急服务大队开展了第七次大型无偿献血活动，为鞍山市提供节日期间用血。自郭明义爱心团队开展无偿献血活动以来，仅鞍山地区的郭明义爱心团队志愿者，累计献血就达70多万毫升。其中，多名稀有血型的志愿者多次应急献血，挽救了危重患者的生命。

2011年，郭明义爱心团队组织开展了3月5日大型学雷锋奉献活动，鞍山地区郭明义爱心团队的志愿者和来自省内各市及重庆、新疆、江苏、四川、北京、内蒙古、山东、湖南等地的大队、分队的一万多名志愿者一道，参加了希望工程捐资助学、无偿献血、社区服务、义务支教、关爱留守儿童和敬老院老人、义务献工等奉献活动。6月14日，爱心团队通过郭明义同志在新浪网开通的微博发起的在世界献血者日参加无偿献血活动的倡议，得到全国各地3000多名志愿者的响应，活动当天献血60多万毫升。通过微博，1000多名困难群众得到了及时的帮助，5000多名志愿者加入了郭明义爱心团队。11月16日，郭明义爱心团队第三届全国道德模范分队专门赴贵州，为山区贫困家庭的孩子捐款18万元，捐献衣物近万件。

多年来，郭明义爱心团队已遍布全国，参加活动的志愿者成千上万，郭明义本人也屡获殊荣。2011年9月，郭明义被评为第三届“全国道德模范”。2012年3月2日，中央精神文明建设指导委员会授予郭明义“当代雷锋”荣誉称号。2018年，党中央、国务院授予郭明义同志“改革先锋”称号，颁授“改革先锋”奖章。2019年9月，郭明义获得“最美奋斗者”称号。2021年9月，郭明义爱心团队获得第十一届“中华慈善奖”。

“当代雷锋”

——郭明义

徐丹伟 摄

1949—2024

辽宁辉煌瞬间64—辽宁辉煌瞬间75

辽宁辉煌瞬间64

大连造“大船”，开启全球超大型油轮智能航运新篇章

浩瀚的海洋凝结着深蓝的梦想，深邃的历史洞见着广阔的未来。在充满希冀的黄海之滨，始建于1898年的大连船舶重工集团有限公司（简称“大船集团”），历经俄日殖民统治、苏联接管、独立经营、企业分建、整合重组和新“大船”等发展阶段，创造了中国造船史上80多个“第一”，见证了中国船舶工业从小到大的发展历程，成就了共和国海军由弱变强的历史跨越，更是以建造两艘航空母舰的卓越功勋，彰显了百年船厂的雄厚实力。2019年，“大船集团”建造了一艘足有三个足球场那么大的超大型油轮——“凯征”号，再次书写“大船集团”造大船的神话。

作为全球第一艘30万吨级超大型“智能”油轮，“凯征”号这艘大船到底有多大呢？很多人都认为航空母舰是个“大块头”，是比较大的船舶了，然而“凯征”号比辽宁舰还要大5倍。它的长度超过300米，相当于35辆5吨级的大卡车首尾相连，高度也达到了50多米，一次性就可以装载运输30万吨原油，真可谓海上的巨无霸。2019年6月，“凯征”号由“大船集团”建造完成并正式交付。

大，是“凯征”号给我们的第一印象，但不要被它的外表所迷惑，以为只是一个单纯的“大块头”。在当时，不管是日本还是韩国，都能够生产出可以单次运送超过30万吨原油的超级油轮。但“凯征”号一经交付，就引得国内外一片震惊。“凯征”号为什么这么“牛”？因为，它是全球第一艘拥有聪明“大脑”的智能化超大原油船。以前的船都是“越用越旧”，它却是“越用越精”。通过构建服务智能系统的网络信息平台，实现了船舶航行辅助自动驾驶、智能液货管理、综合能效管理、设备运行维护、船岸一体通信五大智能功能。

首先，“凯征”号搭载了大量先进的电子导航设施设备，可实时收集船舶本身的现状数据和周围海洋环境情况，自行设定航行路线以及航线规划，为船长提供决策信息、提出最佳航线，做到节省燃料，缩短运抵时间。

其次，“凯征”号将全船的感知和信息采集点扩展了两倍，能够准确判断周边10海里范围内船只的方位和速度，如果在航行途中遭遇各种突发事件，舰载智能控制系统将能自行生成意外解决方案，从而最大限度地降低船只在遭遇意外时所需要承受的损失。

第三，“凯征”号配备的智能控制系统会参考船体内部传感器传输回来的状况，对舰船内燃油泵和油库的运转和装容状态进行调整，有效提升船只的装卸效率，从而以更短的速度完成燃油装填和石油卸载工作。

这些能力是其他国家当时所能建造的超级油轮都不具备的，再结合超大载荷能力，投入商业运营，能够占据明显的竞争优势。

超大型油轮，是造船业中的一座“巨峰”。“能造VLCC，就能造航空母舰”，这是世界造船业公认的一种说法。在以前，以中国造船业的实力，是难以自己制造出超大型油轮的。因此，我们就只能花费巨额租金，向别的国家租赁来满足我国的石油运输需求。随着经济的飞速发展，中国对于作为“工业血液”石油的需求不断扩张，进口量逐年增多，且出口量也不少，因此，石油的运输量逐年增加。看到这样的情形，国外船只便开始增加租船的费用。面对涨价，我们很无奈，却又不得不接受。于是，我国造船业立下了一个目标：“绝大部分中国进口的石油，要依靠中国自己经营的船舶进行运输。”

始建于1898年的大连造船厂历史悠久，实力雄厚，无数次创造了中国乃至世界造船史上的辉煌与荣光，新中国第一艘万吨轮、第一艘出口船、第一艘VLCC、第一座400英尺自升式钻井平台、第一座3000米深水半潜式钻井平台等都诞生在这里。在其基础上发展起来的“大船集团”把创新作为发展的第一动力，从模仿他国到自主设计，在一次次试验中积累经验，不断创新，有机衔接在建产品与长远发展技术储备，加快成熟船型向高技术、高附加值方向转型，油轮建造技术打破了发达国家长期的垄断。1981年8月，我国第一座10万吨级半坞式船台在大连造船厂建成，正式通过国家验收。这是当时国内最大的造船台。1987年，大连造船厂为挪威克纳森航运公司建造了载重11.5万吨的“兰希德·克纳森”号，并于1996年再为其建造15万吨级油轮，后者是我国当时建造的最大的新一代油轮。随着“油轮中国造”口碑声名鹊起，制造订单如雪花般不断飞来。2000年8月，大连造船新厂改制为大连新船重工有限责任公司；

大船集团厂区鸟瞰图

2002 年 4 月，大连造船厂改制为大连造船重工有限责任公司。2002 年 8 月，随着大连造船为伊朗建造的 30 万吨级“伊朗 · 德尔瓦”号超大型油轮的交付，标志着我国已具备了自主建造超大型油轮的能力，在超大型油轮建造上实现了“零”的突破，拉开了我国建造超大型油轮的序幕。2005 年 12 月，根据国务院国防科工委、国资委和中船重工集团的决定，大连造船重工有限责任公司和大连新船重工有限责任公司，以“资源共享、优势互补、降本增效、做强做大”的十六字方针为指导，进行整合重组，建立了大连船舶重工集团有限公司，即我们现在简称的“大船集团”。大船集团是国内 VLCC 建造业绩最高的造船企业，在 30 万吨超大型油轮出口领域实现了跨越式发展。像“凯征”号这样一艘史无前例的巨船，2016 年开始立项，仅用 3 年的时间就完成了交付，让世人见证了“中国速度”的奇迹。

至 2019 年，我国超大型油轮就已经研发 6 代，在世界航行的超大型油轮船队中，每 10 艘就有 1 艘是中国制造的。超大型油轮设计和建造成功所带来的经济效益和社会效益无疑是显著的：一方面，我国在超大型油轮设计方面具有自主知识产权，打破了日本、韩国在该领域多年的技术垄断，使国内用户不再完全受到外方的制约；另一方面，超大型油轮的附加值高，我国掌握了超大型油轮的自主设计技术后，对我国油轮上、下游产业的带动作用明显，经济效益显著。

“凯征”号油轮的建成，足以说明中国已经拥有了研发高度智能化大型舰船的能力。该船的成功建造，不仅在世界大型远洋智能船舶发展进程中具有里程碑意义，也代表中国开启了全球超大型油轮智能航运的新篇章。

[新中国成立 75 年]

辽宁辉煌瞬间 65

“1234！我爱辽篮！”

2024 年 5 月 22 日晚，随着终场哨响，在新疆乌鲁木齐奥林匹克体育中心，辽宁男子篮球队捧起队史上第四座中国男子篮球职业联赛（CBA）总冠军奖杯。4：0 兵不血刃，桂冠三连。这支承载着不止 4300 万球迷期待的队伍，在“1234！我爱辽篮！”的呐喊声中，向篮球江湖扬起“辽篮王朝”的大旗。

中国男子篮球职业联赛是由中国篮球协会主办的跨年度主客场制篮球联赛，是中国最高等级的篮球联赛，英文全称 China Basketball Association，即 CBA。CBA 联赛（甲 A 联赛）创办于 1995 年，当时有 12 支球队参加，后来队伍逐渐增加，目前有 20 支球队参赛。创办时，每年联赛最后两名降入甲 B 联赛，甲 B 联赛的前两名升入甲 A。2004 年起，甲 A 取消升降级制，在 2005 年转而采取准入制，并正式更名为中国男子篮球职业联赛（CBA）。联赛自每年的 10 月或 11 月开始至次年的 4 月或 5 月结束，时间跨度和美国的 NBA 相仿，联赛的规模、管理、运作和受关注程度都堪称中国最好、最规范的职业联赛，同时也是亚洲地区水平最高的篮球联赛。

从 1995 年到 2018 年，辽宁男篮经历了“猎人时代”“盼盼时光”“衡业岁月”“本钢雄风”，从吴庆龙、吴乃群、李晓勇引领辽宁队开始与八一队两强对立，到刘相韬、李晓旭、杨鸣帮助辽宁男篮重回巅峰，再到 2015 年以后球队两进总决赛，却最终铩羽而归，付出了年轻的代价，六次亚军成为辽宁男篮追逐 CBA 冠军历程最真实的见证。

2018 年 4 月 22 日，辽宁男子篮球队终于在 2017—2018 赛季 CBA 总决赛的 G4 大战中战胜了浙江广厦队，取得了最后的胜利，同时也以 4：0 的总比分夺得了梦寐以求的总冠军，我们终于等到了第一个总冠军！这是我们第七次踏上总决赛的舞台，也终于成为 CBA 历史上第七支总冠军球队！这是辽宁男子篮球队继 2017 年在全运会上实现冠军突破之后，又一次在职业赛场上创造历史！

此后几年，辽宁男子篮球队虽也数次闯入总决赛，但总是与总冠军失之交臂。2021—2022 赛季，辽宁男子篮球队终于重新夺回 CBA 总冠军，并于 2022—2023 赛季成功卫冕，在篮球世界铸就“辽篮王朝”的荣耀。

2023—2024 赛季，卫冕冠军辽宁队保留了上个赛季的夺冠班底，目标不言而喻——剑指“三连冠”。不过，开赛前月余，球队迎来变故，辽宁男篮通过社交媒体宣布杨鸣卸任主教练。西班牙人乌戈从助理教练转为主教练，为辽篮带来常规赛第一阶段全胜战绩，用胜利回应了质疑。但风云变幻，球场难测，饱受伤病困扰的辽篮核心后卫郭艾伦因大腿拉伤再度无缘赛季。老对手浙江广厦队通过夹击辽篮的“球队大脑”赵继伟，三度将辽宁队斩落马下，青年军浙江稠州银行队也来势汹汹，对卫冕冠军完成“双杀”。迫于压力，杨鸣在第三阶段回归帅位。“保持全员健康的前提下，争取赢下该赢的比赛，为季后赛做准备。”杨鸣说。随着辽宁队 101：96 击败浙江广厦队迎来五连胜，以 43 胜 9 负的战绩，队史第三次夺得 CBA 常规赛冠军。37 岁的韩德君和历经多次大伤的李晓旭，联手贡献场均 6 个前场篮板，在漫长的赛季中，续写着“老将不老”的传奇。

在季后赛中，辽宁队先以 3：0 轻取常规赛排名第八的深圳队。随后，他们与周琦加盟的广东队争夺总决赛门票。辽宁队先声夺人，在主场拿下首局，但广东队 7 位“00 后”用跑轰战术和高强度防守强势扳回两场，将比分改写为 2：1。李晓旭伤退，郭艾伦尚未复出，韩德君也尽显疲态，辽宁队一度被逼到悬崖边。第四场半决赛前，张镇麟给全队发了一段去年辽宁男篮 1：2 落后广厦队但最终逆转的视频，上面写着“成事在人”。“大家这些年经历得足够多，情况和去年半决赛相似。”杨鸣在战术板上留下了 3 个字：玩命拼。“玩命”之战，辽宁队客场开局并不顺利，首节一度落后对手两位数，被迫变阵。季后赛首次登场的刘雁宇为球队带来转机：中投、封盖、补篮……面对周琦镇守的内线，刘雁宇发挥出弹跳和臂展优势，出场 19 分钟拿到 12 分、5 个篮板，帮助球队“一波流”打出跨节的 21：0。

在炎热的夏天，“大雁”将队伍带回北方。“想身披辽宁队战袍站在赛场上。”这位15岁才接触职业篮球的年轻中锋，展现了自己的静态天赋。绝境之处，也是群星闪耀时。获得两次总决赛“最有价值球员”荣誉的赵继伟在上一场仅得7分的情况下迎来强势反弹，得到22分、3个篮板和5次助攻。付豪也迎来职业生涯的高光时刻，砍下31分和9个篮板，刷新了自己的季后赛生涯新高。“全民皆兵”的辽宁队投出47.1%的三分命中率，以107：90赢下背水一战。周琦伤退后，辽宁队在主场“抢五大战”中没有给对手太多机会，以3：2淘汰广东队，辽宁队的夺冠之路仍在继续。

相比于半决赛的险象环生，辽宁队2023—2024赛季的总决赛经历可谓顺风顺水，他们一场未丢，以4：0横扫新疆队，强势夺得三连冠。辽宁队弗格以总决赛场均26.3分、5.3个篮板和3次助攻，收获总决赛“最有价值球员”荣誉。这位赵继伟口中“最好的队友”，展现出攻防一体的超凡实力。多年总决赛征程中积累的经验、获得的阅历、交过的“学费”，让这支辽宁男篮成长为真正拥有总冠军气质的队伍。

2016年以来，辽宁男篮两次获得全运会冠军，7次闯进CBA联赛总决赛，其中4次夺取总冠军。一支篮球队，成为一个省份的金字招牌，是游子的乡情，是经济的动力，也是奋斗的号角。一颗篮球点亮万家灯火，成为千万人的精神寄托。体育的力量，彰显无遗。

新征程孕育新希望，新起点承载新梦想。站在新起点上，正像2023—2024赛季辽篮夺冠后，中共辽宁省委、辽宁省人民政府的贺电中所写的：“希望辽宁男篮传承中华体育精神，在今后赛场上再攀高峰、再创佳绩，助力中国篮球事业蓬勃发展。”

1234！我爱辽篮！

2024 年 5 月 22 日

辽宁男篮获得总冠军

[新中国成立 75 年]

辽宁辉煌瞬间 66

万里长城最东端，从丹东开始

长城，像一条巨龙，跨越崇山峻岭、江河湖海，横卧在中国北方的土地上。1987 年，长城成为中国首批入选的世界文化遗产。长城凝聚了中华民族自强不息的奋斗精神和众志成城、坚韧不屈的爱国情怀，已经成为中华民族的代表性符号和中华文明的重要象征。今天的长城，承载着守望和平、开放包容的时代精神，正迎接着来自世界各地的朋友。

2019 年 7 月 24 日，中央全面深化改革委员会会议审议通过了《长城、大运河、长征国家文化公园建设方案》（以下简称《方案》）。随后，中共中央办公厅、国务院办公厅印发了《方案》，并发出通知，要求各地区各部门结合实际认真贯彻落实。《方案》强调，要以长城、大运河、长征沿线一系列主题明确、内涵清晰、影响突出的文物和文化资源为主干，生动呈现中华文化的独特创造、价值理念和鲜明特色，促进科学保护、世代传承、合理利用，积极拓展思路、创新方法、完善机制，到 2023 年年底基本完成建设任务，使长城、大运河、长征沿线文物和文化资源保护传承利用协调推进局面初步形成，权责明确、运营高效、监督规范的管理模式初具雏形，形成一批可复制推广的成果经验，为全面推进国家文化公园建设创造良好条件。

毫无疑问，文化的现代化是中国式现代化的重要组成部分。长城国家文化公园建设就是以中国文化深厚的内涵支撑中国式现代化发展，建好用好国家文化公园同时也是中国式现代化建设过程中的一部分。长城国家文化公园的建设，旨在保护、传承和弘扬长城文化。作为中华民族的瑰宝，长城见证了我们民族的历史变迁，承载着无数英雄豪杰的英勇事迹。推进长城国家文化公园建设，就是要把这份宝贵的文化遗产传承下去，让子孙后代了解我们的历史，感受我们的文化。

长城辽宁段是“万里长城东端起点”所在，整体呈“M”状蜿蜒分布，西接燕山余脉，东至鸭绿江畔，北抵内蒙古草原，南临渤海之滨。各时代长城墙体总长约 1077.7 千米，分布于辽宁省13个市50个县（市、区），是长城国家文化公园建设的重要节点。近年来，辽宁依托独特的长城资源、美丽的生态环境，大力推动长城国家文化公园建设，持续擦亮“万里长城东端起点”特色品牌。2023年12月，长城国家文化公园建设经验交流活动走进辽宁，业界人士齐聚葫芦岛，交流长城文化价值发掘和文物遗产保护传承做法，分享推进长城国家文化公园建设的积极经验。翔实的成果案例、丰富的建设经验纷纷呈现，汇聚起建好用好国家文化公园的更大合力。这次活动也成为辽宁展示建设成果的重要平台，来自辽宁省、葫芦岛市、绥中县三级行政部门的代表系统地介绍了长城保护利用的丰硕成果。

辽宁境内长城资源富集，呈现出经过缜密设计的完整防御体系特征。近年来，辽宁以建设长城国家文化公园为契机，进一步强化对长城的保护。从省级到各地市到各县（市、区），从政府到企业，从协会组织到民间志愿者，形成了保护长城的合力。2020年，辽宁省设立长城国家文化公园建设领导机制，随后全省13个长城沿线地级市相继设立建设领导机制，形成全省一盘棋、合力抓工作的格局。2021年，印发了《长城国家文化公园（辽宁段）建设保护规划》；组织成立7个督导组，先后20余次赴各市检查督导建设任务；组织丹东、锦州等市召开20余次长城工作推进会。

在推进长城国家文化公园建设的过程中，辽宁立足系统保护、优选项目，保护传承长城文化，让国家文化公园更好地惠及百姓。辽宁共有8个国家级长城国家文化公园建设项目，包括锥子山长城景区遗址遗迹保护利用、绥中长城博物馆建设、东北亚边疆历史文化博物馆建设、辽阳市国家历史文化名城保护利用、“宽甸六堡”展览馆建设、叆阳城遗址展示、赫甸城址遗址遗迹保护利用、葫芦岛市长城文化和旅游复合廊道建设等。省级建设项目共有5大类90多项。

20世纪八九十年代发掘的丹东市虎山长城遗址，地处辽东鸭绿江畔，历史厚重，地位特殊。修复后的虎山长城依山就势、巍峨蜿蜒，重现了当年“明长城之首”的壮观气势。如今，在长城国家文化公园（丹东段）的建设中，丹东部署了多个优质项目，如丹东“宽甸六堡”展览馆，建成后已成为新地标。

为推动长城国家文化公园建设，更好地传承长城文脉，在加强长城保护的同时，辽宁还着力加强长城宣传展示工作，开展了丰富多彩的活动。2021年12月，丹东市举办了首届长城文化发展论坛，对长城国家文化公园建设工作起到有力的宣传作用。辽宁推出了一整套长城文化宣传作品，举办了一系列长城文化活动，打造了一批“长

九门口长城

张　策
中国画
207 cm × 490 cm

城文化特色展示点”，如出版《长城文化在辽宁》系列图书，推出《龟山段明长城考古调查报告》等研究成果，拍摄《筑梦长城·辽宁篇》《长城，屹立在辽宁》宣传片，举办“‘长城脚下话非遗’群众艺术活动”“点亮九门口长城”系列活动等。此外，辽宁还积极策划推广主题旅游线路，搭建网络宣传平台。值得关注的是，辽宁省以长城文化遗产廊道为载体，串联和衔接相邻的河北、内蒙古长城资源，设计长城文旅专线，举办“大美长城——长城（辽宁段）风光摄影图片展”，生动地呈现万里长城之美，积极打造“到本溪看长城”文旅品牌和精品旅游项目、线路等。

建好用好长城国家文化公园，打造具有辽宁特色的“万里长城东端起点”名片，既是贯彻落实党中央、国务院决策部署的积极举措，也是推动实现辽宁省文化和旅游高质量发展的重要实践，任务艰巨，使命光荣。为此，辽宁将持续发力，打造具有鲜明特色的长城文化集中展示点，加大对辽宁长城文化的宣传力度，进一步打造“万里长城东端起点”特色品牌，探索建立长城国家文化公园建设评估促进机制，以评促建，用好建设成果，形成辽宁长城精品旅游线路，满足人民对长城文旅产品的需要。

[新中国成立75年]

辽宁辉煌瞬间67

辽宁芭蕾用“足尖”讲述中国故事

2021年7月23日晚，能够同时容纳5000多人的国家大剧院座无虚席。随着大幕徐徐拉开，一位高大的石油工人从舞台深处昂首阔步，缓缓走来，他环顾天地，眺望远方，脚步铿锵。悠扬的火车汽笛声伴随着一曲凄厉高亢的秦腔响彻整个剧场，一群石油工人胸怀磅礴的气势和雄赳赳的干劲涌向前台，他们即将奔赴祖国的东北，投身到火热的石油大会战中去……此时，由辽宁芭蕾舞团和辽宁歌舞团合作创排的舞剧《铁人》正在国家大剧院精彩首演。舞剧《铁人》以石油工人王进喜为原型，以“铁人精神”为核心，演绎出新中国成立之初东北广大工人干事创业的壮美篇章，用足尖美学讲述“铁人”故事，用西方艺术展现中国精神。这是辽宁黑土地文化品牌绽放的光彩，是辽宁地区舞蹈艺术的全面创新，更是辽宁芭蕾舞团在探索建立中国学派的芭蕾艺术道路上取得的令人瞩目的成绩。

辽宁芭蕾舞团成立于1980年，是我国继中央芭蕾舞团和上海芭蕾舞团后成立的第三个芭蕾舞团。辽宁芭蕾舞团的诞生，改变了关东大地的文化生态，给白山黑水、辽河两岸的文化田园注入了沁人心脾的艺术芬芳，为中国芭蕾事业平添了阳刚壮美、气势恢宏的艺术力量。建团以来，辽宁芭蕾舞团共排演了《天鹅湖》《睡美人》《海盗》《堂·吉诃德》《胡桃夹子》《仙女》《吉赛尔》《无益的谨慎》等世界经典芭蕾舞剧，且拥有多部作品的中国独家版权。其中，与国际芭蕾泰斗尤里·格里戈罗维奇联合制作演出的《斯巴达克》《罗密欧与朱丽叶》两部舞剧开国内之先河，填补了中国芭蕾史上的空白。在演绎传世佳作之余，辽宁芭蕾舞团积极携手国际大师，共同缔造“时代新篇”，如与“世纪舞者”马拉霍夫联合编排了新版芭蕾舞剧《天鹅湖》，与葡萄牙编导合作创编了现代芭蕾舞《化蝶》《无词歌》等。在引进和排演世界古典芭蕾作品的同时，辽宁芭蕾舞团还努力创造芭蕾舞艺术之“中国学派”，创作演出了中国风格的芭蕾舞剧《梁山伯与祝英台》《嘎达梅林》《孔雀胆》《二泉映月》和现代芭蕾舞剧《末代皇帝》以及新古典芭蕾作品《四季之歌》《走进精品世界》等。

首演于2014年的芭蕾舞剧《八女投江》是首部以芭蕾舞形式展现东北抗联精神的舞台作品。辽芭人从历史和生活中汲取灵感，写历史之“实”，写时代之“意”，用芭蕾的灵动语言、厚重的艺术韵致，将东北抗联“八女投江”惊天地泣鬼神的悲壮之举，演绎得生动感人，荡气回肠。首演于2018年的原创中国芭蕾舞剧《花木兰》，以西方经典艺术形式演绎东方经典艺术形象，是一次经典之间的对话与碰撞，将中国精神、民族色彩、芭蕾风范、时代审美有机融合，将古老而鲜活的中国故事展现得异常精彩。舞剧《铁人》以宏大的场面、创意的舞美、精湛的表演，向观众完美诠释了“铁人精神”。舞剧以“平行时空”的表达方式，将叙述与回忆串联，首次尝试对芭蕾舞、中国舞进行嫁接，力求将多种舞蹈元素有机融合，碰撞出更多火花，满足观众对于舞蹈艺术多元化的审美需求。从《八女投江》到《花木兰》，再到《铁人》，辽宁芭蕾舞团用一戏一格的赤诚初心写就了辽宁舞剧“三部曲”。《八女投江》力求沿着先贤的足迹扎实前行，《花木兰》从“对芭蕾艺术敬爱、对中国文化自信”的层面，把对芭蕾艺术的审美表达与以写意为重要审美特征的中华美学精神，进行了一次精美的艺术嫁接和审美融合；《铁人》则以辽芭已有的排演《斯巴达克》的气势、气魄以及辽芭男演员的“先天优势”，探索实践“芭蕾舞与中国舞”“古典芭蕾与现代芭蕾”“铁人精神与芭蕾叙事”的有机契合，为芭蕾艺术讲好中国故事提供了精美、成功的案例。

近年来，辽芭以积极的参与意识和锐意进取的姿态多次在世界芭蕾四大A类赛事中大展风采，摘金夺银，共获得特别大奖3项、金奖8项、银奖6项、铜奖4项。2019年，辽芭通过参与热门舞蹈竞技节目《舞蹈风暴》，成功进入了广大观众的视野。节目中，辽芭所呈现的《九儿》《守候》《遇见》等作品，不仅创意独特，特色鲜明，更以高超的舞技和精美的舞姿征服了现场评委，也深深地打动了屏幕前亿万观众的心。

在开发演出市场方面，辽芭不等不靠，不为迎合市场而降低艺术生产的标准，而是坚持多元化开发的战略构想。辽芭的演出市场如火如荼，全团上下演员们也始终保持着“总是在路上”的饱满状态。在商业演出方面，辽芭积极开拓多渠道的演出经营模式，探索创新的市场运作机制，寻求多元化的合作之路，在《末代皇帝》《牡丹仙子》《辽河·摇篮曲》等多部作品的演出经营方面实现了多元探索实践。辽芭与演出经纪公司、演出院线精诚合作，有效建立了“经纪人代理制度”，建立了演出院线合作平台，成果丰硕，大大拓展了国内外的演出市场。2016年，为进一步开发、拓展国际演出市场，辽芭签约“丝绸之路国际剧院联盟”，成为国内第一家签约的艺术院团。多种模式的有益探索和成功运作，形成了内外相辅的良性循环，使辽芭逐步形成社会效益和经济效益双丰收的良好局面。

随着一次次成功的演出，辽芭俨然成为公众心中名副其实的文化品牌。这是一种无形的力量，不仅能够提升辽芭的认知度和美誉度，还能够增强辽芭的吸引力与核心竞争力。近几年来，辽芭立足辽宁，面向国内外，通过优秀作品展示辽宁形象，传播地方文化，助推文旅体多业态融合，持续释放叠加红利，激发区域经济增长，形成良性循环的产

业链条，运用“芭蕾+”模式，按下融合“快进键”，驶入发展“快车道”，在奋力推进中国式现代化辽宁实践和打好打赢新时代“辽沈战役”中展现更大担当和作为，为新时代辽宁振兴发展汇聚起强大的精神力量。

芭蕾舞剧《铁人》剧照

[新中国成立 75 年]

辽宁辉煌瞬间 68

新奋斗的起点：贫困的“摘帽”与“销号”

2019 年年初，白雪皑皑的辽沈大地，随处可见火热的脱贫攻坚战场；乡村田野，一张张脱贫后的真诚笑脸暖意融融。抚顺市新宾满族自治县永陵镇色家村蘑菇基地的制菌棚内，贫困户王振波熟练地向锅炉里添煤，心里像炉火一样热；葫芦岛市建昌县小德营子乡新立屯村的曹振华，养牛两年不仅甩掉了穷帽子，还成了“致富示范户”；朝阳市建平县榆树林子镇小房身村的魏国秀，用一篇篇脱贫日记记录下自己搏击贫困的心路历程，以及对党的感恩之情；铁岭市昌图县鹭鹭树镇东堡村的张友，在扶贫苗圃找到工作，脱贫之路走得坚定踏实……这一年，辽宁像王振波一样的人还有许许多多，每个人背后都有自己不同的故事，但他们都实现了一个共同的目标——脱贫。这一幅幅脱贫画面背后，是辽宁省广大干部群众为打赢脱贫攻坚战的勠力同心和苦干实干。

2019 年，是辽宁脱贫攻坚“决战决胜年”。按照中国“十三五”期间脱贫攻坚目标，到 2020 年稳定实现农村贫困人口不愁吃、不愁穿，农村贫困人口义务教育、基本医疗、住房安全有保障；同时实现贫困地区农民人均可支配收入增长幅度高于全国平均水平，基本公共服务主要领域指标接近全国平均水平的目标。经过 365 个日夜的不懈努力，辽宁交出了一份漂亮的答卷：13.25 万人脱贫，128 个贫困村“销号”，岫岩满族自治县、义县、彰武县、朝阳县、建昌县 5 个省级贫困县“摘帽”。辽宁省委、省政府在 2020 年初召开的全省脱贫攻坚会议上宣布，到 2019 年年底，全省 15 个省级贫困县全部“摘帽”，1791 个贫困村全部“销号”，贫困发生率由建档立卡之初的 5.4% 下降至 0.06%。这意味着，辽宁这个老工业基地向全面打赢脱贫攻坚战迈出了决定性的一步。

扶贫越到最后越是贫中之贫、困中之困，交通较为偏远、资源禀赋相对匮乏，给脱贫攻坚带来一定的困难。“两不愁三保障”是农村贫困人口脱贫的基本要求和核心指标。2019 年，辽宁组织教育、住建、农业农村、水利、卫健、医保等部门，会同各地区排查解决了7.4万贫困人口的“两不愁三保障”问题，取得显著成效。

“两不愁”，就是稳定实现农村贫困人口不愁吃、不愁穿。针对“两不愁”，辽宁积极推进产业扶贫工作，各级各部门落实产业扶贫资金17.8亿元，实施产业扶贫项目4211个，惠及贫困人口62.96万人。推进饮水安全工作，建设农村饮水安全工程1141处，全部解决10028名贫困人口的饮水安全问题。

“三保障”，就是保障农村贫困人口义务教育、基本医疗和住房安全。针对“三保障”，辽宁积极推进义务教育保障工作，建立“控辍保学”台账，保障3.6万名建档立卡适龄人口接受义务教育。推进基本医疗保障工作，全省大病救治4.3万人、慢病签约健康管理14万人、重病兜底保障1.9万人。建立贫困人口医疗保险制度，完成理赔9100万元，惠及34.3万人次。推进住房安全保障工程，完成贫困户危房翻建改造2.19万户，超计划完成5600户。

幸福的笑容

彰武县西六家子镇大五家子村危房改造户王有展示老房，在他身后的是改造后的新房

脱贫攻坚，辽宁立足“精准”二字，“五个一批”分类施策。

推进社保兜底扶贫。全省将农村低保标准提高到5073元/年，持续高于扶贫标准，使全省建档立卡贫困人口中有23.96万人享受低保扶持。全省76.6万符合养老保险参保条件的建档立卡贫困人口全部实现应保尽保，其中37.7万名60周岁以上的建档立卡贫困人口已全部纳入基本养老保险待遇领取范围。

推进就业扶贫。全省共组织各类培训1767期，培训贫困人员3.7万人次，帮助贫困人口劳务就业2.1万人次，实现劳务收入2614.8万元。辽宁还重点帮扶贫困家庭高校毕业生就业，安置就业4106人。其中，事业单位就业1498人，国有企业就业536人。

推进交通扶贫。全省实施5个预“摘帽”省级贫困县农村公路建设改造工程1385千米。

推进生态扶贫。省林草局落实17个县生态建设扶贫专项资金6.5亿元，聘用700多名建档立卡贫困人口担任护林员和草管员。

推进电商扶贫。全省完成农村网络零售额105.2亿元，电商精准帮扶约5万人次。

精准，始终是脱贫攻坚工作坚守的要义。扶贫要确保不落一户、不落一人，离不开摸清底数，狠抓精准识别。2019年，辽宁组织开展全省大普查大排查大督查，共入户调查建档立卡贫困户39万户，走访贫困边缘的非建档立卡农户35万户，新识别贫困人口11738人，脱贫不稳固回退5762人。

“贫有百样，困有千种”，但辽宁脱贫攻坚最大的难点和痛点无疑是因病致贫，平均比例超过贫困人口的70%。聚焦医疗扶贫，辽宁大力实施《辽宁省建档立卡贫困人口医疗保障实施方案》，健全城乡居民基本医疗保险、大病保险、医疗救助“三重保障”：大病集中救治4.25万人，慢病签约健康管理14.02万人，重病兜底保障1.86万人。

辽宁还建立贫困人口医疗补充保险“第四重保障”，有效解决患大病贫困人口日常用药负担重问题。

针对贫困大学生就业难问题，辽宁在全国率先出台兜底安置就业政策，截至2019年年底，已帮助4106名贫困高校毕业生找到稳定工作。2014年大专毕业的王欢，家住抚顺市清原满族自治县马前寨村，因母亲突发大病，父亲身患慢性病不能干重活，家庭十分困难。2018年夏天，王欢在兜底政策的帮助下进入国企工作，后经考试进入一家事业单位。她说，工作稳定，也能很好地照顾家人，这为她整个家庭都带来了希望。据不完全统计，2019年，全省515名贫困家庭高校毕业生除2人因升学考试暂无就业意愿外，其余全部实现就业。

针对贫困户危房问题，辽宁全面排查并确定了1.63万户建档立卡贫困户危房改造任务。截至2019年10月20日，全省1.63万户危房改造全部竣工。

对于辽宁这样一个经济并不十分发达、人口相对较多的省份来说，困扰千百年的绝对贫困问题历史性地画上句号，这是亘古未有的壮举，也是人类发展史上的奇迹！脱贫攻坚战的重大胜利，为辽宁实现全面振兴打下了坚实的基础，极大增强了人民群众的获得感、幸福感和安全感，彻底改变了辽宁贫困地区的落后面貌，改善了生产生活条件，提高了群众生活质量。脱贫“摘帽”与“销号”不是终点，而是新生活、新奋斗的起点，勤劳务实、守正创新的辽宁人民必会咬定青山不放松，脚踏实地加油干，努力绘就乡村振兴的壮美画卷，朝着共同富裕的目标稳步阔步前进！

鱼跃年丰

刘 杰 摄

辽宁辉煌瞬间69

鸭绿江边永葆革命本色的战斗功臣

2021年6月29日上午10点，北京人民大会堂金色大厅格外庄重，中共中央总书记、国家主席、中央军委主席习近平向“七一勋章”获得者颁授勋章，公而忘私、永葆革命本色的战斗功臣辽宁人孙景坤喜获此项殊荣。

“七一勋章”由党中央设立，是党内最高荣誉，一般在中国共产党成立“逢五、逢十”的年份授予。2021年是“七一勋章”首次颁授，共产生了29名功勋党员。他们理想信念坚定，对党忠诚；为中国革命、建设、改革，为全面建成小康社会和打赢脱贫攻坚战，为推进党的建设新的伟大工程，作出杰出贡献、建立卓越功勋；他们道德品行高尚、创造出宝贵精神财富；在全党全社会具有重大影响、受到高度赞誉。“七一勋章”获得者都来自人民、植根人民，是立足本职、默默奉献的平凡英雄。他们的事迹可学可做，他们的精神可追可及。他们用行动证明，只要坚定理想信念、坚定奋斗意志、坚定恒心韧劲，平常时候看得出来、关键时刻站得出来、危难关头豁得出来，每名党员都能够在民族复兴的伟业中为党和人民建功立业！

从1921年中国共产党成立至2021年建党百年，在党带领人民探索中国特色社会主义道路的伟大实践中，涌现出无数优秀党员，他们怀着坚定的理想信念，肩负民族之复兴使命，不畏艰险，砥砺前行，留下了彪炳史册的光辉事迹。2021年七一前夕表彰的这29名功勋党员，就是当时全党9500多万党员的优秀代表。他们不忘初心、牢记使命，始终为党的荣誉和事业默默奉献、孜孜不倦。其中，作为土生土长的辽宁人的代表，孙景坤始终践行共产主义崇高理想，集中体现了老一辈共产党人、革命军人为建立新中国舍生忘死的坚定信念，集中显现了新时代党员干部不讲条件、不计名利、不懈奋斗的高尚情操，是广大党员干部学习的榜样。

孙景坤，1924年10月20日生于安东市（今丹东市）山城村。1948年1月，24岁的孙景坤告别新婚的妻子，毅然参加解放军。临走前，他留给妻子一句话：“只有打了胜仗，咱老百姓才能过上好日子！”1949 年 1 月，孙景坤由于表现突出，被批准加入中国共产党。从四平战役、辽沈战役、平津战役、解放长沙战役到解放海南岛战役，孙景坤随东北人民解放军第四十军第一一九师第三五七团从北打到南，打锦州负伤，打黑山阻击战负伤，打唐山负伤，渡江战役也负过伤，其间，荣立二等功两次、三等功一次，被授予解放东北纪念章、解放华北纪念章、解放华中南纪念章和解放海南岛纪念章。

1950 年，朝鲜战争爆发。根据部署，孙景坤随部队从海南岛撤回到安东集结待命。老家山城村就在眼前，战友们劝他回家看看，他却说：“在外边打了三年仗，咋能不想家？但别人都不回家，就我特殊？”不久，他随部队雄赳赳、气昂昂，跨过鸭绿江，抗美援朝，出国作战。在艰苦卓绝的上甘岭战役中，身为副排长的孙景坤与战友接到增援上甘岭 161 高地的任务。此时，161 高地被敌人三面围攻，已经有 8 批战友牺牲在了支援的路上。面对敌人的疯狂反扑，孙景坤和战友奋力反击，从中午 12 点坚守到半夜 12 点，共打退敌人 6 次进攻，孙景坤一人就击毙了 21 人，荣立一等功。1953 年 6 月，他被朝鲜民主主义人民共和国授予一级战士荣誉勋章。7 月，随中国人民志愿军英雄报告团回国，受到毛主席等党和国家领导人的亲切接见。

1955 年，孙景坤复员。战功卓著的他却主动放弃在城市工作的机会，申请回故乡山城村。回到家乡后，他把各种奖章奖状精心包好放到箱底，将组织关系交给村党支部，对自己的功绩只字未提，村民们并不知道他是战斗英雄。在回乡后的第三天，孙景坤就扛起锄头下地种田，跟一个普通农民并无不同。很快，正直能干的孙景坤被选为生产一队队长，带领村民们向着贫困这个“敌人”发起新的冲锋。

山城村处于鸭绿江支流大沙河转弯处，是防洪能力最薄弱的地方。孙景坤回村后，发现修堤筑坝迫在眉睫。当时，没有机械化设备，独轮车都罕见，孙景坤就带头用筐挑、用肩扛，运送土石。经过几年的努力，大坝越建越高，越建越厚实，两岸土地得以保护，村民的生命财产有了保障。

山城村是有名的蔬菜村，市里曾划分一片公厕供村里挑粪施肥用，但村民们都不愿意去挑粪，正犯胃病的孙景坤第一个站出来说：“没有好的肥，菜怎么能长好，我来挑。”他挑着 100 多斤粪，走七八里的山路，硬是扛了下来。看着他忍着胃痛满头大汗颤颤巍巍的样子，村民们纷纷挑起了粪桶，跟在他后边……正是在孙景坤的带动引领下，山城村把上百亩烂泥滩改造成良田，在数百亩荒山上种植板栗、落叶松等经济林，一跃成为十里八乡有名的富裕村。村民们都说："我们现在过上好日子，都得感谢这个老爷子。"

在生产队当了20多年队长，每每有单位招工，孙景坤都毫不犹豫地把机会让给别人。家里儿女7人，除了两个儿子正常招工外，其余都是农民。在大女儿孙美丽看来，父亲对自己严苛，对孩子们也几近"无情"。早年，他们读书时家里穷，交不起学费，老师对孙美丽说，你爸是生产队长，开个证明来，学费就可以免了。孙景坤一听却火了，说："就因为我是队长，才不能这样做。"孙美丽后来因为交不起学费被迫辍学。后来，在生产队干活时，她干得好，队里给她的工分从3分涨到7分，孙景坤知道后，把组长批评了，硬逼着把多的工分给拿了下去……不仅如此，一直以来，孙景坤始终住在低矮的平房里，从不向组织开口、伸手。

直到20世纪90年代，孙景坤的赫赫战功才被村民们了解，看着这位功臣吃苦在前，不求享受，过得如此清贫，很多人不理解，问他："你本来可以躺在功劳簿上，为啥还这么拼命干？"孙景坤认真地说："为啥不干，战争年代只有干，才能走出活路。我躺着享受，我那些死去的战友能安生吗？"摩挲着旧军装上的军功章，孙景坤说："当年村里10个年轻人一起参军入伍，回乡的只有3个。和牺牲的战友比，我做这点事算得了啥？条件再艰苦，能比战场上苦？我活着，是替战友们活，我要把他们想干却来不及干的工作干好，才对得起他们。"

2020年9月26日，孙景坤被辽宁省委宣传部、省精神文明办授予"辽宁好人·时代楷模"荣誉称号。2020年10月24日，被中宣部授予全国"时代楷模"荣誉称号。2020年，入选"感动中国2020年度人物"候选人名单。2021年6月29日，中共中央授予孙景坤"七一勋章"。2021年7月，在第八届全国道德模范评选表彰活动中，孙景坤被选为全国道德模范候选人。

2023年1月7日，孙景坤因病医治无效，于11时42分在辽宁丹东逝世，享年98岁。

党和人民对公而忘私、永葆革命本色的战斗功臣孙景坤予以高度评价。中共丹东市委的评价是："孙景坤同志是始终践行共产主义崇高理想的优秀党员，是新时代中国共产党人不忘初心、牢记使命、永远奋斗的光辉典范。他的先进事迹和崇高精神，集中体现了老一辈共产党人、革命军人为建立新中国舍生忘死的坚定信念，集中显现了新时代党员干部不讲条件、不计名利、不懈奋斗的高尚情操，是广大党员干部学习的榜样。"

胸前挂满奖章的孙景坤

从2020年起，各级党委均发出向孙景坤学习的号召，号召全体党员干部要学习他对党忠诚、坚守初心的政治品格，始终保持崇高信仰，坚决听党话、一心跟党走，一辈子初心不变、本色不改，用行动诠释对党的绝对忠诚；学习他英勇善战、不畏牺牲的战斗精神，敢于攻坚克难、永葆英雄本色，以不怕困难、迎难而上的巨大勇气和不怕牺牲、勇往直前的雄伟气概，在实现中国梦、强军梦的生动实践中奋力拼搏、锐意进取；学习他深藏功名、甘于奉献的精神品质，在家乡建设需要时挺身而出，在人民最需要的地方主动作为，时刻把群众的利益放在心上，真心实意为群众干实事、谋福利，不图功名，勇挑重担；学习他甘于清贫、艰苦奋斗的高尚情操，在任何时候都不居功自傲，不向组织提要求，有再多的困难都自己克服，始终保持了共产党人的清廉本色。

如今，孙景坤的勋章等都在抗美援朝纪念馆里静静地陈列着。在一份泛黄的报功书上这样写道："孙景坤同志在朝鲜守备战斗中，创立功绩，业经批准记一等功一次，这不仅是个人的光荣、全军的光荣，也是人民的光荣、祖国的光荣……"一束黄色灯光柔和地照在这份报功书上，为这份历久弥新的报功书镶上了一道金边……

不忘初心　追红色记忆

包　伟　摄

辽宁辉煌瞬间 70

北京冬奥上的辽宁荣耀

2022 年 2 月 14 日晚，北京冬奥会自由式滑雪女子空中技巧决赛赛场上，冬奥会“四朝元老”、土生土长的辽宁籍运动员徐梦桃为国出战。滑行、俯冲、腾空、翻转，整个动作一气呵成，犹如一只体态婀娜、镇定从容的“雪燕”，在雪场上迎风飞翔，空中姿态舒展轻盈。紧接着，随着一个稳如泰山的落地、直立，我们再次听到了熟悉的那声呐喊……108.61 分，中国选手徐梦桃最终轮一跳定胜负，为中国代表团拿下本届冬奥会的第五金，追平了我国在 2010 年温哥华冬奥会创下的单届冬奥夺金纪录，在北京冬奥赛场上书写着辽宁荣耀。

徐梦桃是中国自由式滑雪空中技巧女队的领军人物。事实上，她是“半路出家”，从体操转型练习自由式滑雪空中技巧，此前她连滑雪都不会。为了能站在北京冬奥的赛场上，曾经双腿前韧带都断了的徐梦桃逼着自己恢复，流了无数的汗水。

作为冬奥老将，徐梦桃曾参加温哥华、索契和平昌三届冬奥会，并在 2014 年索契冬奥会上获得银牌。2021 年，徐梦桃以 26 个世界杯分站赛冠军创造了纪录，可对她来说，在北京，收获一枚奥运金牌，是“生命里的向往”。2022 年 2 月 10 日晚，徐梦桃携手队友齐广璞、贾宗洋为中国队摘得自由式滑雪空中技巧混合团体银牌，离她的“向往”又近了一步。

2022 年 2 月 14 日晚，由于天气原因，自由式滑雪女子空中技巧资格赛和决赛同一天进行，这就意味着参赛选手几乎没有时间恢复体力，这是竞技体育的角逐，也是对运动员们意志力的考验。年过 30 的徐梦桃第 4 次站上冬奥会女子决赛的出发台，在她之前出发的国外选手刚刚刷新了场上最高分，令人窒息的压力再度袭来。徐梦桃顶住压力，选择了当时自由式滑雪女子空中技巧的最高难度，以难度系数为 4.293 的三周台动作向奖牌发起冲击。那一天，又是大风，又是低温，但她最终完美落地，不负期望，为中国女子自由式滑雪空中技巧实现了冬奥金牌“零”的突破！夺冠后，徐梦桃身披国旗，泪流满面，在风雪中豪迈呐喊，镌刻下感动无数人的北京冬奥会精彩瞬间。

事实上，徐梦桃只是一个代表，在2022年北京冬奥会、冬残奥会上，胸怀大局、自信开放、迎难而上、追求卓越、共创未来的辽宁健儿和广大冬奥工作者、志愿者们，以实力和热诚在这场国际体育盛会中展现了辽宁的风采与荣耀。

在北京冬奥会上，中国体育代表团共有运动员176名，参加7个大项、15个分项的比赛。其中，辽宁共有17名冰雪健儿参赛，包括男运动员10名、女运动员7名，另有18名教练员及辅助人员入围名单，在4个大项、6个分项、25个小项上参与角逐。

在北京冬奥会上，中国体育代表团实现了重大历史突破，获得了9枚金牌、4枚银牌、2枚铜牌，共15枚奖牌，首次跻身冬奥会金牌榜前三，创冬奥会征战史最佳战绩。其中，辽宁籍运动员获得了2金1银的历史最好成绩。除了徐梦桃获自由式滑雪空中技巧女子个人项目金牌外，辽宁培养的运动员齐广璞获自由式滑雪空中技巧男子个人项目金牌，徐梦桃、贾宗洋、齐广璞获自由式滑雪空中技巧混合团体项目银牌。而且，徐梦桃的自由式滑雪空中技巧女子个人项目金牌，是我国该项目女子首枚冬奥会金牌，实现了我国该项目女将几代人的冬奥梦想；徐梦桃、贾宗洋、齐广璞获得的自由式滑雪空中技巧混合团体银牌，是我国运动员在该项目冬奥历史上的首枚奖牌，虽未夺金，但同样是重大突破。

在北京冬残奥会上，中国体育代表团有运动员96名，其中，有15名辽宁籍运动员。中国体育代表团共获得18枚金牌、20枚银牌、23枚铜牌，共61枚奖牌，列奖牌榜第一位。辽宁籍运动员获得2金3银5铜的好成绩。辽宁籍运动员孙奇获得单板滑雪男子LL2级坡面回转金牌，毛忠武获得越野滑雪坐姿男子中距离金牌。

在北京冬奥会赛场上，辽宁运动员程方明是我国参赛项目最多的男运动员，他一人出战冬季两项6个项目、全项目参赛。6项比赛，程方明一共滑雪71千米，这还不算在射击上的体力消耗。程方明参加的6项比赛，最好成绩为第15名。他在男子15千米集体出发、混合接力4×6千米两个小项填补了我国选手在冬奥会的参赛空白。此外，程方明还在男子12.5千米追逐赛中创造了我国选手的最好成绩。

我国运动员在单板滑雪女子障碍追逐赛上的冬奥会首秀，由辽宁健儿冯贺完成。在比赛中，冯贺顺利从资格赛进入淘汰赛，在32进16的比赛轮次中获得小组第四，无缘16强，最终名次为第30名。

北京冬奥会最后一个比赛日，由辽宁冰雪健儿孙楷智担任舵手的中国四人雪车，以3分57秒97的总成绩获得第16名。这是中国四人雪车首次亮相冬奥赛场，同时也创造了该项目在冬奥会赛场的最好成绩！

此外，辽宁速度滑冰名将韩梅一人参加四项比赛，是我国速滑项目参赛最多的运动员。韩梅在女子5000米比赛中以7分08秒37的成绩获得第11名，创造了个人最好成绩；在女子团体追逐赛中获得第5名，追平历史最好名次。辽宁运动员杨涛在速度滑冰男子500米比赛中以35秒162的好成绩排名第21名，创造冬奥会上个人最佳名次。

被誉为“中国雪上项目的冠军摇篮”的沈阳体育学院附属竞技体育学校始建于1980年11月，曾先后4次被命名为国家高水平体育后备人才基地。学校教练员、运动员连续代表国家出战7届冬奥会，自由式滑雪空中技巧队项目成绩突出，共夺得13枚冬奥会奖牌（3金7银3铜），被誉为“中国雪上梦之队”。

在北京冬奥会、冬残奥会总结表彰大会上，沈阳体育学院附属竞技体育学校被授予“北京冬奥会、冬残奥会突出贡献集体”称号；辽宁运动员徐梦桃、教练员纪冬被授予“北京冬奥会、冬残奥会突出贡献个人”称号。

在北京冬奥会、冬残奥会上，辽宁冰雪健儿惊艳世界。此前不久，2021年12月31日，辽宁省向国家体育总局递交了2028年第十五届全国冬季运动会申办函。历经近两年的努力，2023年10月25日，《国务院办公厅关于同意辽宁省承办2028年第十五届全国冬季运动会的函》发布。这意味着“十五冬”的承办权正式交给这个位于中国东北、诞生过32位奥运冠军的传统体育大省。

辽宁，拥有开展冰雪运动、发展冰雪经济得天独厚的区位及生态优势，拥有丰富的冬季运动项目办赛经验。2013年，辽宁成功举办了第十二届全国运动会。近年来，辽宁多次承办自由式滑雪空中技巧和单板滑雪U型场地技巧等国际、国内高水平冰雪赛事，具备丰富的冬季运动项目办赛经验和较高的办赛水平。北京冬奥会期间，辽宁冬季项目布局实现冬奥会7大项15分项的全覆盖，辽宁健儿在冬奥赛场上成绩优异。而作为2028年“十五冬”的主会场，沈阳市将成为首个既举办过全国运动会，又举办全国冬运会的“双运之城”。

北京冬奥会自由式滑雪女子空中技巧金牌得主

——徐梦桃

胡虎虎 摄

按照项目设置，2028年第十五届全国冬季运动会全部比赛需要场馆、场地20个。截至2023年年底，辽宁省共拥有10座室内滑冰场和32座滑雪场。为了承办“十五冬”，辽宁将全面提升冰雪运动软硬件条件。其中，沈阳体育学院滑冰馆、沈阳市和平区全民健身中心滑冰馆等冰场，经升级改造后将具备承办短道速滑、花样滑冰、冰球等冰上项目比赛能力；沈阳东北亚滑雪场、沈阳白清寨滑雪场等部分雪场，经升级改造后将具备承办自由式滑雪、单板滑雪等雪上项目比赛能力。此外，按照统一规划部署，沈阳赛区将新建“沈阳市冰上中心”、抚顺赛区将新建“抚顺市雪上中心龙岗山滑雪场”、省柏叶体育训练基地赛区将新建冬季两项场地等。

北京冬奥会的成功举办，让“冰雪热”在全国范围内达到了全新高度。辽宁作为拥有发展冰雪运动天然优势的省份，充分继承北京冬奥会“带动三亿人参与冰雪运动”的宝贵遗产，以承办“十五冬”为契机，进一步推动全省群众性冰雪运动的普及与开展，构建更高水平的全民健身服务体系，一个以冰雪运动为依托的文体旅融合发展的新辽宁正以崭新的面貌阔步迈向未来……

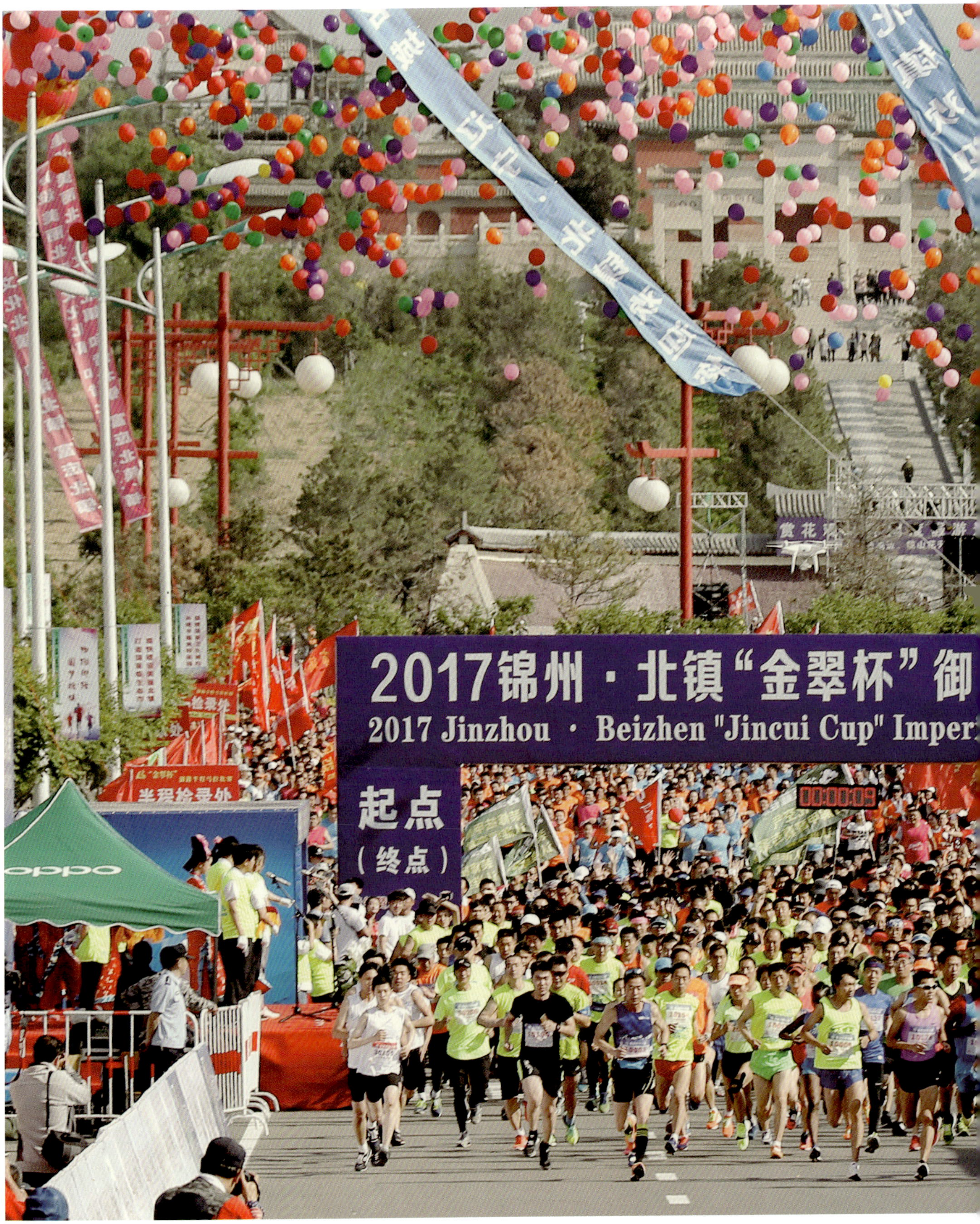
2017锦州·北镇“金翠杯”御
2017 Jinzhou · Beizhen "Jincui Cup" Imper
起点
(终点)

锦州北镇马拉松赛

段希俭　摄

[新中国成立75年]

辽宁辉煌瞬间71

待我回家、代我回家、带我回家

2023年11月23日上午，一架搭载着25位志愿军烈士遗骸的中国空军运-20运输机从韩国飞往中国，机舱尾部悬挂着“我们接您回家”的横幅。当飞机进入中国领空，机长对着话筒开始舱内广播：“今天，回到家了，让英雄们好好看看我们美丽而和平的祖国！”11时32分，飞机降落在沈阳桃仙国际机场。两架护航的歼-20战斗机以超低空通场飞行的方式，向英烈们致以最崇高的敬意。停机坪上庄严肃穆，50多名礼兵和持枪卫兵挺拔肃立。专机缓缓穿过代表着最高礼遇的“水门”，稳稳地停在停机坪上。12时10分，礼兵手捧烈士棺椁缓缓走下专机。伴着军号手吹响婉转低回的《思念曲》，礼兵护送着25位志愿军烈士的灵柩，轻轻地摆放到军车上。在45辆警用摩托车的护送下，车队送归国的英雄前往30千米外的沈阳抗美援朝烈士陵园。24日，25位烈士安葬于此。去时少年身，归来英雄魂。历史跨越70载，祖国从未忘记，人民永远铭记！

20世纪50年代，上百万中国人民志愿军肩负着人民的重托、民族的期望，高举保卫和平、反抗侵略的正义旗帜，雄赳赳、气昂昂，跨过鸭绿江，踏上抗美援朝战场。几年后，有些人受勋获奖，荣归故里；也有些人魂断异国，埋骨他乡。半个多世纪以来，中国人民始终没有忘记老一辈无产阶级革命家和中国人民志愿军所建立的不朽功勋，始终没有忘记谱写了可歌可泣、气壮山河英雄赞歌的志愿军将士，始终没有忘记在抗美援朝战争中牺牲的志愿军烈士们。迁回在韩志愿军烈士遗骸，牵动着全国各族人民最深厚的情感。2013年，中韩双方本着友好协商、务实合作的精神，达成了将在韩志愿军烈士遗骸归还中国的协议。自2013年6月起，中韩双方进行了坦诚会商。经过双方相关部门多次磋商，最终确定交接相关事宜。2013年年底，中韩双方就在韩中国人民志愿军烈士遗骸回国问题达成共识。在双方共同努力下，已完成起掘、干燥、鉴别、遗骸遗物分类整理记录及装殓等工作。据韩国方面介绍，这些烈士都是在朝鲜战争期间战斗最为激烈的江原道横城、铁原、洪川以及京畿道涟川、加平等地牺牲的。韩国国防部表示，如果在发掘韩国阵亡将士时发现新的志愿军烈士遗骸，韩方将按照相同的程序定期向中方归还。

2014 年 3 月 27 日上午，韩国方面把已经封棺入殓的 437 具中国人民志愿军烈士遗骸从临时安置所运出，韩方共派出 22 辆专车负责运送志愿军烈士遗骸，每个棺木有一位韩国军人负责。28 日上午 6 时 30 分，中韩双方在韩国仁川国际机场举行第一批在韩中国人民志愿军烈士遗骸交接仪式，首批 437 具中国人民志愿军烈士遗骸从韩国仁川机场踏上回家之路。当运送烈士遗骸的专机进入中国领空后，中国人民解放军空军派出两架歼 -11B 战机迎接护航。9 时 30 分，专机降落在沈阳桃仙国际机场，离开祖国 60 多年的烈士英灵回家。11 时 30 分，中国政府在沈阳桃仙国际机场举行隆重的迎接仪式。12 时，礼兵护送 437 具志愿军烈士遗骸棺椁上灵车赴沈阳抗美援朝烈士陵园安葬。与此同时，从全国各地赶到沈阳的志愿军后代们手捧菊花，臂缠黑纱，手拿印有“迎接亲人回家”字样的白色条幅来到抗美援朝烈士陵园门前，等待这些在外漂泊了 60 多年的先烈英灵回归国土。

从 2014 年至 2023 年，先后有 10 批共 938 位在韩志愿军烈士遗骸回到祖国，安葬在沈阳抗美援朝烈士陵园。当年，志愿军匆匆离开家乡，离开亲人，曾许下“待我回家”的宏愿；牺牲后，由于条件所限，他们只能安葬在异国的土地上，把青春凝结进一张张泛黄的旧照，望着祖国的方向留下一句“代我回家”的遗憾；多年后，祖国强大了，先后 10 批在韩志愿军烈士遗骸归国，了却他们“带我回家”的夙愿。“待我回家”，是他们出征时的殷殷期盼；“代我回家”，是他们牺牲时的无尽遗憾；“带我回家”，是祖国和人民不会忘记的“约定”。这个“待（代、带）”字的变化，表达了国家对烈士的崇敬，更彰显了伟大祖国的不断强大。

根据中韩双方达成的共识，双方对在韩志愿军烈士遗骸每年将进行一次常态化交接。为了迎接长眠他乡的英雄回家，国家每一次都举行隆重的仪式。国旗为盖，军机为驾，礼兵为伴。当护送志愿军烈士遗骸的飞机进入中国领空后，两架战机腾空而起，伴飞护航，向志愿军烈士致以崇高敬意。每年英雄归来前夕，沈阳市主要街道的室外大屏、楼体亮化设施及出租车顶的电子屏上，都会滚动播放“英雄回家”“缅怀英烈”等字样……点点红色照亮了整座城，也照亮了英雄的回家路。

国之大事，在祀与戎。英灵所视，既乐且康。英灵所葆，福祚绵长。死生大焉，叶落归根。魂兮归来，以返故乡。魂兮归来，维莫永伤！

让青山有幸埋葬忠骨，这是中国人自古以来最梦寐以求的终极心愿，蕴含着非常丰富的文化伦理信息，也是极具温度的人文关怀。10年来，迎回安葬仪式不断优化，尊崇氛围不断叠加，弘扬英雄主义精神、激发全体民众爱国热情的氛围不断浓厚。厚积薄发、守正创新的辽宁人，用新时代建设成就，告慰志愿军英烈！用大国重器，向英烈们致以最崇高的敬礼！

忠魂归故土，浩气存天地。英魂安息，家国安宁。英雄不朽，精神永续……

2014年3月28日

沈阳桃仙国际机场迎接首批437位中国人民志愿军烈士遗骸从韩国回归故里

线云强　摄

辽宁辉煌瞬间72

不太远、不太冷、不太贵、刚刚好

早市，被称作“城市最开始苏醒的地方”，一般都是当地人购买肉菜蛋奶，解决基本生活需求的地方。可是，如今已有近200年历史的沈阳小河沿早市，在龙年冬天，不仅是周边居民采购食材的好去处，更一跃成为这座城市热门的旅游新景点。天刚蒙蒙亮，热气腾腾的豆腐脑油条桌前，香喷喷的大锅炖酸菜锅前，极具东北特色的冻鸡、冻鱼、冻梨摊位前……挤满了天南海北的游客。而且，为了方便外地游客吃喝、购物，文旅部门还协调属地街道在早市设置了免费存包点，贴有“公主请卸装，放下装备可劲儿造”“黑吉辽是一家，欢迎你们来俺家”等标语的免费行李寄存处深受外地游客的欢迎和点赞。

2023年至2024年的这个冬天，特别是元旦和春节假期，辽宁针对文旅市场游客集中、消费集中、承载集中等特点，不断叫响“山海有情　天辽地宁”的旅游品牌，精心开展了“欢欢喜喜过大年”主题文化旅游活动。受益于辽宁打造“高品质文体旅融合发展示范地”及央视春晚沈阳分会场的牵引带动作用，加之“不太远、不太冷、不太贵、刚刚好”的巨大宣传引流效应，元旦春节假期辽宁文旅市场“热辣滚烫”，持续保持火热态势，迎来龙年“开门红”。

经综合测算，仅春节假期，辽宁共接待游客4086.6万人次，同比增长299.6%，按可比口径较2019年同期增长64.6%；实现旅游综合收入412.7亿元，同比增长572.7%，按可比口径较2019年同期增长149.4%，人均消费过千元。其中，全省7家AAAAA级旅游景区累计接待游客39.53万人次，同比增长43.82%，与2019年同期比增长29.81%；旅游收入2045.86万元，同比增长47.56%，与2019年同期比增长65.00%。

春节前夕，省文化和旅游厅会同辽宁广播电视台精心策划了“回辽过年　来辽过年”主题宣传，“嬉冰雪、泡温泉，到辽宁、过大年”的标语口号在各大媒体特别是网络媒体不断推送。与之同时，宣传推介“龙文化”等5条主题游径和140多条旅游精品线路，如大连各大景区场馆围绕“龙”创意百出，身高 3.9 米、重 1.8 吨的新辰君“敖宝”，从《山海经》里走出的“山海有龙”……龙的“足迹”遍布大连，吸引游客目光。丹东东港邀请 10 多名明星及辽宁东港草莓联盟女排拍摄拜年宣传视频，点击量过万。阜新在新华社、中国新闻网推出“龙源阜新”系列报道。2 月 14 日的《人民日报》头版头条宣传辽宁冰雪文体赛事及阜新市黄家沟文旅产业，引发广泛关注。此外，老工业基地成为春节“顶流”，辽沈大地喜迎八方来客，笑纳四海宾朋，辽宁旅游搜索热度涨幅达 235%。据央视网消息，沈阳位列南方游客前往北方的十大热门目的地第 6 名；据《人民日报》消息，整个春节假期沈阳旅游订单量同比增长 1500%；据相关统计，沈阳市人口“迁入”规模居东北三省各城市首位，并于大年初三、初四连续两日跻身全国热门“迁入地”前 20 位，是东北唯一上榜城市。大年初二，首个境外包机旅游团组 286 名马来西亚籍游客开启为期一周的辽沈之旅。春节假期，辽宁省外游客占比达 40%，高于元旦假期近 7 个百分点。来自北京、河北、山东、广东、上海、浙江、江苏等地的游客，在欢乐祥和的辽沈大地，尽情感受黑土地的浓浓春意。

龙年春节，辽宁文旅坚持以文塑旅、以旅彰文，精心设计、精准宣传、精细安排、精益服务，系统打造集市游、研学游、网红打卡游、体育赛事游等一系列春节假期特色文旅产品，促进文体旅深度融合。沈阳老北市推出“龙凤呈祥”奇观，日均接待游客高达 20 万人次；沈阳小河沿早市位列百度地图等多家平台春节热门市集第 6 名；沈抚示范区皇家海洋乐园和丰远热高乐园累计接待游客超 7 万人；营口辽河老街新春灯会日均接待游客近 3 万人；鞍山大屯农贸市场“年货大集”、本溪“小市一庄”年货大集、锦州凌河夜市“隆咚大集”每天都人头攒动，摩肩接踵。阜新推出海州露天矿国家矿山公园、查海遗址博物馆 2 条研学游线路。省文旅厅会同省体育局积极策划 2023—2024 年度辽宁省大众滑雪系列赛（大连站、丹东站）、2024 含章湖（池沼公鱼）全国冰钓邀请赛等一系列旅游赛事活动，吸引游客“跟着赛事去旅行”；沈阳东北亚国际滑雪场等四大滑雪场举办全国青少年滑雪公开赛，鞍山举办 2024 大东北 T3 汽车越野赛和卡丁车超级联赛等赛事；丹东在五龙高尔夫滑雪场和鸭绿江畔将滑雪与冬泳这些冬季项目市民化、大众化，组织游客积极参与；朝阳围绕“魅力文化 · 多彩朝阳”主题推出十大文体活动；盘锦组织冰钓、织网、冰下渔猎等系统竞技活动。元旦春节假期，辽宁老牌“网红打卡地”热度不减，沈阳故宫、张学良旧居陈列馆、沈阳“九 · 一八”历史博物馆、鞍山千山景区、丹东抗美援朝纪念馆、锦州辽沈战役纪念馆等接待游客数量再创新高；新晋“网红打卡地”热度飙升，央视春晚分会场沈阳铁西的中国工业博物馆、沈阳小河沿早市等异军突起，吸引更多游客，营口辽河文化产业带每日接待近万游客观仙鹤、看海冰、赏落日，朝阳北票“赏天鹅之美 与天鹅相约”，日均接待游客超 2 万人次。

龙年春节期间，辽宁精心策划推出“欢乐冰雪 辽宁冬韵”精品旅游线路、温泉旅游精品线路，“嬉冰雪、泡温泉，到辽宁、过大年”产品不断丰富，许多冰雪游目的地相继成为“新网红”，辽宁冰雪游火热“出圈”，刷屏全国游客的“朋友圈”。沈阳棋盘山冰雪大世界跻身沈阳热门景区前五名，笑纳四海宾朋；大连金石滩快乐雪世界的篝火、烟花、舞龙、雪地蹦迪，新春快乐不打烊；“锦州年 最东北”冬日冰雪旅游季，举办冰雪灯展、冰雪风光、冰雪运动、冰雪民俗等系列活动，吸引游客纷纷拍照打卡；辽阳第八届冰雪节共接待游客近 3 万人，旅游收入近 40 万元；本溪“浪漫冬日冰雪之约”冬季系列活动、丹东宽甸冰雪文化节、鸭绿江冬泳节、中国·锦州海上冰雪节、盘锦中国最北海岸线冰凌穿越挑战赛、葫芦岛“兴城·悦冬”冬季游泳节、龙港第六届冰雪文化节等活动吸引游客“旅行顺便参个赛”。此外，抚顺的林间雪道、冰雪峡谷、冰瀑布，营口的温泉民宿，铁岭的冰火锅、雪地足球、农家火炕等一系列独具特色的“冰雪 +”新产品也实力圈粉，助推辽宁冰雪经济高质量发展。

春节期间，沈阳发放消费券 3000 万元，各大商贸企业响应活动，发放促消费补贴 7000 万元；大连打造 17 个特色冬季室内外购物休闲旅游好去处，举办促消费活动 63 场；营口温泉民宿天天爆满，一房难求，实现收入超百万元；丹东天桥沟滑雪场日均接待游客超万人，营业收入近 500 万元；辽阳佟二堡皮装购物旅游区接待游客近 6 万人次，旅游收入超 2 亿元；朝阳整合“夜游、夜娱、夜秀、夜市、夜购”等“五夜”业态，引爆夜游经济，“三燕古城·迎春灯会”日接待游客达 4 万多人次。

此外，春节假期，全省博物馆参观异常火爆，超 358 万人选择在博物馆欢度假期，参观人数同比增长近 20 倍。面对激增的客流，各博物馆积极应对，围绕“博物馆里过大年”这一主题，在“听劝”的基础上主动服务观众，丰富节日供给，提升服务质量。辽宁省博物馆的“丹青万象——齐白石和他的师友弟子们”展热度不减，观众络绎不绝；大连金州博物馆推出“甲辰龙年 打卡金博”系列活动，线上线下齐互动，邀请游客前来打卡。全省各级图书馆、文化馆（站）等公共文化单位采取线上线下相结合的方式，在春节期间开展“春到万家”系列群众文化活动，举办独具特色的村晚、音乐和戏曲演出、年画展、书画展以及歌会、社火庙会、灯谜灯会等节庆文化活动近 900 场次。全省非遗活动丰富多彩，辽宁非遗舞龙项目首次走进作为世界文化遗产的沈阳故宫，通过多个直播平台，累计线上参与观众达 136.2 万人次，线下参与活动人数达 3.2 万人次。春节期间各地专业艺术院团推出一批有广度、有深度、有特色、有影响力，群众喜闻乐见的艺术精品，弘扬正能量、唱响主旋律，为新春佳节增添了浓浓艺术气息。

甲辰龙年，辽宁文旅紧紧抓住有利契机，火爆出圈，消费增势强劲。假期结束，面对依依不舍的即将离开辽宁的山南海北的游客，好客实惠的辽宁人再次发出邀请：“待到春暖花开，盼望大家再来！”

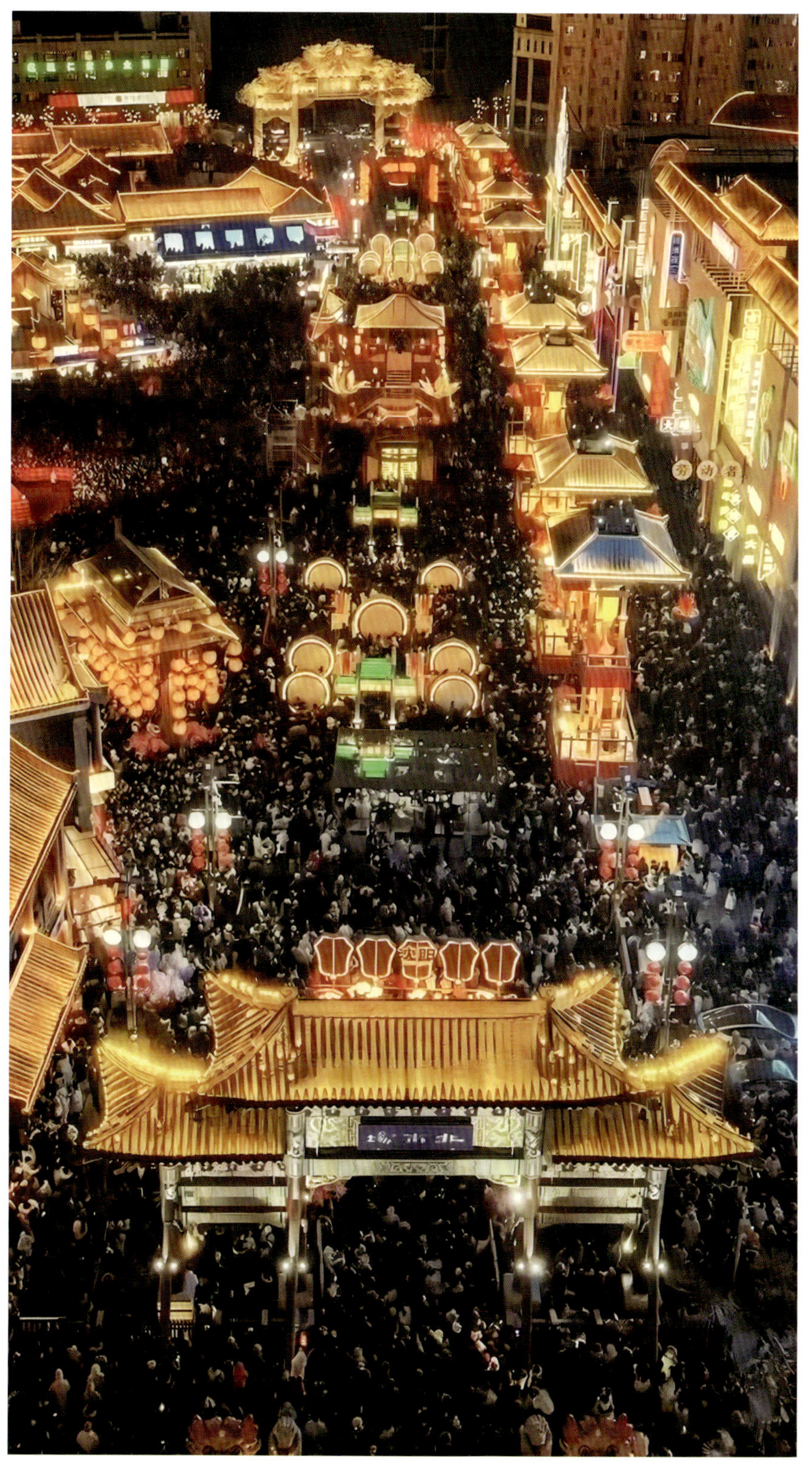

2023 年春节期间

沈阳北市场人潮如织

[新中国成立75年]

辽宁辉煌瞬间73

召唤全球辽商“回家”

“慈母手中线，游子身上衣。临行密密缝，意恐迟迟归。”这首《游子吟》，是唐代诗人孟郊创作的一首五言诗，深深地牵动着无数海内外游子爱国爱家的情感，寄托着赤子对慈母发自肺腑的炽烈的情感，也是辽宁省举办首届辽商大会，召唤全球辽商“回家”的写照。

2023年9月26日，在中秋节和国庆节即将到来之际，首届全球辽商大会在沈阳开幕。来自海内外600多位辽商代表，带着对辽沈大地的故土情怀，齐聚家乡，欢聚一堂，同心促振兴，共圆家国梦。海外辽商代表、省外辽商代表、辽商总会会长在大会上发言。

党中央始终对东北、辽宁振兴发展高度重视、深情牵挂，党的十八大以来，3次召开东北振兴座谈会，多次就东北、辽宁振兴发展发表重要讲话，作出重要指示批示。辽宁省委、省政府认真学习贯彻党的二十大精神和习近平总书记重要讲话、重要指示批示精神，全力实施全面振兴新突破三年行动。一段时间以来，经济运行增势持续巩固，整体回升向好，高质量发展的势头更加强劲。成绩来之不易，凝聚着全省广大人民群众拼搏奋斗的辛勤汗水，也包含着广大辽商创新创业、为建设家乡所作的贡献。

辽宁人杰地灵，作为我国重要的老工业基地，其得天独厚的水土，养育了敢为人先、吃苦耐劳、豪爽质朴的辽宁儿女，涵养了大格局、大气派、大胸怀的辽商文化。辽商的精神生生不息，辽商的毅力坚忍不拔，辽商的担当难能可贵，成就了商通四海的不凡业绩，彰显了商道济世的家国情怀。广大辽商敢闯敢为、搏击商海，已经成为辽宁振兴发展的重要力量。今天的辽宁，既有发展的“速度”、产业的“厚度”，也有创新的“热度”、情感的“温度”，是一方干事创业的沃土、成就梦想的福地，辽商回辽，正当其时。据不完全统计，目前，省外、海外辽商超100万。辽商群体是建设中国式现代化新辽宁的宝贵资源，是实施全面振兴新突破的重要力量。

为团结广大辽商共同推动辽宁全面振兴，2018 年，我省成立了辽商总会，构建起携手团结和服务海内外辽商回报家乡、振兴辽宁的桥梁纽带。2023 年，聚焦我省全面振兴新突破三年行动目标任务，进一步凝聚全球辽商智慧和力量，打好打赢新时代东北振兴、辽宁振兴的“辽沈战役”，根据省委、省政府有关工作安排，9 月 25 日至 27 日在沈阳举办了首届“全球辽商大会”，欢迎广大辽商回家，感受家乡的积极变化和蓬勃活力，与家乡人民群众一道抢抓机遇，共谋发展，再创辉煌。

首届“全球辽商大会”的主题是“同心促振兴·共圆家国梦”，围绕这个主题，开展了一系列活动。一是举办了“创业中华·侨兴辽宁”“振兴新突破·辽商新机遇”两个主题论坛活动。“创业中华·侨兴辽宁”主题论坛，海外嘉宾、侨界代表 180 人齐聚沈阳，围绕主题，共谋辽宁振兴新方略。“振兴新突破·辽商新机遇”主题论坛，邀请了辽商代表、知名学者及省政府相关领导，与参会辽商共同谋划如何抓住新机遇、实现发展，奋力谱写中国式现代化辽宁新篇章。二是举办了海外辽商恳谈会、辽商回辽中秋晚会两个专题活动。三是举办了多个考察活动。9 月 27 日，各市组织辽商实地考察项目、洽谈合作。

辽宁省委、省政府把举办首届“全球辽商大会”列为 2023 年全年重点工作之一，与全国知名民企助力辽宁全面振兴新突破高端峰会一起部署、一起推动。省委、省政府主要领导多次听取汇报，研究和推进重点工作。年初以来，省委统战部、省工商联、省侨联、省贸促会及辽商总会起早谋划、扎实推进，与 50 多个海外辽宁商会（东北同乡会）、28 个外省辽宁商会、海内外 100 多名知名辽商强化联系，30 多次组团赴国外、国内开展邀商活动，宣讲家乡振兴新变化，展现辽宁发展新机遇。这次大会是我省举办的首次全球辽商大会，也是高规格开好头、高质量起好步的一次辽商盛会。

此次辽商大会参会的辽商规模大、涵盖广。在全国工商联、中国侨联的大力支持和全省上下共同努力下，有 600 多名辽商回辽参加大会，其中，海外、省外知名辽商企业 300 多家，涵盖一、二、三产业，多集中在先进制造业、对外贸易、新能源和新材料、精细化工、房地产、金融服务、人工智能、生物技术、文化旅游等领域。此次大会是辽宁近年来影响力最强、规模最大的一次“辽商回辽”活动，各地辽商踊跃回乡参会，充分展示了辽宁全面实施振兴新突破的感召力、凝聚力、影响力，表达了全球辽商热爱家乡、回报家乡、建设家乡

2023年9月26日

首届全球辽商大会在沈阳开幕

的信心、决心、热情、干劲。

为确保大会圆满顺利召开，在省委、省政府的领导下，广泛动员，统筹力量，组建职能工作组，构架一体化工作机制，推动各项工作有序开展。聚焦重要时间节点、重要工作点位，组织专门会务团队及志愿者开展全程精准服务，保质保量完成好会议、食品、车辆、住宿、安保、信访等各项工作，为回家的辽商提供优质、高效、有温度的服务，让浓浓的乡情乡音融入会务工作的每一个环节。

此次大会以团结全球辽商实施全面振兴新突破三年行动为背景，为辽商企业依托辽宁资源要素和发展优势、实现高质量发展，搭建了促进合作、共赢发展的平台。大会后，相关部门和单位将建立常态化推进工作机制，采取“1+N”模式，以此次大会为牵引，深入开展“同心促振兴·共圆家国梦”辽商回归活动，推动辽商在家乡实现高质量发展。

会上，辽商代表共同宣读倡议书，号召全球辽商，要坚定发展信心，厚植家国情怀，坚持高质量发展，弘扬企业家精神，讲好辽宁故事，与家乡人民携手前行，走好新征程，建功新时代，展现新作为，为奋力谱写中国式现代化辽宁新篇章团结奋斗。

[新中国成立 75 年]

辽宁辉煌瞬间 74

“冬日暖阳”，“沈”得我心

2024 年 2 月 9 日除夕之夜，中央广播电视总台 2024 年春节联欢晚会在全球观众的期待中激情上演，北京主会场与辽宁沈阳分会场、湖南长沙分会场、陕西西安分会场以及新疆喀什分会场一同为观众奉上一场吉祥喜庆、多元多彩的文化盛宴。壮美的北国风光、火热的风土人情和绝妙的视听演出，辽宁沈阳分会场“冬日暖阳”的精彩纷呈展现了东北文化的多元魅力，深深感染了全国乃至全世界亿万观众。

虽然沈阳的天气“嘎嘎冷”，但沈阳人的热情“杠杠的”。沈阳人的幽默、沈阳人的实在、沈阳人的谦逊朴实、沈阳人的热情好客，连同沈阳独有的文化风格与文化底蕴，一起灌进春晚的麦克风。作为 2024 年中央广播电视总台龙年春晚的 4 个分会场之一，辽宁沈阳在除夕之夜为全球华人带来一顿情意浓浓、热气腾腾的，融合传统与现代、民俗与时尚，别具东北风味的“文化年夜饭”。

这顿“文化年夜饭”的主题是“冬日暖阳”，演出地点设在了位于沈阳市铁西区的中国工业博物馆。这是央视春晚首次走进“大车间”。沈阳，作为共和国工业奠基地，以中国工业博物馆这个“大车间”为主舞台，让大家一目了然地看到现代工业、现代沈阳的新时代气息。同时，这场演出采用“1+N”的艺术形式，通过中国工业博物馆与中街、老北市、棋盘山、浑南等外景地的联动，丰富了表演元素，扩展了表演空间，不仅向观众展现了沈阳全新的面貌，更体现了春晚是人民的舞台。

伴随着钢琴演奏的东北民歌，工业齿轮化身“中国鼓”，机器人成为舞美担当，无人机呈现巨型雪花……现代化的技术手段让“冬日暖阳”的表演既有烟火气又富有科技感，给人以强烈的视觉震撼。这场演出，最令人瞩目的当属舞台两侧半空中 8 块 2 米 ×2 米的显示屏。“手持”显示屏的，是 8 名来自沈阳新松机器人自动化股份有限公司的工业机器人“天团”的“舞美设计师”。从智能制造的核心支撑装备，到央视春晚的舞美灯光，这是一场将传统文化与现代科技融合的跨界演出。此次演出，机器人主要承担两个节目任务，一个是拿着 2 米 ×2 米的显示屏配合节目做展示动作；另一个是拿着近 200 千克重的灯光设备，根据节目需要展示不同角度、不同姿态的灯光效果。为了满足大负载的搬运需求，新松机器人的工程师们选择了重载工业机器人。此次亮相的重载工业机器人，是一款多功能智能机器人，其采用强劲型手腕，高扭矩设计，额定负载高达 210 千克，胜任各类常见大负载工作任务，可以熟练驾驭点焊、装配、搬运、码垛、涂胶等各类工艺。确定参与春晚演出任务后，近 10 名机械设计工程师、工艺工程师对重载机器人的后台软件进行了调整，做了一些延时和加减速，提高了机器人的动态性能，不仅使动作和音乐旋律、节拍完全匹配，也更富有动感。新松工业机器人的精彩亮相，让全国观众记住了那抹亮丽的“中国红”。那上下挥舞旋转的机械臂犹如飞舞的巨龙，向人们展示着辽宁发展高端装备制造业、打造新质生产力的蓬勃气象。

此次表演的另一大特色是中西文化艺术碰撞反差，唢呐与钢琴、东北秧歌与芭蕾……通过时尚新颖的编排，展示出沈阳厚重的历史、悠久的文化，以及浓厚的人情味、烟火气、沈阳韵、时尚风、国际范。此次表演，把《春满家园》《小拜年》《送情郎》等独具东北特色的音乐进行了全新编创，与摇滚、说唱、民乐、芭蕾融合，让东北曲艺与当代风尚创意碰撞，呈现出独特的国际范儿。整场演出让人热血沸腾、激动万分……

龙年春晚“沈阳时刻”很燃很暖很动情，虽然只有短短 8 分钟，但台前幕后有笑、有泪、有热爱。龙年春晚沈阳分会场总导演吕媛说：“我们说东北振兴看辽宁，辽宁振兴看沈阳。过年了，多少奋斗在外的沈阳人、东北人要踏上回家的路程。一个地方的振兴，终究是人的振兴、人的团聚。聚集人气的地方，它的振兴一定是有希望的。我们最想表达的是呼唤游子回家，回到家乡，感受家乡。”

春晚，虽然一年只有一次，带给我们的影响却是深远的。每年春晚都能带动一个或几个地方的文旅业发展，形成了释放春晚效应、促进多方合作共赢的社会现象。从总台春晚分会场落地沈阳来看，春晚文化和春晚经济作为重要的文化载体和经济模式，不仅具有促进文旅产业、释放消费潜力之能，更有荟萃文化魅力、集聚社会活力之效，是呈现中国活力、展现中国形象、讲好中国故事的舞台和窗口。沈阳乃至整个辽宁广泛利用春晚效应，做大做强节庆经济，整个文旅产业带动整个辽宁经济社会高质量发展，一个令人振奋喜悦的龙年“开门红”红透整个辽沈大地……

央视春晚沈阳分会场

——中国工业博物馆成为沈阳旅游新去处

辽宁辉煌瞬间 75

5.3% 和 3 万亿：辽宁振兴首战告捷

2024 年 1 月，辽宁省第十四届人民代表大会第二次会议隆重召开。在会议上宣读的 2023 年政府工作报告中提到两个数字："全省地区生产总值增长 5.3%，十年来首次超过全国增速，总量突破 3 万亿！"5.3% 和 3 万亿，这两个振奋人心的数字，令 4200 万辽宁人民欢欣雀跃，也充分表明，辽宁全面振兴新突破三年行动首战告捷！

辽宁，曾被誉为"共和国工业长子"，曾经创造过历史性的辉煌，也曾经遇到过阶段性的困顿。几十年来，无论是全省广大干部群众，还是身处异乡的辽宁人，对辽宁实现全面振兴、再展辽宁雄风始终心心念念、满怀期待。2022 年 12 月 26 日，在一年一度的省委经济工作会议上，辽宁省委部署启动实施全面振兴新突破三年行动。

之所以作出全面振兴新突破三年行动这一重大决策，是基于辽宁已经走出了多年来的最困难时期，全面振兴蓄势待发这样一个重要判断。

2023 年，是全面贯彻党的二十大精神之年，是东北振兴战略实施 20 周年，全面振兴新突破三年行动首战之年到底怎么干？辽宁将以怎样的思路举措和精神状态开启新征程，在新时代东北振兴上展现更大担当和作为？对此，全省广大干部群众充满期待，外界也十分关注。

2023 年 2 月，辽宁省委召开十三届五次全会，审议通过了《辽宁全面振兴新突破三年行动方案（2023—2025 年）》（简称《方案》）。《方案》明确了指导思想、6 项原则、1 个总体目标、8 个分项目标、10 个方面新突破、50 项重点任务及 5 项保障措施。在《方案》的推动下，一场新时代东北振兴、辽宁振兴的"辽沈战役"打响了！

经过全省人民一年的艰苦努力，辽宁收获了"四个重大转变"的可喜成果，即辽宁经济运行低速徘徊的态势发生重大转变、干部干事创业的精神状态发生重大转变、辽宁营商环境发生重大转变、外界对辽宁的预期发生重大转变。

2023 年，省委团结带领全省干部群众，以超常规举措打了一场新时代东北振兴、辽宁振兴的“辽沈战役”，用非常之策谋发展，行非常之举促振兴，下非常之功求突破，办成了许多事关长远的大事、要事，各项工作呈现多年少有的良好局面。

一批事关国家“五大安全”的高质量项目落地实施。华锦阿美精细化工、徐大堡核电 1 号机组、华晨宝马全新动力电池等一批超百亿项目开工建设。阜奈高速、沈阳地铁 2 号线南延线和 4 号线、大连北站综合交通枢纽等一批重大交通基础设施投入运营。外贸结构优化升级，电动载人汽车、锂电池、太阳能电池“新三样”产品出口增长 48.8%。旅游持续火爆，旅游总收入 5022.6 亿元，同比增长 1.7 倍。“国和一号”屏蔽电机主泵、“太行 110”重型燃气轮机等大国重器在辽宁问世。十月稻田、微控飞轮实现辽宁“独角兽”企业零的突破。先进装备制造、石化和精细化工、冶金新材料、优质特色消费品工业 4 个万亿级产业基地和 22 个重点产业集群加快发展。沈鼓集团、兴齐眼药荣获“全国质量奖”。2023 全球工业互联网大会成功举办。鞍山西柳电子商务产业园获评全国电子商务示范基地。鞍钢与凌钢市场化重组取得重大成果。央地合作热潮掀起，洽谈签约实施重大项目 156 个。举办全国知名民企高端峰会，新增外资企业 959 家，国企敢干、民企敢闯、外企敢投的氛围日渐浓厚。第四届辽洽会、首届全球辽商大会取得丰硕成果。辽宁自贸试验区两项创新经验在全国推广。2023 年，辽宁粮食产量 512.7 亿斤，创历史新高。新建和改造高标准农田 296 万亩，分类实施黑土地保护工程 1000 万亩。创建辽育白牛国家优势特色产业集群、台安县和大石桥市国家现代农业产业园、灯塔市柳河子镇等 5 个国家农业产业强镇。深入推进“一圈一带两区”建设，沈阳、大连地区生产总值分别增长 6.1% 和 6%，双核辐射引领作用增强。京沈高铁实现“公交化”开行，沈大一站直达高铁增至 9 列。《沈阳都市圈发展规划》获批实施，共建产业合作园区 6 个，152 个高频事项实现跨域通办。实施辽浑太山水林田湖草沙一体化保护和修复工程，完成生态修复面积 123 万亩。打响科尔沁沙地歼灭战，治理沙化林草土地面积 10.1 万亩。实施抚顺西露天矿、阜新海州露天矿等废弃矿山复绿行动，治理 14.8 万亩。新建绿色矿山 107 个。退休人员基本养老金人均增长 3.8%，城乡低保月均标准分别提高到 753 元和 601 元。职工医保门诊共济保障机制改革妥善实施。工伤保险实现省级统筹。养老服务体系不断完善。获批承办第十五届全国冬运会，成功举办省第十四届运动会暨省残运会，辽宁男篮卫冕 CBA 联赛总冠军，极大提振了辽宁人民振兴发展的精气神！

2023年11月

中国共产党辽宁省第十三届委员会第六次全体会议召开

徐丹伟　摄

在全省人民的共同努力下，全省地区生产总值增长5.3%，10年来首次超过全国增速。全省地区生产总值达到3.02万亿元，这是继2014年突破2万亿元后，辽宁经济总量又一次实现突破，也是自2014年以来增速首次高于全国，辽宁经济运行低速徘徊的态势发生重大转变。

2023年，辽宁一般公共预算收入增长9.1%，规模以上工业增加值增长5%，固定资产投资增长4%，社会消费品零售总额增长8.8%，城镇新增就业47.9万人，城镇和农村居民人均可支配收入分别增长4.3%和7.9%，经济社会发展呈现出多年少有的良好局面，全面振兴新突破三年行动首战告捷，辽宁全面振兴其时已至、其势已成、其兴可待。

2023年11月6日至7日，中国共产党辽宁省第十三届委员会第六次全体会议在沈阳举行。全会强调，辽宁正处于千载难逢的战略机遇期、政策叠加的红利释放期、发展动能的加快集聚期、产业升级的转型关键期、跨越赶超的发展窗口期。要准确把握习近平总书记关于新时代推动东北全面振兴的新部署新要求新任务，全面完成省第十三次党代会、省“十四五”规划、全面振兴新突破三年行动方案确定的目标任务，如期实现全面振兴新突破。在此基础上，通过全省上下不懈奋斗，努力将辽宁打造成为国家重大战略支撑地、重大技术创新策源地、具有国际竞争力的先进制造业新高地、现代化大农业发展先行地、高品质文体旅融合发展示范地、东北亚开放合作枢纽地，为强国建设、民族复兴提供有力支撑作出更大贡献。

蓝图已经绘就，号角已经吹响。4200万辽宁人民在省委、省政府的坚强领导下，正朝着全力谱写中国式现代化辽宁新篇章的康庄大道阔步前行……

后记

伟大的中华人民共和国已经走过75年的光辉历程。

75年砥砺奋进，75年风雨兼程，辽宁跟随共和国前进的脚步，在共和国发展的历史上书写着辉煌与荣光。这75年的历史，是一幅党领导辽宁人民投身革命的波澜壮阔的斗争画卷；是一部党领导辽宁人民进行建设的气势恢宏的奋斗史诗；是一曲党领导辽宁人民推进改革的节奏铿锵的动人乐章；更是一个由惨遭践踏到独立自主，由贫穷落后到富庶文明，由创伤剧痛到全面振兴的伟大征程。

为庆祝新中国成立75周年，受到出版社邀请，我们撰写了一部全面反映新中国成立75年来辽宁经济、社会发展辉煌成就的图书。全书精心梳理了辽宁在全国有着重大影响和重要作用的人物和事件，撷取了新中国成立75年来辽宁发展长河中75个精彩“瞬间”，通过以小见大、以点带面、以时为序的方式，透过一个个人物、一桩桩事件和一幅幅图片，全面反映了新中国成立75年来，辽宁人民在中国共产党的领导下，在社会主义革命和建设时期、改革开放和社会主义现代化建设新时期、中国特色社会主义新时代走过的发展历程和取得的辉煌成就，展现了辽宁人民爱党爱国、忠诚担当、创新实干、奋斗自强的可贵精神。

这75个“瞬间”，从时间来看，1949至1978年29个，1978至2012年34个，2012至2024年12个，每个历史时期的年份数和文章数相同；从行业来看，涵盖了工业、农业、商业、科技、民政、司法、社会保障、环境保护、住房、城乡建设、交通、水利、文化、教育、卫生、体育、旅游、扶贫开发等各个领域，全面覆盖了政治、经济、文化、社会、生态文明和党的建设等各个方面，特别侧重介绍了一些影响深远的具有辽宁特色的地方品牌，讲述了75年来辽宁百姓身边发生的巨大变化和群众印象深刻的一些人物和事件。每个“瞬间”由代表性图片呈现，引申出与图片相关的史实内容，从一个小小的“瞬间”折射出一个群体甚至一个行业的发展变化。希望通过这75个“瞬间”，能将新中国成立75年来辽宁人民在党的领导下奋发图强、逐梦前行的辉煌历史串联起来，引导广大党员干部及人民群众以史为鉴、守正创新，以进一步全面深化改革引领辽宁全面振兴，奋力谱写中国式现代化辽宁篇章，为强国建设、民族复兴伟业作出新的更大贡献。同时，在中华人民共和国成立75周年之际，献上我们的一份礼物！

在本书编写的过程中，得到了辽宁省文联以及辽宁省美术家协会、辽宁省摄影家协会的大力支持，参阅了相关著作，得到了许多领导、专家、党史工作者、美术工作者、摄影爱好者的大力支持和帮助，但是由于种种原因，我们未能与书中部分作品的作者取得联系，请相关知情者与我们联系，在此一并表示感谢。

由于时间仓促，加之水平有限，难免存在诸多错误，恳请读者多多批评指正。

作者
2024年9月

作者介紹

许晓敏

女，汉族，现任中共辽宁省委党史研究室一级巡视员，从事党史工作30余年，参与和组织编写了《中国共产党历史百科全书》《中国共产党历史组织机构辞典》《中国共产党辽宁历史（第一卷）》《中华人民共和国之最》《辽宁之最》等30余部党史图书。

王全有

男，汉族，现任中共辽宁省委党史研究室科研规划部部长，从事党史研究和宣传教育工作20余年，为国家社科基金特别委托项目"辽宁省抗日战争时期人口伤亡和财产损失"调研报告的执笔者，著有《荣光——党史中的红色辽宁》，参与编写《辽沈大地上的战略决战》《中国改革开放全景录（辽宁卷）》《印记——辽宁省中共党史教育基地巡礼》等20余部党史图书。

郭作为

男，汉族，现任中共辽宁省委党史研究室机关党委专职副书记，2004年参加工作以来，一直从事辽宁地方党史研究工作，参与编写了《瞬间——新中国成立70周年辽宁逐梦历程》《邓小平"北方谈话"的认识与实践》《先锋颂——辽宁优秀共产党员风采录》等多部党史图书。

图书在版编目（CIP）数据

奋进：新中国成立75年辽宁辉煌瞬间 / 许晓敏，王全有，郭作为著. -- 沈阳：辽海出版社：辽宁美术出版社，2024. 9. -- ISBN 978-7-5451-7063-4

Ⅰ. D619.31

中国国家版本馆CIP数据核字第202454C8S4号

出 版 者：北方联合出版传媒（集团）股份有限公司

辽 海 出 版 社（地址：沈阳市和平区十一纬路25号　邮编：110003）

辽宁美术出版社（地址：沈阳市和平区民族北街29号　邮编：110001）

印 刷 者：辽宁新华印务有限公司

发 行 者：北方联合出版传媒（集团）股份有限公司

辽 海 出 版 社

辽宁美术出版社

幅面尺寸：210 mm × 285 mm

印　　张：24.125

字　　数：224千字

出版时间：2024年9月第1版

印刷时间：2024年9月第1次印刷

书　　号：ISBN 978-7-5451-7063-4

定　　价：180.00元

联系电话：（024）23284478　23267905　23835227

网　　址：http://www.lhph.com.cn

法律顾问：辽宁普凯律师事务所　王　伟

如有质量问题，请与印刷厂联系调换

印刷厂电话：（024）31255233

盗版举报电话：（024）23284481

盗版举报信箱：liaohaichubanshe@163.com

学术指导委员会

王易霓　线云强

罗　敏　贾俊峰

出品人

柳青松　彭伟哲

责任编辑

夏　莹　栾天飞　李淑娟

满　媛　张　畅

责任校对

张　柠　李子夏

林明慧　张　越

装帧设计

王艺潼　陈静思